CB060518

O Brasil do Nordeste

Riquezas Culturais e Disparidades Sociais

Patrick Howlett-Martin

O Brasil do Nordeste

Riquezas Culturais e Disparidades Sociais

TOPBOOKS

Copyright © Patrick Howlett-Martin, 2012

Direitos de edição da obra em língua portuguesa no Brasil adquiridos pela TOPBOOKS EDITORA cedidos por cortesia da editora Les éditions de L'Harmattan, Paris. Todos os direitos reservados. Nenhuma parte desta obra pode ser apropriada e estocada em sistema de banco de dados ou processo similar, em qualquer forma ou meio, seja eletrônico, de fotocópia, gravação etc., sem a permissão do detentor do copyright.

Editor
José Mario Pereira

Editora assistente
Christine Ajuz

Capa
Julio Moreira

Revisão
Ana Lucia Gusmão

Diagramação
Filigrana

TODOS OS DIREITOS RESERVADOS POR
Topbooks Editora e Distribuidora de Livros Ltda.
Rua Visconde de Inhaúma, 58 / gr. 203 — Centro
Rio de Janeiro — CEP: 20091-000
Telefax: (21) 2233-8718 e 2283-1039
Email: topbooks@topbooks.com.br

Visite o site da editora para mais informações
www.topbooks.com.br

"O Nordeste é o espelho que reflete a imagem do Brasil em sua mais brutal nitidez."
Celso Furtado (1920-2004).

Mapa do Brasil

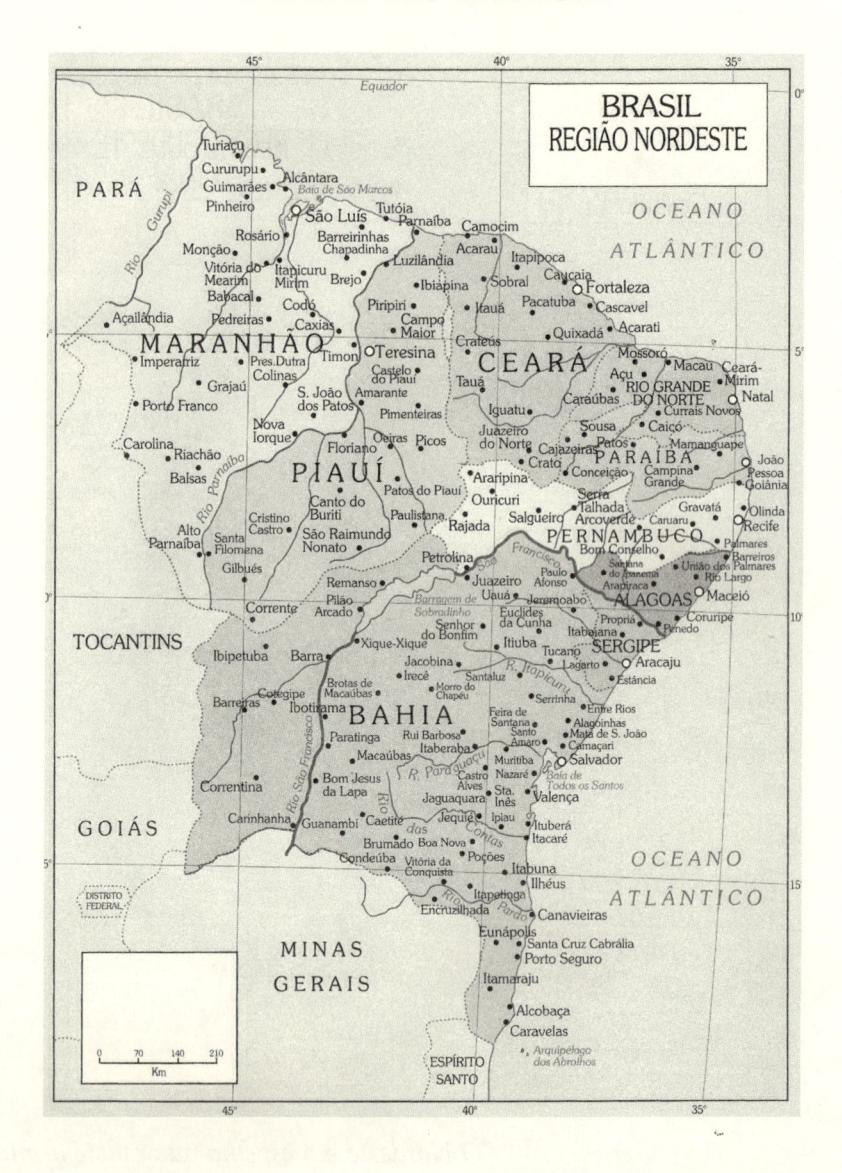

A maior parte das informações contidas neste trabalho procede de entrevistas feitas pelo autor, entre setembro de 2003 e junho de 2006, na região Nordeste do Brasil, com autoridades políticas, artistas, intelectuais, universitários, religiosos, magistrados, sindicalistas e responsáveis pelas principais organizações não governamentais de solidariedade, e por estadias posteriores nos anos 2007, 2008 e 2010.

Sete dos principais jornais do Nordeste foram consultados diariamente durante esse período, com uma particular menção para *A Tarde*, da Bahia, *Diário de Pernambuco* e *Jornal do Commercio*, de Pernambuco, e *Diário do Nordeste*, do Ceará, que se revelaram uma preciosa fonte de informações, principalmente no campo social.

A leitura desses jornais nordestinos foi complementada por uma consulta diária aos periódicos *O Globo* (Rio de Janeiro), *Correio Braziliense* (Brasília), *O Estado de S. Paulo* (São Paulo) e *Gazeta Mercantil* (São Paulo).

Uma bibliografia sugerida consta no anexo deste livro.

Sumário

Prefácio — *Fernando Henrique Cardoso* 15
Introdução 17

PRIMEIRA PARTE

A Vida Política
Os principais partidos políticos 31
O partido dos trabalhadores e
    os municípios rurais 46
A questão agrária. O movimento dos trabalhadores
    Sem-Terra 52
Os programas sociais do governo federal 61
A Igreja 70
Anexo: entrevista com Leonardo Boff 83

As Questões Sociais
A violência 87
A infância e a adolescência pobres 98
O turismo sexual 107
A prostituição de crianças e adolescentes 111
A habitação popular e o alojamento social 116
O ensino superior público
    e a "discriminação positiva" 122
A discriminação racial 128
A luta contra a Aids 139

A Atividade Econômica
Introdução 145
A Sudene em pane 149

O turismo 154
A aquicultura do camarão 157
A vinicultura 161

O Panorama Cultural
Introdução 164
A música popular 168
A arte lírica e musical 172
O cinema 175
O teatro 181
A dança 185
O livro e a edição 190

A Cooperação Internacional
Introdução 194
Os principais parceiros internacionais
— Alemanha 197
— Itália 203
— Portugal 209
— Estados Unidos 212
— Cuba 216
— França 222
A cooperação descentralizada França-Brasil 237
As organizações de solidariedade
francesas e europeias 244
As relações com a região da Ásia e do Pacífico 255
As relações com a África 271

SEGUNDA PARTE

Os Estados da Região
— Alagoas 283
— Bahia 296
— Ceará 327

— Maranhão..343
— Paraíba...360
— Pernambuco 370
— Piauí..393
— Rio Grande do Norte...406
— Sergipe..421

Bibliografia 428

Prefácio

*Fernando Henrique Cardoso**

É raro, raríssimo mesmo, ver-se trabalho de um diplomata estrangeiro que tenha tido empatia com o país, a competência para lidar com fontes e números e a dedicação ao pormenor como o que se vê neste livro do cônsul-geral da França em Recife, Patrick Howlett-Martin.

Mais ainda, não se trata de obra sobre o conjunto do país, mas sobre uma região apenas (que na verdade é maior do que a própria França e tem uma população de mais de 50 milhões de habitantes). É sempre mais difícil obter informações seguras sobre uma região do que sobre o país todo; é preciso ir buscá-las nos jornais locais, nas entrevistas com autoridades e políticos, sem desdenhar da capacidade direta de observação do autor.

Eu não conheço outro livro que tenha juntado com precisão tantas informações atualizadas sobre uma gama tão ampla de questões do Nordeste do Brasil. Os temas vão desde a cooperação internacional, o que seria de esperar de um diplomata, até as minúcias da vida política de cada estado e as informações econômicas relevantes. Mas as partes que mais me satisfizeram foram as dedicadas aos temas sociais, variando dos mais tradicionais, como educação e saúde, aos menos debatidos, como o turismo sexual, a prostituição e a discriminação racial. Mais ainda: o olhar que encara esses temas não é o do estrangeiro que aponta males, mas o do observador apaixonado, porém objetivo, que busca não apenas "denunciar", mas compreender.

---

* Sociólogo, presidente da República Federativa do Brasil (1995-2002).

No esforço por compreender as questões, nosso autor mostra o outro lado da medalha: se a pobreza, a discriminação e os males que afetam a política local (e brasileira) estão presentes no livro, vê-se também a dinâmica de uma sociedade e de governos que se esforçam por superá-los. O leitor atento verá que há programas sociais e econômicos tentando lidar com quase todos os problemas apontados. Mais ainda, que eles não começaram hoje, do nada, mas vêm se aperfeiçoando e ampliando com o tempo, nas sucessivas administrações. Ora há êxitos a proclamar (quase sempre menores do que o tamanho dos problemas), ora há imperfeições a serem corrigidas, mas o Nordeste deixou de ser uma região esquecida. Seus próprios filhos zelam por ela e a nação sente que, se desejar de verdade ser democrática, próspera e mais igualitária, terá de ali concentrar esforços.

Este livro ajudará a acentuar uma atitude positiva na visão do Nordeste, que, sem negar suas dificuldades, vê um horizonte mais promissor para a região e servirá como referência para quem quiser conhecer em detalhe muitas das questões que mais atormentam os brasileiros, e sobretudo os nordestinos. Não deixa de ser curioso e mesmo paradoxal que seu autor seja estrangeiro e representante diplomático de outro país. Isso mostra que não há barreiras culturais nem fronteiras que impeçam uma visão ao mesmo tempo comprometida e objetiva, que anula as distâncias e eventuais diferenças em benefício da compreensão humana.

Introdução

A denominação Nordeste foi mencionada, em 1941, pelo geógrafo Fábio Macedo Soares Guimarães em sua proposta de dividir o Brasil em cinco regiões geográficas (Norte, Nordeste, Leste, Sul e Centro-Oeste) e adotada pelo governo Vargas por ocasião da criação do Instituto Brasileiro de Geografia e Estatística (IBGE). O governo cria, em 1952, o conceito de "polígono das secas", que inclui o norte dos estados de Minas Gerais e do Espírito Santo, zona de competência geográfica do Banco do Nordeste. Em 1958, a denominação Nordeste é oficialmente usada, ficando a região sob responsabilidade da Sudene, órgão destinado ao seu desenvolvimento e à realização de políticas sociais em favor de populações consideradas, não sem razão, como desfavorecidas. Isso marca a tomada de consciência, em nível federal, de que o subdesenvolvimento e a fome no Nordeste eram um fenômeno de caráter social e não natural, cujas causas estariam muito mais ligadas à estrutura econômica (monopólio sobre a terra associado ao monopólio das exportações nas mãos de uma oligarquia) do que aos períodos de seca.

A importância na Federação

Os nove estados que compõem o Nordeste (a terça parte do número total de estados da Federação) cobrem 18% da superfície do país (um território equivalente a três vezes o território francês), reúnem 30% de sua população (quatro quintos da população francesa) e representam 13% do PIB brasileiro (o mais importante é a Bahia, com 4,10% do PIB nacional, sexta economia do país) em 2007.

Esta região recebe 11% do orçamento federal (2005) e 4% dos investimentos estrangeiros diretos destinados ao Brasil (em 2004, um valor próximo a 560 milhões de dólares sobre um total estimado em 14 bilhões de dólares). O primeiro investidor é Portugal, que assegura a metade do fluxo, essencialmente nos setores do turismo e da indústria têxtil. A Petrobras anunciou obras em cinco refinarias, quatro no Nordeste: Abreu Lima, em Pernambuco; Premium I, no Maranhão; Premium II, no Ceará; e a ampliação da refinaria Clara Camarão, no Rio Grande do Norte. A Abreu Lima, no complexo portuário de Suape, representa um investimento de 26 bilhões de reais, fruto de uma parceria com a Venezuela, que deverá ficar pronta em 2012. No complexo portuário cearense de Pecém, o investimento é de 22 bilhões de reais. Enquanto isso, as grandes obras anunciadas no Nordeste, como a Ferrovia Norte-Sul, a transposição do rio São Francisco e a Transnordestina, sofrem atrasos e irregularidades (restrições do Tribunal de Contas da União).

O Nordeste assegura 8% em média das exportações brasileiras (17% nos anos 1970); sua balança comercial, superavitária até 1995, é hoje deficitária. Os Estados Unidos são o principal parceiro comercial. Nos próximos anos, puxados por uma forte expansão do consumo, o Produto Interno Bruto (PIB) da região deve continuar crescendo em ritmo superior à média nacional. O crescimento do consumo do Nordeste segue forte desde 2004, refletindo o peso do programa Bolsa Família, bem como a maior oferta de crédito e o aumento real e substancial do salário-mínimo (que passou de R$ 200,00 em 2002 para R$ 510,00 em 2010). Em 2010, o maior desempenho é observado em Pernambuco, com uma expansão de 8% puxada pelos investimentos no complexo de Suape. No mês de setembro do mesmo ano, a região foi a que apresentou o maior crescimento do país na geração de empregos, na indústria de transformação. Pela primeira vez na história da economia regional, a cana-de-açúcar perde a liderança de principal lavoura do Nordeste para a soja, em termos de valor bruto de produção.

A pesquisa e o ensino superior

A riqueza conferida às elites do Nordeste pelas culturas de exportação (cana-de-açúcar, cacau, algodão, sisal etc.), baseada na grande propriedade e na escravidão, permitiu o surgimento de uma oligarquia minoritária mas poderosa, ligada aos modelos universitários europeus. Nesta região encontram-se os primeiros estabelecimentos superiores do gênero no Brasil: a Escola de Medicina da Bahia e o curso de Direito de Olinda (1808). O estado do Maranhão, apesar da escravidão, era então conhecido como "Atenas brasileira". Na realidade, a qualificação de auge econômico e cultural do Nordeste, nos séculos XVII e XVIII, deve-se à presença dessa oligarquia, que exercia uma brutal opressão sobre a grande massa da população, naquela época quase exclusivamente rural, que se encontrava excluída por uma economia e estrutura agrária de caráter feudal.

Hoje, a região conta apenas com 16% dos estabelecimentos superiores do país, contribuindo pouco para a produção científica (8,5%) e a formação de doutores (10%).

A legislação obriga o Fundo Nacional de Desenvolvimento da Ciência e da Tecnologia a destinar 30% de seus recursos ao Nordeste, mas o Ministério da Ciência e Tecnologia encontra dificuldades em honrar esse imperativo, pois os projetos de pesquisa não corresponderiam às exigências das adjudicações. O acordo interuniversitário institucional com a França, Capes-COFECUB, foi concebido, na sua origem, exclusivamente para as universidades do Nordeste, região atualmente minoritária do programa. É verdade que, em 2003, quando o ministro da Ciência e Tecnologia, Roberto Amaral, originário de Pernambuco, vice-presidente do PSB, pretendeu observar uma aproximação geograficamente mais equilibrada (implantação de um centro de pesquisas em neurociências na Universidade Federal do Rio Grande do Norte; de um centro de aquicultura do camarão, em Natal; a ampliação do Instituto Nacional do Semiárido, em Petrolina), esbarrou no poderoso lobby dos pesquisadores do centro-sul do país. O Brasil investiu em 2008 R$ 32,8 bilhões na pesquisa científica, segundo o Relatório Unesco sobre Ciência 2010. O montante representa um aumento de 28% desde o ano 2000, mas os recursos estão concentrados em São Paulo, Rio de Janeiro e Minas Gerais.

A importância política e os principais partidos

O alto índice populacional na região e o caráter proporcional da representação política (três senadores por estado) contribuíram para acentuar a importância do Nordeste no cenário político brasileiro, uma influência bem superior a seu peso econômico. É o segundo colégio eleitoral do país, com 36 milhões de eleitores em 2010.

Ao longo dos vinte últimos anos, três presidentes da Federação são originários da região (Fernando Collor de Mello, José Sarney, Luiz Inácio Lula da Silva), que conta, ou contou, com alguns dos dirigentes mais influentes do Brasil (a família Sarney, no Maranhão; Tasso Jereissati e Ciro Gomes, no Ceará; a família Arraes, em Pernambuco; a família Magalhães, na Bahia).

Os presidentes do Senado (Renan Calheiros) e da Câmara de Deputados (Aldo Rebelo) em 2006 também vieram do Nordeste (Alagoas). Em 2008, foi a vez do senador Garibaldi Alves, líder do PMDB no Rio Grande do Norte. Em janeiro de 2009, o líder político do Maranhão e ex-presidente da República, José Sarney, ocupou de novo a presidência do Senado. A pesquisa publicada em junho de 2005 pelo Departamento Intersindical de Assessoria Parlamentar (DIAP) identificou 34 parlamentares nordestinos (deputados e senadores) entre os 100 mais influentes do país. Diversos partidos são presididos por políticos oriundos do Nordeste (PSOL, PPS, PSB, PSDB, DEM). Alguns deles têm sua base política na região. É o caso do PSB, cujo presidente, dois de seus três senadores, quatro de seus seis governadores, 14 de seus 34 deputados federais e mais da metade de seus 72 deputados estaduais são do Nordeste (pleito eleitoral de outubro de 2010).

Entretanto, na região, bem como em todo o Brasil, as questões de interesse local, as personalidades e os acordos eleitorais contam mais que as filiações partidárias, aliás, muitas vezes precárias. O ex-governador do Ceará, Ciro Gomes, ex-ministro do governo Lula, mudou quatro vezes de partido (acolhido hoje no PSB depois de ter sido do PDS, do PMDB, do PSDB e do PPS). Se por um lado o PMDB, em sua maioria, decidiu participar do governo Lula após as eleições de outubro de 2006, por outro, seus principais senadores eleitos pelo Nordeste declararam-se hostis (Mão Santa, no Piauí; Jarbas Vasconcelos, em Pernambuco; Garibaldi Alves, no Rio Grande do Norte; Almeida Lima, em Sergipe). Maior beneficiário das eleições municipais em outubro de 2008 (conquistou 1.202 cidades brasileiras com 28,6 milhões de eleitores), o PMDB, na verdade, é hoje um partido sem coesão e sem programa, mais parece uma federação de lideranças regionais, algumas com projeção nacional.

A dependência do governo federal da maioria dos municípios rurais e a importância da administração local (no estado de Alagoas, 63% do PIB provêm da administração pública, 54% no Rio Grande do Norte, 43% na Paraíba, 42% no Piauí) perpetuaram relações tradicionais de clientelismo político herdadas das poderosas oligarquias familiares que se mantiveram no poder (as famílias Malta, em Alagoas; Pires Ferreira, no Piauí; Rosa e Silva, em Pernambuco; Acioly, no Ceará; Franco, em Sergipe; Maia e Alves, no Rio Grande do Norte etc.). Essas influências e relações de clientelismo perderam hoje sua força nas principais capitais regionais, como o provam as eleições de outubro de 2004 de João Henrique (PDT), reeleito em 2008 pelo PMDB em Salvador, cidade então feudo do senador Antônio Carlos Magalhães (PFL/DEM); de Luizianne Lins (PT) em Fortaleza, apesar da oposição do principal ator da política local, Tasso Jereissati, senador pelo PSDB, derrotado nas eleições de 2010; de Silvio Mendes (PSDB) em Teresina, a despeito da influência do senador pelo Piauí e ex-governador Francisco de Assis de Moraes.

O Partido dos Trabalhadores (PT) conta no Nordeste com três governadores, nenhum senador e apenas 15 deputados federais, em 2006, porém, ele controla ou participa, por meio de alianças eleitorais locais, da gestão de quatro das principais capitais: Recife, Fortaleza (diretamente), Aracaju (com o PC do B) e João Pessoa (com o PSB). O PT administra a cidade de Camaçari (Bahia), o mais importante polo petroquímico do Brasil e o primeiro parque industrial do Nordeste. A geografia partidária nas prefeituras depois das eleições de outubro de 2008 mostra que houve redistribuição do poder nos municípios do interior a favor dos aliados do governo federal.

No pleito presidencial de outubro de 2010, foi o Nordeste que fez a diferença. A candidata eleita, Dilma Rousseff (PT), recebeu 70% dos votos, 10,7 milhões a mais que o seu adversário José Serra (PSDB), só no Nordeste. E quase toda a diferença obtida no país (12 milhões de votos).

As desigualdades e os problemas sociais

Dos cinco estados brasileiros onde se encontram as mais graves desigualdades sociais, quatro estão no Nordeste (Alagoas, Piauí, Maranhão, Paraíba), segundo pesquisa do IBGE publicada em novembro de 2005. Em cinco estados do Nordeste a renda per capita é a mais baixa do país, cinco vezes menor que a registrada no Rio de Janeiro ou em São Paulo. Na lista de estados do Brasil por Índice de Desenvolvimento Humano do Programa das Nações Unidas para o Desenvolvimento (PNUD), para o ano 2005, os nove estados do Nordeste são os últimos, com uma média de 0,720. Mas isso está melhorando. Segundo o Banco Central, a média em 2007 já seria de 0,749 para a região. Uma evolução que exprime, sem dúvida, o novo protagonista de uma região historicamente marginalizada, conduzida por núcleos familiares hegemônicos, com estreitas ligações com as estatais e os partidos políticos, e que dominam ainda o espaço político.

A porcentagem da população pobre em zonas urbanas (39%) não variou desde 1970, segundo um relatório da Fundação Getulio Vargas (FGV). Aproximadamente 46% ganham menos de um salário-mínimo (contra 27% da média nacional). Os índices sociais — mortalidade infantil, desemprego, analfabetismo, homicídios — são os mais altos do Brasil. Segundo o IBGE, em 2008, a taxa de mortalidade infantil era de 48,2 para 100 mil em Alagoas e 37,9 para 100 mil no Maranhão, taxas recordes, mesmo que em baixa sensível, se comparadas às taxas dos estados do sul (Rio Grande do Sul: 14,3 para 100 mil). A região Nordeste tem o pior índice em estradas e vias e adução de água — 46% dos domicílios não têm esgoto — e concentra metade dos analfabetos do país. Mas a taxa de analfabetismo caiu na região de 22,4% (2004) para 18,7% (2009), segundo o Instituto Brasileiro de Geografia e Estatística (IBGE).

Nesta região estão 41% da população de menores de idade do Brasil, aproximadamente 11 milhões de crianças e adolescentes. Três quartos deles são de famílias cuja renda mensal é inferior a um salário-mínimo (R$ 510,00 em 2010). É no Nordeste que se encontra a maioria dos beneficiados pelo programa de assistência social federal Bolsa Família (um valor próximo a R$ 13 bilhões em 2010 destinados a 12 milhões de famílias). Uma em cada três delas recebe essa alocação (no centro-sul essa relação é de 12 para um). Nos estados do Maranhão, do Piauí e de Alagoas, cerca de 60% da população receberam em 2009 o benefício, segundo pesquisa realizada pelo jornal *O Globo* e publicada em 3 de maio de 2009.

Ainda hoje, 40% dos fluxos migratórios em direção às cidades do Rio de Janeiro e de São Paulo provêm do Nordeste. Segundo *O Globo*, de 16 de maio de 2005, 10% da população do Rio de Janeiro (1,3 milhão de habitantes) nasceram no Nordeste. A metade vive em aglomerações miseráveis, nas favelas, contribuindo para o ostracismo do qual o nordestino é geralmente vítima nas cidades do centro-sul do país.

De 1940 a 1995, a região perdeu mais de 15 milhões de habitantes nesse êxodo, enquanto uma grande parte da população urbanizou-se (30% em 1960; 85%, atualmente).

A desigualdade na estrutura fundiária — 4% da população em zonas rurais possuem 60% das terras cultiváveis; 75% possuem apenas 10% — explica os conflitos permanentes e a ação de movimentos agrários (Pastoral da Terra, Movimento dos Trabalhadores Sem-Terra, Confederação dos Trabalhadores Rurais).

As obras de Graciliano Ramos, Jorge Amado, José Lins do Rego, assim como as de Euclides da Cunha, Felipe Guerra, Rachel de Queiroz, Tomás Pompeu e de muitos outros, e a poesia popular do cordel são testemunhas da opressão vivenciada pelas populações rurais. A cultura da cana-de-açúcar está na origem das constantes lutas contra as prerrogativas econômicas, sociais e políticas da oligarquia, preocupada em preservar seu monopólio pela terra herdada do regime colonial das grandes capitanias. O cangaço foi, num certo sentido, um levante contra o absolutismo dos grandes proprietários, dos "colôneis", e um protesto contra a miséria que reinava numa estrutura latifundiária injusta e repressora.

A cooperação francesa

O prestígio da França na região, apesar de sua influência, se alimenta de heranças e se situa bem além dos recursos disponibilizados, os quais estão em constante diminuição nos últimos vinte anos.

As matrizes dessa influência (cultura francesa, cooperação universitária, valores universais, direitos humanos, democratização das vias de acesso ao saber) foram reforçadas nos últimos anos, apesar de posições julgadas excessivamente protecionistas no setor agrícola, por iniciativas defendidas pela França no plano internacional (multilateralismo, primazia do direito internacional, diversidade cultural, desenvolvimento durável, mecanismo de taxação internacional objetivando um acesso mais democrático aos medicamentos etc.).

Decorre que a distância crescente entre o discurso, o interesse demonstrado, falso ou verdadeiro, expresso pelas autoridades francesas em relação a essa região do Brasil junto às autoridades locais e à mídia, geralmente bem receptiva para com a França, suscita, desde já, interpelações constantes e comparações com as ações empreendidas pelos principais países representados na região (Espanha, Portugal, Canadá, Japão, Estados Unidos, Países Baixos, Itália, Alemanha).

O Canadá, cuja Agência Internacional para o Desenvolvimento abriu em Recife um escritório regional em 2005, prevê aplicar, ao longo dos próximos anos, a metade de seu orçamento no Brasil para o Nordeste. A Alemanha, cuja sede da Confederação das Cooperativas encontra-se em Recife, reorienta suas ações de cooperação em benefício da região. Desde setembro de 2006, a cidade também conta com uma representação do Serviço Alemão de Intercâmbio Acadêmico, instalada na Universidade Federal de Pernambuco. Os Países Baixos abriram, em 2005, uma representação comercial na cidade. A Itália inaugurou, em dezembro do mesmo ano, uma Câmara de Comércio e Indústria regional, sediada em Recife. Os Estados Unidos, cujas fundações são muito ativas, dobraram os efetivos de sua representação consular na região. A República Popular da China deve abrir, em breve, um consulado-geral para o Nordeste em Recife. O Japão financia vários projetos sociais e de infraestruturas. Quanto a Portugal, ele é o primeiro investidor na região.

Escassos no plano econômico (há poucos investimentos franceses atualmente, fora o turismo e a agroindústria), os recursos são insuficientes no setor do ensino do francês (estudado por menos de 5% dos alunos de língua francesa no Brasil — aproximadamente 10 mil) e no que se refere à cooperação artística numa região rica em tradições, modelo de diversidade e pluralismo culturais, onde se encontram artistas e escritores considerados entre os mais importantes do Brasil.

A influência francesa procede essencialmente de uma herança intelectual traduzida por uma cooperação universitária de qualidade e um atrativo real preservado para as formações doutorais (10% do corpo docente da excelente Universidade Federal de Pernambuco foram formados na França).

Quanto à cooperação empreendida pela União Europeia, da qual um quinto é financiado pela França (um aporte que se eleva a quatro vezes o orçamento da cooperação bilateral), ainda que seja conhecida pela mídia e pelas autoridades regionais, não oferece, em termos políticos, o mesmo interesse que a importante cooperação bilateral apreciada e reconhecida no passado. Na verdade, as bolsas oferecidas pela União Europeia ajudaram a mudar o fluxo de estudantes brasileiros em benefício da Inglaterra, da Espanha e de Portugal.

A comunidade francesa constitui-se de aproximadamente 4 mil pessoas, das quais cerca de 2 mil estão inscritas no registro consular, ou seja, 12% dos franceses registrados no Brasil. É uma comunidade em crescimento regular ao longo dos últimos cinco anos (10% a 15% ao ano). Está essencialmente espalhada em quatro estados: Bahia (perto de 30%), Pernambuco (25%), Ceará (20%) e Rio Grande do Norte (10%). Deve-se observar que o Consulado-Geral da França em Recife, competente para a região Nordeste, paradoxalmente não tem mais acesso, desde 1º de setembro de 2004, à lista dos cidadãos franceses em sua circunscrição, agora mantida e atualizada pela seção consular da embaixada em Brasília, tendo perdido, desde então, o essencial de suas responsabilidades consulares no âmbito de uma nova missão dita *de influência*, roupagem conceitual para uma representação doravante diminuída que, na verdade, não tem mais razão de ser. Confrontada com a perda de suas funções principais (fora a proteção consular justificadora do exequatur), a representação muito ganharia se rearticulada no âmbito de uma estrutura consular europeia, que poderia servir como modelo de experiência e referência.

O turismo

O desenvolvimento sem precedentes da indústria turística na região Nordeste, à qual são destinados 44% dos investimentos estrangeiros neste setor no Brasil, acentuou o fluxo de turistas europeus: escandinavos e holandeses no Rio Grande do Norte, portugueses no Ceará, espanhóis, italianos e franceses na Bahia. No setor, distingue-se a companhia aérea portuguesa TAP, que mantém voos diários de Lisboa para quatro capitais do Nordeste (Natal, Fortaleza, Recife e Salvador), tendo transportado, em 2005, aproximadamente 383 mil passageiros nessas linhas (120 mil em 2000). A Delta Airlines anunciou a inauguração de voos diretos de Atlanta para Fortaleza e Recife.

O crescimento desse fluxo suscita um aumento do tráfico internacional de drogas e do turismo sexual, as duas principais infrações registradas contra os cidadãos franceses e outros europeus detidos na região.

ANEXO 1

A PARTICIPAÇÃO DO NORDESTE NA FEDERAÇÃO BRASILEIRA

	Superfície km²	% Brasil	População (2007)	% Brasil	População Urbana (2000)	Eleitores (2010)	%
NORDESTE	1.554.257	18,3	53.591.197	27,8	69,10	36.703.522	27,10
ALAGOAS	27.767	0,3	3.156.108	1,6	68	2.033.483	1,48
BAHIA	564.692	6,6	14.637.364	7,5	67	9.544.368	7.23
CEARÁ	148.825	1,7	8.547.809	4,4	71	5.878.066	4,26
MARANHÃO	331.983	3,9	6.367.138	3,3	59	4.320.748	3,11
PARAÍBA	56.439	0,7	3.769.977	2,0	71	2.738.313	2,04
PERNAMBUCO	98.311	1,2	8.810.256	4,6	76	6.256.213	4,63
PIAUÍ	251.529	3,0	3.145.325	1,6	63	2.261.862	1,65
RIO GRANDE DO NORTE	52.796	0,6	3.137.541	1,6	73	2.245.135	1,67
SERGIPE	21.910	0,3	2.019.679	1,1	71	1.425.314	1,03

Fonte: IBGE

PRIMEIRA PARTE

PRIMERA PARTE

A VIDA POLÍTICA

OS PRINCIPAIS PARTIDOS POLÍTICOS

No Nordeste, como no resto do Brasil, é difícil compreender as tendências e as clivagens políticas como verdadeiras identificações partidárias, pois estas são com frequência instáveis e sem real conteúdo ideológico. Elas são negociadas em função de vantagens eleitorais, alianças globais e questões locais; situação ainda mais volátil visto que a nova legislação eleitoral brasileira poderia exigir de cada partido político, para reconhecê-lo e lhe conceder direitos aferentes (benefícios financeiros do Fundo dos Partidos, participações nas comissões, direitos de TV etc.), que ele obtenha pelo menos 5% dos votos válidos em, no mínimo, nove estados da Federação. Nas eleições de outubro de 2006, apenas sete das 21 organizações partidárias que participaram do escrutínio satisfizeram essa exigência (PT, PMDB, PSDB, DEM, PP, PSB, PDT).

Entretanto, de maneira geral, observa-se no Nordeste uma dicotomia bastante nítida entre o voto de tendência progressista nas capitais regionais e o de tendência conservadora nos municípios e zonas rurais.

O Partido dos Trabalhadores (PT) controla, depois das eleições de 2010, dois estados do Nordeste (Bahia e Sergipe) e, suas alianças eleitorais, outros estados da região (com o PMDB e o PSB), com exceção de Alagoas (PSDB) e do Rio Grande do Norte (DEM). O PT controla atualmente algumas capitais, seja por uma gestão direta (Recife e Fortaleza, onde prefeitos provenientes do PT foram eleitos e reeleitos em outubro 2008), seja por meio de alianças (Aracaju e João Pessoa). Porém, com exceção de Pernambuco, o partido tem dificuldade em penetrar nas zonas rurais onde os conservadores (PFL/DEM e PMDB) têm seu domínio. É a região na qual ele controla a menor porcentagem de municípios. O PT teve quatro senadores eleitos em outubro de 2010 no Nordeste (nenhum em 2006).

O escrutínio presidencial e parlamentar de outubro de 2006 começou a alterar essa dicotomia na paisagem eleitoral do Nordeste: ele destacou o enfraquecimento da influência das grandes famílias políticas tradicionais (no Maranhão, na Bahia e em Sergipe) em favor de partidos progressistas (PT, PSB, PDT). É a região onde o candidato Luiz Inácio Lula da Silva registrou seus melhores resultados eleitorais. Em seis estados do Nordeste (Ceará, Maranhão, Paraíba, Pernambuco, Piauí, Bahia) Lula recebeu mais de três quartos dos sufrágios expressos (60% no plano nacional).

No pleito presidencial de outubro de 2010, a candidata petista eleita, Dilma Rousseff, venceu em todos os estados nordestinos. O maior resultado em termos percentuais foi no Maranhão (78,90%). A votação em seu favor na região foi inferior a obtida por Lula em 2006 (77%), mas superior a que ele teve em 2002 (61%).

Os resultados se explicam, numa certa medida, pela extensão dos programas sociais do governo que, no Nordeste, favorecem uma em cada três famílias. Em certos estados, essa proporção é ainda maior, tal como o Maranhão, onde 59% das famílias (3,6 milhões de pessoas) recebem o Bolsa Família, segundo um estudo publicado no jornal *O Globo* de 3 de maio de 2009. Praticamente a metade das famílias que se beneficiam desses programas de assistência reside nessa região (49,8%, segundo o jornal *Valor* de 1º de outubro de 2006). Há uma relação clara entre o resultado eleitoral e os programas sociais: em cinco municípios de Pernambuco, nos quais os programas sociais favorecem mais de 75% das famílias, Dilma Rousseff obteve seus melhores resultados. Assim, em Manari, onde o Índice de Desenvolvimento Humano é o mais baixo do país, os votos favoráveis ao candidato petista passaram de 16% nas eleições presidenciais de 2002 a 77% nas de outubro de 2006 e 78,56% nas de 2010 (o prefeito de Manari, reeleito em 2008, Otaviano Martins, é do PSDB). Entretanto, a importância desses programas sociais nem sempre é determinante: no município de Porto da Folha, estado de Sergipe, embora mais de dois terços das 6 mil famílias sejam beneficiárias das alocações financeiras do Bolsa Família, Lula foi vencido por seu adversário político nas eleições de outubro de 2006, como Dilma Rousseff em outubro de 2010 (com um prefeito filiado ao PT).

A nova geografia partidária nas prefeituras, depois das eleições municipais de outubro de 2008, mostra uma redistribuição do poder no Nordeste a favor dos aliados ao governo federal, com os três partidos de oposição — PSDB, DEM, PPS — sofrendo perdas. O DEM, por exemplo, ficou 63% menor na região ao perder 262 prefeituras, enquanto o PSB, o PT e o PDT dobraram o número de prefeituras: 206 para o PSB contra 108 em 2004; 133 para o PT contra 65 em 2004; 122 para o PDT contra 54 em 2004. Mas o PMDB, partido de perfil conservador, cresceu no Nordeste e controla o maior número de municípios (338 em 2009), ou seja, 21% das prefeituras nordestinas. Na verdade, esse partido, que participa do governo Lula com seis ministros (outubro de 2008), não merece o nome de partido. O PMDB não tem projeto político nem vocação de governo. Ele cumpre o papel de oferecer maioria aos governos eleitos. Essa formação política interfere nas alianças mais convenientes a seus caciques. Em Salvador, o candidato do PT nas eleições municipais de outubro de 2008, apoiado pelo governador Jaques Wagner (PT), ex-ministro do governo Lula, foi derrotado pelo empenho do ministro peemedebista Geddel Vieira Lima, a favor da reeleição de João Henrique (ex-PFL, ex-PDT), e, num cinismo típico desse partido, dedicou a vitória ao presidente da República... As eleições de outubro de 2010 mostraram o fortalecimento do PSB na região, partido de centro-esquerda, cuja importância foi herdada da ação política de Miguel Arraes, e o enfraquecimento do DEM, partido conservador, tradicionalmente dominante na região (até as eleições de 2010, esse partido tinha ainda aproximadamente a metade de seus deputados federais oriundos da região e também a maioria de seus senadores).

É difícil tentar avaliar, à luz dos processos eleitorais recentes, a real evolução da distribuição do poder entre forças conservadoras e forças progressistas. Primeiro, por causa da volatilidade da política nacional: grande parte dos políticos alia-se sem constrangimento aos principais núcleos de poder do país, independentemente de ideologia ou de programa de governo. Assim, o PMDB, que se manteve na base de sustentação do governo federal durante os períodos de Fernando Henrique Cardoso e de Lula, conseguiu preservar nos últimos anos sua condição de partido com maior número de prefeituras. Enquanto ele era aliado ao governo de Fernando Henrique em 2000, conquistou 1.257 cidades (eleições de outubro de 2000); no pleito de outubro de 2008 controlava 1.203 cidades. Para a oposição, ao contrário, seu afastamento do Palácio do Planalto significou a redução de sua presença municipal. Em 2000, quando ocupava a vice-presidência da República e era o segundo partido da coalizão governamental, o então PFL controlava 1.028 cidades. Depois do pleito de outubro de 2008 ele só controla 496, embora tenha vencido em São Paulo. Um desempenho pior, por exemplo, que o modesto e governista PP, que chefia hoje 549 municípios.

Assim, em Pernambuco, o PSB quase dobrou o número de prefeituras no pleito de outubro de 2008, sem dúvida por causa do governador eleito em 2006 e reeleito em 2010, Eduardo Campos (PSB), ex-ministro do governo Lula. Nos estados do Piauí e de Pernambuco, onde as lideranças locais do PMDB são oposição ao governo Lula (Mão Santa no Piauí, Jarbas Vasconcelos em Pernambuco), essa formação perdeu posições.

Segundo, por causa da infidelidade partidária. Assim, a diminuição notável da presença do partido conservador DEM nos municípios nordestinos, salvo Pernambuco, não significa, portanto, uma renovação das forças políticas locais. No estado do Piauí, por exemplo, o PTB e o PSB se confirmaram depois do pleito de outubro de 2008 como os maiores partidos, por causa da quantidade de prefeitos que mudaram de legenda antes das eleições. A maioria dos que deixaram o DEM, o PSDB e o PMDB mudaram para o PSB e o PTB e foram reeleitos.

Os quatro partidos que se notabilizam por participar dos governos desde a redemocratização do país (PMDB, PP, PR, PTB) elegeram no Nordeste em 2010 um terço de seus representantes na Câmara Federal (58 dos 182 assentos).

A renovação política é difícil. Mais de um terço dos 54 senadores que tomarão posse em fevereiro de 2011 para um mandato de oito anos eram deputados federais até janeiro de 2011. A metade deles no Nordeste. Os estados nordestinos com menor renovação no pleito de outubro de 2010 foram Rio Grande do Norte, que reconduziu o mandato de 87% da sua bancada, e Maranhão, que reelegeu 72% de sua representação. Sergipe foi o estado com o menor índice de reeleição (25%), portanto, o maior de renovação. São dinastias de três a quatro gerações que se encontram envolvidas na política regional. O acesso aos cargos pertencente a mesma tribo.

Segundo levantamento feito pela *Folha de S. Paulo* (8 de novembro de 2010), cerca de 126 congressistas eleitos em 2010 são parentes de clãs e políticos tradicionais.

Por exemplo, a nova bancada federal do Piauí eleita em 2010: somente dois dos atuais deputados federais que tentaram renovar o mandato não obtiveram êxito. Os demais, ou se reelegeram ou elegeram seus sucessores. Themistocles de Sampaio Pereira, com seis mandatos e mais de 80 anos, deixa a cadeira para o filho, o delegado Marlo Sampaio (PMDB). Ciro Nogueira Filho trocará a Câmara Federal pelo Senado, mas deixa a esposa, Iracema Portela (PP), em seu lugar. A eleição marcou até a volta do ex-ministro do governo Sarney e ex-governador do estado, Hugo Napoleão (DEM), tradicional político local, derrotado nos dois últimos pleitos dos quais participou, que recebeu a quarta maior votação do estado nessa eleição.

O município de Murici (Alagoas) oferece outro exemplo significativo. A 50 quilômetros de Maceió, 26 mil habitantes, é o berço dos Calheiros. Renan Calheiros, ex-presidente do Senado, reeleito em 2010 para a mesma casa. A família tem controlado todas as eleições nas últimas décadas nesse município. O pai de Renan, Olavo Calheiros Novais, foi prefeito de Murici em 1992. Seu irmão, Remi Vasconcelos Calheiros foi eleito prefeito em 1996 e renovou o mandato em 2000. Em 2004, tornou-se prefeito de Murici o filho mais velho de Renan (Renan Filho). Remi Calheiros, vice-prefeito, tomou posse no cargo de prefeito de novo em 2010 no lugar de Renan Filho, candidato eleito — e o mais votado do estado — para a Câmara estadual. Murici tem um dos Índices de Desenvolvimento Humano (IDH) mais baixos da região: 0,633 (o índice para o Brasil é 0,777). A taxa de analfabetismo do município é de 43,46%, segundo o IBGE em 2000. O mapa da violência de 2010 do Instituto Sangari mostra que Murici faz parte dos 200 municípios com maiores índices de homicídios do país (são 5.564 municípios). A taxa desse tipo de crime é de 44 para 100 mil, e na idade entre 19 e 24 anos, de 71,7 para 100 mil. Outro irmão, Olavo Calheiros, secretário municipal de Administração em Murici em 1983, foi secretário de Viação e Obras Públicas (1984-1986), de Agricultura (1987-1988) e Infraestrutura (1997-1998) do estado de Alagoas, e deputado federal (1991-2011). Outro irmão, Robson Calheiros (PMDB), é vereador em Maceió.

Mas há muitos outros Muricis no Nordeste... O município de Mossoró é um exemplo.

Município do Rio Grande do Norte, Mossoró é controlado pela família Rosado, a qual pertence a governadora eleita em 2010, Rosalba Ciarlini Rosado (DEM). Jerônimo Dix-Huit Rosado Maia, filho do patriarca Jerônimo Rosado e tio de Rosalba, foi eleito prefeito três vezes (1973-1977/1983-1989/1993-1996). Rosalba Ciarlini Rosado foi eleita prefeita três vezes também (1989-1993/1997-2001/2001-2005); a sua prima Sandra Rosado, vice-prefeita, ocupou a prefeitura de 1996 a 1997; Maria de Fátima Rosado (Fafá Rosado), filha de Jerônimo Dix-Neuf Rosado, é a atual prefeita de Mossoró, tendo a ex-deputada estadual Ruth Ciarlini, irmã de Rosalba, como vice-prefeita. O esposo de Ruth é filho do ex-governador Jerônimo Dix-Sept Rosado Maia (1911-1951), membro de uma família de políticos, com vinte irmãos e irmãs, que receberam seus nomes em algarismos em língua francesa.

ANEXO 2

A PARTICIPAÇÃO DO VOTO DO NORDESTE (2010)

ESTADOS	NÚMERO DE ELEITORES	% BRASIL
ALAGOAS	2.033.483	1,48
BAHIA	9.544.368	7,23
CEARÁ	5.878.066	4,26
MARANHÃO	4.320.748	3,11
PARAÍBA	2.738.313	2,04
PERNAMBUCO	6.256.213	4,63
PIAUÍ	2.264.862	1,65
RIO GRANDE DO NORTE	2.245.135	1,67
SERGIPE	1.425.334	1,03
TOTAL	**36.703.522**	**27,10%**

ANEXO 3

GOVERNADORES DO NORDESTE ELEITOS EM OUTUBRO DE 2010			PREFEITOS DAS CAPITAIS ELEITOS EM OUTUBRO DE 2008		
ESTADO	GOVERNADOR	PARTIDO	CIDADE	PREFEITO	PARTIDO
ALAGOAS	Teotônio Villela*	PSDB	MACEIÓ	Cícero Almeida*	PP
BAHIA	Jaques Wagner*	PT	SALVADOR	João Henrique Carneiro*	PMDB
CEARÁ	Cid Gomes*	PSB	FORTALEZA	Luizianne Lins*	PT
MARANHÃO	Roseana Sarney	PMDB	SÃO LUÍS	João Castelo	PSDB
PARAÍBA	Ricardo Coutinho	PSB	JOÃO PESSOA	Ricardo Vieira Coutinho	PSB
PERNAMBUCO	Eduardo Campos*	PSB	RECIFE	João da Costa	PT
PIAUÍ	Wilson Martins	PSB	TERESINA	Silvío Mendes*	PSDB
RIO GRANDE DO NORTE	Rosalba Ciarlini	DEM	NATAL	Micarla de Souza	PV
SERGIPE	Marcelo Déda*	PT	ARACAJU	Edvaldo Nogueira*	PC do B

* Reeleitos

ANEXO 4

GOVERNADORES ELEITOS EM OUTUBRO DE 2010 — FILIAÇÃO PARTIDÁRIA

PARTIDOS POLÍTICOS	ESTADOS	TOTAL
PMDB	Mato Grosso do Sul, Rio de Janeiro, Mato Grosso, Rondônia, **Maranhão**	5
PSDB	**Alagoas**, Minas Gerais, São Paulo, Pará, Paraná, Roraima, Goiás, Tocantins	8
PT	Acre, **Bahia**, **Sergipe**, Distrito Federal, Rio Grande do Sul	5
PSB	**Ceará**, **Pernambuco**, **Paraíba**, **Piauí**, Amapá, Espírito Santo	6
PFL/DEM	Santa Catarina, **Rio Grande do Norte**	2
PMN	Amazonas	1

(Em negrito os estados do Nordeste)

ANEXO 5
(a)

A REPRESENTAÇÃO DO NORDESTE NA CÂMARA FEDERAL APÓS AS ELEIÇÕES DE OUTUBRO DE 2006

PARTIDOS	AL	BA	CE	MA	PB	PE	PI	RN	SE	TOTAL
PFL/DEM	2	13		2	1	3	2	1	3	27
PMDB	2	1	6	3	3	3	2	1	-	21
PSDB		2	5	4	3	2	1	-	1	18
PSB	1	1	2	2	2	3	-	2	1	14
PT		8	4	1	1	5	2	1	1	23
PL		3	1		2	1		1		8
PP	1	3	2			1	1	1		9
PDT	1	3		1		1				6
PTB	1		1	1		3	1		1	8
PC do B		2	1	1		1	1			6
Outros	1	3		2		2		1	1	11
TOTAL	9	39	22	17	12	25	10	8	8	150

N.B. — Número total de deputados na Câmara: 513 (desde as eleições de outubro de 2006, 36 deputados trocaram de formação política em 29 de maio de 2007).

ANEXO 5
(b)

A REPRESENTAÇÃO DO NORDESTE NA CÂMARA FEDERAL APÓS AS ELEIÇÕES DE OUTUBRO DE 2010

PARTIDOS	AL	BA	CE	MA	PB	PE	PI	RN	SE	TOTAL
PFL/DEM	-	6	-	1	1	2	2	2	1	15
PMDB	2	2	5	5	5	1	2	1	2	25
PSDB	2	2	1	2	2	2	-	-	-	11
PSB	-	-	4	1	-	5	1	1	1	13
PT	-	10	4	1	1	4	2	1	1	24
PR	1	3	2	2	1	2	-	1	1	13
PP	1	4	1	1	1	2	1	-	-	11
PDT	-	4	1	-	1	1	-	-	-	7
PTB	2	1	1	1	-	3	1	-	-	9
PC do B	-	3	2	-	-	1	1	-	-	7
Outros	1	4	1	3	-	1	-	2	2	14
TOTAL	9	39	22	17	12	24	10	8	8	149

ANEXO 6
(a)

A REPRESENTAÇÃO DO NORDESTE NO SENADO APÓS AS ELEIÇÕES DE OUTUBRO DE 2006
(1/3 dos cargos a serem preenchidos)

PARTIDOS	AL	BA	CE	MA	PB	PE	PI	RN	SE	Total	Total Brasil
PFL/DEM		2		2	1	1	1	2	1	10	17
PMDB	1				1	1	1*	1		6	16
PSDB	1		1		1**	1				4	16
PT*										-	11
PTB				1			1			2	4
PDT		1								1	5
PL										-	3
PSB			1							1	2
PRB										-	2
PC do B			1							1	2
PPS										1	1
PRTB	1									1	1
TOTAL	3	3	3	3	3	3	3	3	3	27	81

* Mão Santa, eleito pelo PMDB, trocou de partido (PSC) em outubro de 2009.
** Flávio Arns, eleito pelo PT, trocou de partido (PSDB) em outubro de 2009.

ANEXO 6
(b)

A REPRESENTAÇÃO DO NORDESTE NO SENADO APÓS AS ELEIÇÕES DE OUTUBRO DE 2010
(2/3 dos cargos a serem preenchidos)

PARTIDOS	AL	BA	CE	MA	PB	PE	PI	RN	SE	Total	Total Brasil
PFL/DEM	-	-	-	-	-	-	-	1	1	2	6
PMDB	1	-	1	2	2	1	-	2	-	9	21
PSDB	-	-	-	-	1	-	-	-	-	1	11
PT	-	1	1	-	-	1	1	-	-	4	14
PTB	1	-	-	1	-	1	1	-	-	4	6
PDT	-	1	-	-	-	-	-	-	-	1	1
PL/PR	-	-	-	-	-	-	-	-	-	-	4
PSB	-	1	-	-	-	-	-	-	1	2	3
PSC	-	-	-	-	-	-	-	-	-	-	2
PC do B	-	-	1	-	-	-	-	-	-	1	2
PP	1	-	-	-	-	-	1	-	-	2	5
Outros	-	-	-	-	-	-	1	-	-	1	6
TOTAL	3	3	3	3	3	3	3	3	3	27	81

ANEXO 7
(a)

COMPOSIÇÃO PARTIDÁRIA NO SENADO E NA CÂMARA FEDERAL APÓS AS ELEIÇÕES DE OUTUBRO DE 2006

PARTIDOS	SENADO	CÂMARA FEDERAL
PFL/DEM	17	65
PSDB	16	65
PMDB	16	89
PTB	4	22
PT	11	83
PPS	1	21
PDT	5	24
PC do B	2	13
PSB	3	27
PL	3	23
PP	1	42
PRTB	1	
PRB	1	
PV		13
Outros*		26
TOTAL	81	513

*(PMN 3, PHS 2, PRONA 1, PAN 1, PRB 1, PT do B 1, PSC 9, PTC 4, PSOL 3).

ANEXO 7
(b)

COMPOSIÇÃO PARTIDÁRIA NO SENADO E NA CÂMARA FEDERAL APÓS AS ELEIÇÕES DE OUTUBRO DE 2010

PARTIDOS	SENADO	CÂMARA FEDERAL
PFL/DEM	6	43
PSDB	11	53
PMDB	21	79
PTB	6	21
PT	14	88
PPS	1	12
PDT	1	28
PC do B	2	15
PSB	3	34
PL/PR	4	41
PP	5	41
PSC	1	17
PRB	1	8
PV		15
Outros*	5	18
TOTAL	81	513

*(PMN 4, PHS 2, PRP 2, PRTB 2, PSL 1, PT do B 3, PTC 1, PSOL 3).

O PARTIDO DOS TRABALHADORES E OS MUNICÍPIOS RURAIS

As eleições municipais de outubro de 2004 salientaram a dificuldade do Partido dos Trabalhadores em penetrar, no Nordeste, nos pequenos municípios rurais, dos mais pobres do país, cujas populações são confrontadas, em sua maioria, com graves problemas de exclusão social. As eleições parlamentares de outubro de 2006 confirmaram essa análise. O Partido dos Trabalhadores não conseguiu, apesar de sua sensível progressão, traduzir em favor de seus candidatos na região o resultado (mais de 2/3 dos sufrágios expressos) obtido pelo candidato Lula no Nordeste. Menos de 8% dos municípios nordestinos são controlados por prefeitos oriundos do PT depois das eleições municipais de outubro de 2008. Apesar de receber mais de 70% dos votos nessa região no pleito presidencial em 2010, o PT não conseguiu aumentar de maneira significativa a sua bancada na Câmara Federal para o Nordeste (24 deputados federais em 2010, 23 em 2006) e o número dos seus deputados estaduais (41 eleitos em 2010, um terço deles na Câmara estadual da Bahia). Portanto, o PT pela primeira vez supera o PMDB (39 deputados estaduais na região) e o DEM (27). O Partido dos Trabalhadores elegeu quatro senadores para a região em 2010, menos da metade do PMDB. Mas, em vários estados, apesar da melhoria relativa dos indicadores sociais, a estrutura de poder na sociedade local não mudou muito, isto é, o petismo federal forjando uma aliança eleitoral com as oligarquias (exemplo do Maranhão).

Essa situação paradoxal pode ser explicada pela discriminação de que a região foi objeto desde 1964, tanto do ponto de vista das infraestruturas de base quanto dos programas sociais. Uma discriminação que tornou esses municípios rurais permanentemente dependentes do poder federal e do estadual por meio da representação — intermediários necessários — do senador, do deputado federal ou do deputado estadual. Daí, um sistema pernicioso de clientelismo político, que procede localmente dos ricos (grandes proprietários de terras principalmente), que exercem, sobre estruturas frágeis e pobres e um eleitorado indigente, uma influência ao mesmo tempo de opressão e de paternalismo próxima da servidão.

Municípios dependentes

Nos nove estados do Nordeste encontram-se um terço dos municípios brasileiros e 28% da população do país; entretanto, as receitas municipais não ultrapassam 9% das receitas nacionais.

Segundo uma pesquisa publicada em 24 de outubro de 2004 pelo Instituto Brasileiro de Geografia e Estatística (IBGE), em média nacional, a terça parte das receitas municipais provêm dos recursos da Federação por meio do Fundo de Participação dos Municípios (FPM). No Nordeste, essa proporção é de 65%, mas ultrapassa os 90% na maioria dos municípios de vários estados (96% do Ceará, 91% da Paraíba, 97% de Alagoas, 90% do Rio Grande do Norte, 88% de Sergipe).

O Fundo de Participação é uma porcentagem retida no Imposto de Renda (IR) e no Imposto sobre Produtos Industrializados (IPI), receitas fiscais que o governo federal se esforçou em conter, mas ao mesmo tempo criou e aumentou taxas parafiscais, ditas "contribuições", das quais os municípios não participam, tais como o imposto sobre transações financeiras (CPMF), hoje extinto, os impostos sociais (Cofins, PIS, CSLL etc.). Os municípios recebem, em todo o país, o equivalente a 1% das entradas fiscais da Federação.

Uma segunda receita provém do Estado, que repassa, como o determina a Constituição, a quarta parte da taxa profissional que percebe para o comércio (ICMS). Esses repasses levam em conta a atividade econômica e, em menor medida, os indicadores sociais do município (taxas de alfabetização, taxa de mortalidade infantil etc.). Importantes para um município urbano ou portuário, tais recursos são insignificantes para um município rural do Nordeste.

Enfim, o governo federal destina para a área da saúde, no contexto do programa de assistência de base, um auxílio da ordem de R$ 13,00/habitante por ano e para um fundo de intervenção em favor do ensino primário, quantias em diminuição nos últimos dez anos em relação ao crescimento demográfico.

Os impostos municipais — Imposto Sobre Serviços (ISS), Imposto Territorial Rural (ITR) ou Urbano (IPTU) — são marginais no orçamento de uma pequena comunidade do Nordeste. A base de cálculo do Imposto Fundiário, considerando a preeminência das oligarquias locais, é intangível; Imposto Sobre Serviços é muito pouco em razão do baixo nível da atividade econômica. O imposto de moradia (pago pelo inquilino), como a *taxe d'habitation* francesa, não existe no Brasil.

Para uma capital regional urbana, a exemplo de Recife, os impostos municipais atingem cerca de um terço das receitas, permitindo uma maior independência dos eleitos locais (prefeito e vereadores) e da administração municipal.

Populações assistidas

O essencial da economia informal desses municípios do Nordeste alimenta-se de recursos das pensões do Instituto Nacional de Seguridade Social (INSS). Os valores são cinco vezes mais elevados que os subsídios federais para o Fundo de Participação dos Municípios em várias comunidades (caso de 160 dos 185 municípios do estado de Pernambuco), como revela uma pesquisa publicada no jornal *O Globo* de 7 de novembro de 2004, e indexados sobre o salário-mínimo. Essas pensões foram beneficiadas com a valorização desse salário nos dois governos Lula (2002-2006/2007-2010). O salário-mínimo cresceu de R$ 200,00 em 2002 para R$ 510,00 em 2010

As subvenções federais do programa Bolsa Família, síntese dos auxílios sociais que levam em conta, em princípio, as crianças escolarizadas e o nível de vida das famílias, e que podem atingir mensalmente R$ 120,00 por família (cinco filhos), complementam essas pensões. O Bolsa Família atende, segundo dados fornecidos pelo governo, perto da metade da população rural do Nordeste em 2006. A ampliação do programa, decidida em janeiro de 2009, beneficia 12,9 milhões de lares no Brasil, aproximadamente 45 milhões de pessoas.

A população dos nove estados nordestinos recebeu proporcionalmente a maior transferência de renda do Brasil: 54% da população no Maranhão; 52% no Piauí e em Alagoas; 48% em Pernambuco e no Ceará; 47% na Paraíba; 45% na Bahia e em Sergipe; 43% no Rio Grande do Norte. E, obviamente, existe uma correlação do programa Bolsa Família com os votos em favor de candidatos pró-governo. O Maranhão e o Piauí são casos emblemáticos. Com 54% e 53%, respectivamente, da população beneficiada pela transferência de renda, os maiores índices no país, os estados deram a Dilma Rousseff (PT) a sua maior votação no primeiro e no segundo turno do pleito de outubro de 2010.

Apesar das preocupações generosas e legítimas de ordem social que o inspiram, o Bolsa Família perpetua os sistemas tradicionais de assistencialismo e dependência. Prova disso, as filas intermináveis que se formam todo mês diante dos guichês das agências bancárias locais da Caixa Econômica Federal, banco público encarregado da distribuição do benefício. A oferta de cursos profissionalizantes na área de construção civil, principal aposta do governo federal para modificar o caráter assistencialista do programa, esbarra na falta de alunos. Em janeiro de 2009, segundo o ministro do Desenvolvimento Social e Combate à Fome, Patrus

Ananias, apenas 5% das vagas em cursos profissionalizantes foram preenchidas.

Até hoje, não há programas de formação profissional ou de reformas estruturais, econômicas e sociais dirigidos aos municípios rurais que possam modificar e enfraquecer as relações de poder de caráter feudal numa região onde 60% das terras cultiváveis pertencem a menos de 4% da população rural.

* * *

A escritora Rachel de Queiroz, nascida no Ceará, observou que a extensão do sistema das aposentadorias ao mundo rural significou, mais que a Lei Áurea, a abolição da escravidão. A aposentadoria rural atende hoje na região 4 milhões de pessoas, metade de todo o benefício pago no país.

Entretanto, a ascendência das oligarquias locais permanece importante sobre a administração municipal, o prefeito, os representantes locais da justiça e da polícia. A perenidade dessa influência é um obstáculo maior a uma ampla penetração de partidos políticos progressistas nas zonas rurais do Nordeste do Brasil, apesar dos auxílios sociais cuja tradução eleitoral começa, contudo, a manifestar-se.

ANEXO 8

A EROSÃO DO DEM, PARTIDO TRADICIONALMENTE CONSERVADOR E DOMINANTE NO NORDESTE, E A PROGRESSÃO DO PT

O PARTIDO DEMOCRÁTICO (DEM, EX-PFL) E SUA REPRESENTAÇÃO POLÍTICA NORDESTE VERSUS BRASIL
2006 - 2007 - 2010

REGIÃO	GOVERNADOR			SENADOR			DEPUTADO FEDERAL			PREFEITO (CAPITAL)	
	02	06	10	02	06	10	02	06	10	04	08
NORDESTE	3	0	1	11	11	2	34	27	15	0	0
TOTAL BRASIL	4	0	2	16	17	6	64	65	43	2	1

O PARTIDO DOS TRABALHADORES (PT) E SUA REPRESENTAÇÃO POLÍTICA NORDESTE VERSUS BRASIL

REGIÃO	GOVERNADOR			SENADOR			DEPUTADO FEDERAL			PREFEITO (CAPITAL)	
	02	06	10	02	06	10	02	06	10	04	08
NORDESTE	1	3	2	0	0	4	15	23	24	3	2
TOTAL BRASIL	3	5	5	12	11	6	81	83	88	9	6

A QUESTÃO AGRÁRIA. O MOVIMENTO DOS TRABALHADORES SEM-TERRA

Os principais estados do Nordeste convivem com tensões permanentes nas zonas rurais. Propriedades são frequentemente saqueadas nos estados de Pernambuco e Bahia, onde se encontram um quarto das famílias sem-terra que vivem em acampamentos precários no país. As sedes regionais do Instituto Nacional de Colonização e Reforma Agrária (Incra) são regularmente invadidas em Maceió, Salvador e Recife. Os grandes eixos rodoviários são, com frequência, bloqueados por manifestantes. As sedes de vários municípios são regularmente ocupadas, entre as quais a de Recife.

Um movimento confrontado com a violência

A Comissão Pastoral da Terra, movimento agrário particularmente ativo no estado de Pernambuco, emanação do episcopado brasileiro, publicou, em abril de 2007, uma pesquisa segundo a qual 39 trabalhadores rurais teriam sido assassinados em 2006 (35 em 2005) e 517 presos (261 em 2005) em todo o país. Desde 1985, segundo a Comissão, 1.464 trabalhadores rurais teriam sido assassinados no Brasil.

Em outubro de 2005, três dirigentes de movimentos agrários foram assassinados no espaço de alguns dias em Pernambuco, durante uma retomada das tensões rurais no Nordeste do país.

José Antonio dos Santos, líder do Movimento dos Trabalhadores Sem-Terra (MST), foi executado na localidade de Tocaimbo, a 165 km de Recife, alguns dias após ter obtido, ao fim de cinco anos de lutas, títulos de propriedade que beneficiavam quarenta famílias rurais. Anílton da Silva, líder sindical respeitado e dirigente do Movimento de Libertação dos Sem-Terra (MLST), recebido, em 2004, pelo presidente Lula com uma delegação de sindicalistas rurais, foi vítima de uma emboscada, feita por uma dezena de homens armados, numa fazenda ocupada por 256 famílias rurais em Itaíba, a 330 km de Recife. Luiz Manoel de Menezes, vereador eleito pelo Partido Progressista Social (membro da coalizão governamental) e presidente dos trabalhadores rurais de Taquaritinga, município situado a 167 km de Recife, foi morto em sua casa.

Todos os crimes foram cometidos com extrema violência: Anílton da Silva recebeu 18 tiros na cabeça; Luiz Manoel de Menezes foi executado na frente da esposa e da filha de 5 anos.

Segundo o relatório da Comissão Pastoral da Terra, "Conflitos no campo 2009", 25 militantes dos movimentos agrários foram assassinados em 2009 (28 em 2008), um quarto deles no Nordeste, a região que registrou o maior número de conflitos no campo depois do Pará.

Em 2009, foram assassinados, na Bahia, o líder José Campos Braga, da Comunidade Areia Grande; em Alagoas, a assentada Iraci Otila da Silva, no Assentamento Sítio Novo; no Maranhão, Agenor de Sousa Pereira, da Comunidade Quilombola de Santarém; na Paraíba, o líder Odilon Bernardo da Silva Filho, de Barragem Acauã. Em maio de 2010, o dirigente sindical Zito José Gomes, líder da Federação dos Trabalhadores na Agricultura Familiar (Fetraf), foi assassinado em Pernambuco, depois de outro líder sindical, Cícero Gomes, também da Fetraf, ter sido morto em um conflito envolvendo um acampamento da usina Nossa Senhora do Carmo e os donos da usina.

A demora excessiva (quatro a cinco anos) entre o reconhecimento pelo Incra do caráter legítimo da ocupação e a outorga dos títulos de propriedade expõe as famílias rurais a todo tipo de pressões e ameaças, contra as quais o recurso junto às forças de polícia locais, geralmente submetidas à oligarquia rural, se revela inoperante. Menos de 40% das famílias rurais (7 mil) que o Incra previa instalar em 2005 foram finalmente assentadas.

A diretora regional do Incra solicitou, mas não obteve, proteção da polícia federal para os líderes rurais da região, porém, o secretário da Justiça e dos Direitos Humanos de Pernambuco comprometeu-se em substituir as forças de polícia locais. Ela imputou a lentidão da reforma aos recursos na Justiça apresentados pelos proprietários. O Incra dispunha, para Pernambuco, de um orçamento importante (o segundo do Nordeste depois do Maranhão), mas apenas um quinto dos fundos alocados foi utilizado em 2005.

O governo federal decidiu incluir esses líderes e a representante do Incra, Maria de Oliveira, ela própria ameaçada, no Programa Nacional de Proteção aos Defensores dos Direitos Humanos. O líder do MST assassinado, Anílton da Silva, havia entregado ao procurador da República em Recife, em 11 de setembro de 2005, durante uma audiência pública, uma lista com 14 dirigentes que se achavam em perigo. Constavam dessa lista seu nome e os das duas outras vítimas. A mãe do líder assassinado perdeu três filhos e um irmão por causa dos conflitos agrários, nos últimos sete anos.

A prática de execuções sumárias na zona rural, geralmente encomendadas a matadores mediante modestos pagamentos, é comum nesta região do Brasil e se inscreve numa longa tradição de lutas agrárias e políticas.

As execuções recentes, cujas vítimas são dirigentes e militantes de sindicatos rurais, atingem um movimento agrário dividido. Por um lado, existe a vontade de exercer, com demonstrações de força, pressões sobre uma administração federal que permanece muito aquém de seu compromisso, mas que teria destinado mais de 120 milhões de dólares em auxílios financeiros, em 2005, aos movimentos agrários, segundo *O Globo* de 18 de junho de 2006, e, por outro lado, a apreensão legítima, em vista dos recentes acontecimentos, diante dos riscos de isolamento que uma oposição muito declarada ao governo traria.

Líderes divididos entre a moderação e a ação

Numa entrevista concedida em 2005, Jaime Amorim, um dos dirigentes nacionais do Movimento dos Trabalhadores Sem-Terra, responsável pela maioria das invasões de propriedades, trouxe as seguintes informações:

- A retomada dos conflitos é uma resposta dos principais movimentos rurais à lentidão da reforma agrária. O governo não cumpriu seus compromissos em 2003 (apenas 36.800 das 60 mil famílias previstas foram assentadas). Ele também não cumpriu em 2004 o compromisso para com 115 mil famílias; menos de 20% foram assentadas.

O Incra perdeu mais da metade de seus funcionários desde 1990 (de 11 mil a menos de 5 mil hoje), enquanto o número de famílias assistidas (instaladas em acampamentos) passou, no mesmo período, de 80 mil a 500 mil.
Contam-se, atualmente, 160 mil famílias nos acampamentos improvisados, um terço dos quais na Bahia e em Pernambuco. Entretanto, a vida nesses acampamentos é extremamente difícil e constantemente ameaçada, mesmo depois de cinco ou seis anos de ocupação, pelos recursos na Justiça intentados pelos proprietários a despeito do caráter improdutivo da maior parte das terras. As tensões são inevitáveis.

- O MST aparece na mídia como um fator de confrontação e de conflitos, mas essa imagem não é exata. O movimento constituiria, ao contrário, um fator de apaziguamento. A origem de todas as violências estaria na estrutura agrária do Brasil: *23 mil proprietários, 23 milhões de sem-terra*. O MST realiza um trabalho pedagógico importante no plano educativo (1.800 escolas reúnem 160 mil crianças de trabalhadores rurais no ciclo primário), no plano da alfabetização dos jovens e dos adultos (aproximadamente 19 mil trabalhadores rurais seguem atualmente essas aulas) e no do ensino superior (foram assinados acordos com cerca de 50 universidades).

A reforma agrária constitui um prêmio para o emprego. Uma família rural instalada no seu lote significa três a quatro ocupações criadas. O custo de um emprego rural seria bem inferior ao de um na construção civil.

O governo Fernando Henrique Cardoso emitiu um decreto (medida provisória) que proibia a inclusão, na reforma agrária, de terras produtivas e de terras irrigadas. Para a abertura de uma estrada, de uma usina ou a construção de uma barragem, a expropriação dessas terras é possível, mas não para a reforma agrária. As famílias instaladas (400 mil hoje) o foram, por vezes, em regiões bastante ingratas. Atualmente, 80% delas não têm eletricidade. Algumas famílias tiveram de deixar ou vender suas terras: assim, no estado do Pará, o Incra aponta que 40% dos loteamentos cedidos, no âmbito da reforma agrária, haviam sido abandonados. "E eu não estou falando dos acampamentos que são verdadeiras favelas na zona rural", salientou Jaime Amorim.

- Num momento em que o país se acha confrontado com o desemprego e com uma crise social na periferia das grandes cidades, o emprego rural deve ser salvaguardado. Daí a decisão de radicalizar e ocupar terras produtivas pertencentes a grandes grupos econômicos, como o Votorantin, em Pernambuco ou na Bahia, e as plantações de eucalipto — árvore que torna a terra estéril ao fim de trinta anos — das sociedades Klabin e Veracel.

Essas plantações simbolizam, aos olhos do dirigente, a perpetuidade de escolhas agrárias qualificadas de fatos iníquos desde a Independência: monocultura para exportação, grandes propriedades rurais, escravidão e exploração de mão de obra rural. Pouca coisa teria mudado nas zonas rurais, segundo o líder agrário.

O censo agropecuário, divulgado pelo IBGE em outubro de 2009, mostrou que a distribuição da terra piorou nos últimos dez anos. A concentração da terra é 67% superior à renda no país, que já apresenta um grau de desigualdade dos maiores do mundo. Ou seja, o monopólio sobre a terra se agrava apesar da tendência à divisão que deveria ser promovida pelo direito de sucessão. Em consequência, o número de trabalhadores no campo vem diminuindo ano após ano. Nesses dez últimos anos, deixaram de trabalhar nas lavouras 1.363 milhão de pessoas. O estado do Nordeste com a maior concentração de propriedades é Alagoas. A agricultura familiar responde por menos de 25% da área cultivada, enquanto é a principal responsável pelo abastecimento dos produtos da cesta básica. Produz 87% da mandioca, 70% do feijão e emprega 75% dos trabalhadores no campo.

- Interrogado sobre as relações que o MST mantém com o exterior, Jaime Amorim sublinhou o aporte financeiro esporádico de organizações católicas da Espanha e da Itália, a ajuda da Alemanha ao MST do Piauí, seguida da visita do ministro alemão da Ciência e Tecnologia em junho de 2003, e a assistência dos movimentos de solidariedade por meio da organização Via Campesina.

Gilmar Mauro, um dos dirigentes do MST, foi à África, em março de 2004, para uma reunião preparatória da conferência anual da Via Campesina, da qual participaram delegações de Moçambique, Swazilândia, Madagascar, Zâmbia e Zimbabwe. Educadores oriundos do MST foram convidados, em abril 2004, ao Timor-Leste a fim de formar monitores para alfabetização de jovens e adultos. O Movimento adaptou o método de alfabetização de Paulo Freire, educador, professor da Universidade Federal do Pernambuco, exilado durante 16 anos pela ditadura militar, figura reverenciada nas escolas do MST. As relações com os países da América Latina (México, Bolívia, Paraguai, Argentina, Venezuela) são frequentes, sobretudo no contexto da Coordenaria Latino-Americana de Organizações do Campo. Porém, é com Cuba que as relações são privilegiadas.

Muitos jovens oriundos do MST estudam em Cuba, como bolsistas do governo cubano (agronomia, epidemiologia, medicina). Mais de 50 jovens oriundos do MST fazem seus estudos de medicina em Havana, na Escola Latino-Americana de Medicina.

"Todos os sem-terra sonham estudar em Cuba", disse Mauro. Um grupo de jovens atores também do MST e formados no Rio de Janeiro, no Teatro do Oprimido, de Augusto Boal, participou em Havana da edição de documentários audiovisuais educativos destinados à Venezuela e à Argentina.

O papel do Incra

O Incra dispõe, provavelmente pela primeira vez na sua história, de um orçamento considerável, mas sofre de falta de funcionários. A execução desse orçamento esbarra na multiplicidade de recursos na Justiça apresentados pelos proprietários e nos adiamentos dos magistrados. Dos 124 milhões de reais de que dispunha o instituto para Pernambuco em 2005, apenas 26 milhões foram utilizados.

O juiz geralmente pertence à oligarquia local, assim como, em sua maioria, os prefeitos, os governadores e os deputados rurais dos estados. Segundo Rolf Hackbart, presidente do Incra, muitos magistrados são abertamente hostis à reforma agrária.

Os governadores mais abertos à divisão de terras foram, em 2006, os do Piauí, de São Paulo, do Paraná, do Acre e, paradoxalmente, do Pará, estado onde os conflitos são os mais violentos, além dos de Pernambuco e Minas Gerais. Dos 50 prefeitos convidados por Maria de Oliveira a associar-se à reforma agrária no estado de Pernambuco, apenas cinco responderam favoravelmente. As intervenções políticas na direção do Incra multiplicam-se. As ameaças tornam-se mais pesadas. Maria de Oliveira foi obrigada a separar-se de seus quatro filhos, que estudam atualmente no Paraná. Ela se beneficia de uma escolta da polícia federal.

O Incra comprometeu-se a instalar 400 mil famílias entre 2002 e 2006; 180 mil foram assentadas. No estado de Pernambuco, menos da quinta parte das 8.800 famílias cuja instalação era prevista para 2005 foram assentadas. Segundo Hackbart, o instituto se confronta com cinco séculos de ocupação ilegal das terras. A maioria das grandes propriedades em Pernambuco teria títulos de propriedade fraudados. Elas estariam instaladas, na realidade, em terras que pertencem à União. O cadastro rural, quando existe, seria o resultado de grandes fraudes. Pessoas que emprestam seus nomes (laranjas) e que agem para dirigentes políticos locais comercializam terras destinadas à reforma agrária. Um dos principais acusados pela imprensa local: Claudiano Martins, deputado da Câmara Legislativa de Pernambuco pelo PMDB, duas vezes prefeito de Itaíba.

Rolf Hackbart, militante do PT desde a sua criação, e Maria de Oliveira, membro do PSB, foram recebidos em 17 de novembro de 2005, em Brasília, pelo presidente Lula, pelo ministro da Reforma Agrária e pelo ministro da Justiça, com uma delegação dos movimentos agrários de Pernambuco, entre os quais a mãe do dirigente assassinado do MLTST. Naquela ocasião, eles obtiveram garantias para uma colaboração mais ativa das forças policiais na busca dos presumidos autores dos homicídios perpetrados contra trabalhadores rurais. Segundo Hackbart, mais de trinta pessoas suspeitas desses assassinatos, contra as quais foram expedidos mandados de prisão pela justiça, continuariam em liberdade.

O presidente do Incra evocou, num encontro privado, a necessidade de uma ruptura na economia rural brasileira; deplorou a força do agronegócio e o lobby nefasto da União Democrática Rural (UDR) e retomou, com veemência, as teses do altermundialismo, mencionando com desprezo os projetos de instalação de usinas de álcool no Pantanal e as pressões das grandes empresas de celulose escandinavas no Acre amazônico.

* * *

O Movimento dos Trabalhadores Sem-Terra tem 25 anos, e permanece íntegro nas suas convicções e nas suas adversidades Ele não pode, evidentemente, engajar-se numa oposição declarada ao governo Lula, sob o risco de isolar-se. Vários de seus dirigentes estiveram na origem da criação do PT ou são afiliados ao partido, hoje no poder, que foi o porta-voz desse movimento nos vinte últimos anos. Jaime Amorim sublinhou que a pressão sobre o governo seria exercida "na medida do possível".

Porém, das respostas trazidas a esse movimento agrário dependerá muito da imagem que o presidente Lula dará de sua ação em favor das populações menos favorecidas, das quais o MST representa o principal símbolo no seio da esquerda brasileira, no seio dos movimentos sociais na América Latina e no seio do altermundialismo.

OS PROGRAMAS SOCIAIS DO GOVERNO FEDERAL

As iniciativas do poder público em favor das populações sem recursos a fim de garantir a renda sempre estiveram associadas — salvo a aposentadoria rural — à condição de assalariamento com carteira assinada (décimo terceiro, adicional noturno, auxílio-licença maternidade, seguro-desemprego etc...). No segundo governo Fernando Henrique Cardoso, a questão da pobreza ganha relevância social. Uma campanha liderada pelo sociólogo Betinho coloca em evidência a questão da fome em um país paradoxalmente líder mundial na produção e exportação de alimentos e faz um chamado à solidariedade no país. Uma das políticas discutidas e implementadas foi a transferência de renda por parte do governo federal para as populações pobres.

Os programas sociais desenvolvidos pelo governo federal desde 2000/2001 (governo Fernando Henrique Cardoso) tentam aliviar a "dívida social" do Brasil para com o Nordeste, segundo a expressão utilizada pelo presidente Lula. Eles têm uma incidência real sobre a situação das populações menos favorecidas apesar das dificuldades com as quais elas são confrontadas. Mas está claro que esses programas emergenciais só conduzirão a uma melhora duradoura das condições de vida dessas populações se eles se inscreverem em políticas voluntárias de auxílio ao emprego, à formação e à educação que as autoridades têm, sem dúvida, dificuldades de pôr em prática.

Uma incidência positiva sobre as condições de vida das populações rurais do Nordeste

O principal programa, Bolsa Família, que reúne e amplia os diferentes programas de assistência do governo Fernando Henrique Cardoso, favorecia, em 2010, segundo fonte oficial, 11,1 milhões de famílias, principalmente nas zonas rurais. O auxílio chegaria a R$ 100,00 em média por mês por família, um recurso condicionado à escolarização e à vacinação das crianças. Tais subsídios podem atingir, nos estados mais pobres (Maranhão, Alagoas, Piauí), onde o IDH é baixo, 15 a 20% do orçamento dos municípios. Eles têm um efeito importante no comércio local. Em 2009, conforme pesquisa de *O Globo*, 27,3 milhões de nordestinos, cerca de 90% das famílias, recebem os benefícios do programa em certos municípios, tais como Severino Melo (Rio Grande do Norte), Camaru (Pernambuco), Caraíba (Bahia) e Junco (Maranhão).

É nas crianças e nos recém-nascidos que se avalia o impacto do programa: dois terços das crianças na zona rural são subnutridos e anêmicos. Essa situação é acompanhada de um crescimento tardio e de graves problemas de procriação (alto risco de aborto, crianças prematuras), e tem parte de responsabilidade no analfabetismo crônico das populações rurais do Nordeste, apesar de três gerações, em princípio, terem frequentado o ciclo primário.

Um estudo de saúde pública realizado no Maranhão, na cidade de São Bernardo, relaciona setenta cemitérios clandestinos (sem registro) onde as crianças são enterradas sem identificação (não há certidão de nascimento nem de óbito). Entretanto, a mortalidade infantil observada oficialmente nesta cidade — em torno de 85 por mil —, uma das mais elevadas do estado e, sem dúvida, do país, está ainda aquém da realidade.

Tais dados demonstram a importância desses programas de urgência para as populações rurais mais pobres. A localidade de

Guaribas (Piauí) foi escolhida, em 2004, para lançar o programa Bolsa Família porque ali havia o pior Índice de Desenvolvimento Humano dos 5.500 municípios brasileiros. Um ano após esse lançamento, do qual se beneficiou prioritariamente, a taxa de mortalidade infantil (35 por mil) aproximou-se da média brasileira (22,5) em 2006. A pequena cidade de São José de Tapera (29 mil habitantes), em Alagoas, foi considerada em 2000 pelas Nações Unidas como tendo o pior IDH do Brasil. Ao fim de seis anos de programas sociais (55% da população é atendida pelo programa Bolsa Família em 2006), a taxa de mortalidade infantil passou de 147 para 1000 a 49 para 1000 e a porcentagem de analfabetos de 70% a 50% da população. A dependência do município é grande: 95% do orçamento municipal advêm de recursos federais.

Dificuldades de ordem burocrática e orçamentária

O Ministério do Desenvolvimento Social, de quem depende hoje essa assistência, não dispõe, a exemplo dos ministérios do Trabalho, da Saúde e da Educação, de representações regionais. Em razão da reserva manifestada pelo governo em relação aos municípios rurais, excessivamente expostos à corrupção (o Partido dos Trabalhadores controla poucas prefeituras na zona rural), comitês de gestão mistos foram organizados nos municípios selecionados e os cadastros, revistos e corrigidos. Uma pesquisa feita pelo *Jornal do Commercio*, em 14 de março de 2004, nos estados do Piauí, Pernambuco e Alagoas, revelou que a maior parte desses comitês não funciona. Daí um grande número de fraudes e distorções. São cerca de 2.400 comitês de gestão criados em todo o país, dos quais aproximadamente 40% no Nordeste. As organizações não governamentais, que possuem larga experiência no setor, foram convidadas a se associar aos comitês, mas elas sofreram uma diminuição correlativa dos subsídios públicos em seu favor.

O governo, por outro lado, não associou muito aos programas de assistência as instituições sociais e educativas que dependem dos estados e diminuiu substancialmente os financiamentos tradicionalmente destinados às suas ações (no setor da formação profissional e da alfabetização, sobretudo). Ao contrário do Bolsa Família, esses programas regionais, que se beneficiam às vezes de aportes financeiros do Banco Mundial, vão além de uma simples assistência, tentando criar a base institucional e as parcerias que possam realizar um projeto compartilhado para uma melhora duradoura nas comunidades.

Políticas de acompanhamento cuja realização se revela laboriosa

Zilda Arns, então membro do Conselho de Segurança Alimentar criado pelo governo, que dirigiu a associação caritativa católica Pastoral da Criança (210 mil voluntários, 1.700.000 pessoas auxiliadas por ano), advertiu, em 2004, que o número de crianças sendo alfabetizadas sob a responsabilidade de sua organização havia diminuído para menos da metade em relação a 2003, visto que os auxílios federais privilegiavam, na época, de forma excessiva, segundo ela, a alimentação. Crítica também do presidente da Conferência Nacional dos Bispos do Brasil (CNBB), monsenhor Geraldo Magella Agnelo, que acha que o governo deveria reforçar os programas que favorecem o emprego e a formação.

Três programas postos em prática pelo governo federal provam essas dificuldades:

— *O programa, dito do primeiro emprego, em favor de jovens de 16 a 24 anos*

Nessa faixa etária encontram-se, segundo o Ministério do Trabalho, 45% dos aproximadamente 8 milhões de desempregados recenseados oficialmente no país. Criado em outubro de 2003, o programa deveria ter atendido, no fim de 2004, aproximadamente 200 mil jovens oriundos de famílias pobres e que não completaram o ciclo secundário. Em 31 de dezembro de 2005, apenas setecentos jovens tinham sido contemplados pelo projeto, segundo o Ministério do Trabalho, dos quais menos de trinta nos estados do Nordeste. O presidente Lula admitiu o fracasso do programa, que acaba de ser reformulado com o objetivo de torná-lo mais atraente para o patronato.

— O programa de luta contra a exploração da mão de obra rural em condições próximas à escravidão

Esse programa tornou-se mais ativo desde a criação da Comissão Nacional para a Erradicação da Escravidão, composta por representantes de instituições públicas e de organizações não governamentais, e do Pacto Nacional pela Erradicação do Trabalho Escravo, que está completando cinco anos. Ele não poupou as propriedades rurais pertencentes a parlamentares, tal como o ex-presidente da Câmara dos Deputados, Inocêncio de Oliveira, deputado federal por Pernambuco (PFL/DEM). A questão atinge, sobretudo, os estados da Bahia, do Maranhão e do Pará. Mais de 8 mil trabalhadores nessas condições — sem salário e sem repouso semanal — foram recenseados na Bahia em 2003. A terça parte dos trabalhadores "libertados" no Pará vinha daquele estado.

O então coordenador dessa política no Ministério do Trabalho, Luís Antônio Camargo de Melo, observava que, na falta de medidas de acompanhamento que garantam a inserção social desses trabalhadores, a taxa de reincidência é muito elevada (superior a 40%). Dos 38 mil que se beneficiaram com as intervenções desde 1995, aproximadamente 11.800 preferiram voltar a viver nas condições anteriores a ficarem desempregados.

A proposta de uma emenda constitucional para expropriar as terras onde fossem constatadas violações manifestas do direito do trabalho foi aprovada pela Câmara dos Deputados, mas ainda não foi votada pelo Senado. Nenhum proprietário fundiário foi inculpado até hoje, ainda que indenizações tenham sido outorgadas pelos tribunais aos trabalhadores rurais (R$ 7,4 milhões segundo *O Globo* de 21 de setembro de 2006).

Conforme um relatório publicado em setembro de 2006 pela Organização Mundial do Trabalho, ao fim de uma pesquisa realizada pela ONG Repórter Brasil, aproximadamente 25 mil pessoas estariam ainda empregadas no Brasil em condições próximas da escravidão.

— O programa que visa pôr fim ao trabalho de crianças e adolescentes com menos de 16 anos

Esse programa, ao qual a Unicef está associada, destinava-se, em 2004, a 912 mil crianças (866 mil foram atendidas no ano anterior). Cada família recebe por criança escolarizada R$ 15,00 na zona rural e R$ 25,00 na zona urbana. Segundo a Organização Mundial do Trabalho, aproximadamente 5 milhões de crianças de 5 a 17 anos trabalhavam no Brasil em 2005.

É uma iniciativa que exige uma contrapartida financeira dos estados e municípios e exclui as cidades endividadas. Ela se deparou, no Nordeste, com a degradação das condições socioeconômicas das populações pobres, o que incitou um número crescente de famílias a obrigar suas crianças a trabalharem nas zonas rurais e fazê-las viver de expedientes nas zonas urbanas.

Segundo o Instituto Brasileiro de Geografia e Estatística (IBGE), ao fim de uma pesquisa publicada em setembro de 2006, o número de crianças no Brasil entre 5 e 9 anos que trabalham aumentou em 10,3% em 2005 e a quantidade de jovens de 15 a 17 anos fora da escola cresceu 18,9% em relação ao ano anterior.

* * *

O jornal *O Globo* de 12 de agosto de 2006 observou que o orçamento do programa Bolsa Família (8,3 bilhões de reais em 2006) era superior a cada um dos orçamentos de 13 ministérios e citava uma pesquisa realizada pelo site Contas Abertas (www.contasabertas.com) nos municípios rurais do Piauí e de Alagoas, que chamava a atenção para o fato de que os valores destinados pelo governo federal ao Bolsa Família eram superiores, nesses dois estados, aos gastos federais em obras de saneamento, estradas e infraestruturas.

Os programas sociais do governo federal são ambiciosos, e se revelam muito importantes nos estados do Nordeste em termos de saúde e de escolaridade. Um foco "assistencialista" privilegiou demasiadamente o lado alimentar desses programas. Certamente existem situações de indigência e de carência alimentar graves, mas a melhoria durável das condições de vida das populações menos favorecidas passa, necessariamente, pela criação de programas sociais direcionados ao emprego, à formação e à assistência técnica. Ou seja: do ponto de vista da renda não se vislumbram "portas de saída" que permitam às famílias libertarem-se de forma sustentada da situação de dependência. Mas isso é uma estratégia de longo prazo com mais conteúdo político do que financeiro. E requer o senso comum de que nenhuma estratégia isolada é suficiente para superar a pobreza. Nesse sentido, mais que a pobreza, o grande problema enfrentado na região Nordeste é a desigualdade social.

Tais programas, como a melhoria do salário-mínimo e a ampliação do crédito rural (Pronaf), explicam uma evolução sensível da base eleitoral do Partido dos Trabalhadores, essencialmente urbana em sua origem, limitada às grandes aglomerações. Nas eleições presidenciais de 1998, menos de um quarto dos votos foram para o PT nos centros urbanos de menos de 10 mil habitantes; nas eleições de outubro 2006, mais de 50%, segundo informações publicadas pelo Ibope e pelo *O Globo* de 29 de outubro de 2006.

ANEXO 9

BOLSA FAMÍLIA NO NORDESTE (2010)

Estado	População (em milhões)	Benefícios (em milhões)	Atendidos (%)
Maranhão	6,36	3,49	54,9%
Piauí	3,18	1,67	52,5%
Ceará	8,48	4,07	48%
Bahia	14,6	6,66	45,4%
Pernambuco	8,79	4,21	47,9%
Paraíba	3,77	1,53	40,7%
Rio Grande do Norte	3,13	1,36	43,4%
Alagoas	3,15	1,65	52,4%
Sergipe	2,02	0,91	45,3%

Fonte: *Correio Braziliense*

BOLSA FAMÍLIA NO PIAUÍ (2010)
Os municípios mais atendidos

	Município	População	Beneficiados	Atendidos (%)
1	Queimada Nova	9.116	6.360	69,7%
2	Francisco Macedo	2.315	1.692	73%
3	Betânia do Piauí	6.442	5.044	78,2%
4	Ribeira do Piauí	4.252	2.952	69,4%
5	Guaribas	4.491	3.692	82,2%
6	Campinas	5.818	4.356	74,8%

	Município	População	Beneficiados	Atendidos (%)
7	Brejo do Piauí	4.025	3.216	79,9%
8	Wall Ferraz	4.636	3.412	73,5%
9	Lagoa do Sítio	5.292	4.012	75,8%
10	Pavussu	4.465	3.388	75,8%
11	Paquetá	4.686	3.332	71%
12	Campo Alegre do Fidalgo	4.647	3.592	77,2%
13	Lagoa do Barro	4.692	3.496	74,4%
14	Conceição do Canindé	5.077	3.664	72,1%
15	Jacobina do Piauí	5.831	4.340	74,4%
16	Riacho Frio	5.093	3.699	72,4%
17	Pedro Laurentino	2.418	1.864	77%
18	Boqueirão do Piauí	6.599	4.752	72%
19	Colônia do Piauí	7.940	5.892	74,2%

Fonte: *Correio Braziliense*

A IGREJA

É, sem dúvida, nas regiões rurais pobres e sofridas do Nordeste, onde as missões de evangelização foram intensas no século XVII, que a religião católica é mais tenaz. A urbanização e o desenvolvimento têm, geralmente, um impacto negativo sobre a religião, o culto, e, ainda que a busca da espiritualidade persista, a religião tem menos influência sobre as almas do que nos meios rurais, nas populações pobres do sertão ou da caatinga, apesar de faltarem padres em muitas paróquias.

A fé

É na região Nordeste que se observam as mais fortes expressões de fé popular. Prova disso é um artesanato religioso variado, que vai de peças de grande beleza expostas em muitos museus de arte sacra (São José de Ribamar, em Aquiraz; Dom José, em Sobral, no Ceará; Convento de Santa Tereza, em Salvador; São Cristóvão, em Alagoas; Fundação Chalita, em Maceió) aos ex-votos e às esculturas dos mestres santeiros nas principais igrejas e locais de culto e de peregrinação. A estátua da virgem Maria, na capela do hospital da Santa Casa da Misericórdia, em Fortaleza, tem as mãos constantemente mutiladas pelos fiéis que, com os fragmentos, preparam um chá para curar os sofrimentos, segundo sua restauradora Carmem Pinheiro, citada no *Diário do Nordeste* de 5 de março de 2004.

Os locais de peregrinação são numerosos e acolhem milhares de fiéis a cada ano: Padre Cícero, em julho, em Juazeiro do Norte; Frei Damião de Bozzano, em maio, em Recife; Mãe Rainha Três

Vezes Admirável, em Olinda, em outubro; Nossa Senhora da Saúde, em Tacaratu, em janeiro; Venerada Santa Cruz, em Petrolina, em julho; Nossa Senhora de Lourdes, em Solidão, em outubro; Nossa Senhora das Graças, em Vila de Cimbres, em março; Nosso Senhor do Bonfim, em Salvador, em fevereiro etc.

A cada ano são vendidos no Brasil cerca de um milhão de imagens de santos, segundo a Associação Brasileira de Fábricantes de Produtos Religiosos, citada pelo *Correio Braziliense* de 29 de fevereiro de 2004. O Brasil é o campeão mundial em vendas de bíblias: 8,5 milhões a 9 milhões de exemplares a cada ano.

A Igreja Católica dispõe de 190 estações de rádio que transmitem programas religiosos. O site da Igreja (www.catolicanet.com.br) recebe 600 mil visitantes por mês e envia 70 mil e-mails. A Igreja Evangélica Universal do pastor Edir Macedo dispõe de um canal hertziano desde 1992 (TV Record); a Igreja Católica possui um canal desde 1995 (Rede Viva TV), mas só captado por antena parabólica.

A Igreja Católica organiza desde 2000, no mês de setembro, um Salão da Fé, que reúne 50 mil visitantes em São Paulo. As igrejas evangélicas organizam desde 2003, um Salão Internacional do Consumidor Cristão, que recebe aproximadamente 70 mil visitantes, dos quais 10 mil pastores. A tiragem média de uma obra é de 20 mil exemplares (3 mil para uma obra literária). Há mais de 4 mil livrarias evangélicas e cada templo (150 mil no total) possui um ponto de venda. O mercado *gospel*, composto em 98% por cantores brasileiros, está em plena expansão; a igreja evangélica Assembleia de Deus lidera o consumo.

Apesar de a Igreja Católica possuir quase vinte vezes mais fiéis que as igrejas evangélicas, o dinheiro arrecadado das contribuições é menor, segundo pesquisa nacional realizada pelo Instituto Analise e publicada na revista Veja em setembro de 2009. A Igreja Católica arrecadaria, em média por mês, cerca de R$ 680 milhões, segundo a pesquisa, e as diversas denominações evangélicas somadas, R$ 1,032 bilhão a cada mês.

Uma pesquisa da Pontifícia Universidade Católica de São Paulo, feita com 17 mil estudantes e publicada em *O Estado de S. Paulo* de 12 de julho de 2005, mostra que a maioria considera a fé mais importante que a religião.

A ação pastoral no campo social

As primeiras experiências de ação pastoral no campo social começaram no Nordeste, nos anos 1950: no Maranhão, com a arquidiocese de São Luís (monsenhor Delgado e o bispo auxiliar Antonio Fragoso) e uma cooperação canadense e europeia; no Rio Grande do Norte, em torno do bispo auxiliar de Natal, monsenhor Eugênio Salles, e do monsenhor Expedito da paróquia de São Paulo do Potengi, ação que atraiu muitos estrangeiros, a ponto de se criar, no seio do episcopado, um Serviço de Colaboração Apostólica Internacional.

Essa ação pastoral na zona rural, em meio às populações confrontadas com as grandes secas e com a corrupção dos homens políticos e da oligarquia fundiária, será a origem das primeiras associações sindicais e do Serviço de Assistência Rural. Inspirava-se nos preceitos de Charles de Foucauld e do abade Pierre e inscrevia-se no otimismo que tomava conta da sociedade brasileira, de seus religiosos, de seus artistas e intelectuais. Era a época da bossa-nova, de Juscelino Kubitschek, do cinema novo e, na literatura, dos romances de Guimarães Rosa, João Cabral de Melo Neto e Ariano Suassuna. A União Nacional dos Estudantes tinha lançado os movimentos de cultura popular, e a Igreja, um programa ambicioso de educação popular, os Movimentos Eclesiásticos de Base (MEB).

Em Recife, os sindicatos dos trabalhadores rurais organizam-se em federações, depois em confederação nacional sob a ação de jovens padres influenciados pelo Concílio Vaticano II (1962-1965), pela encíclica *Popularum Progressio* de Paulo VI (1967) e pelas conferências de Medellín e de Puebla (1979). O Centro de Formação Intercultural (CENFI), em Petrópolis, estado do Rio de Janeiro, inspirado na iniciativa de um padre de origem eslava, monsenhor Ivan Illich, era destinado a religiosos que vinham fazer um trabalho pastoral e social na América Latina.

O Centro de Formação Linguística e Cultural de Petrópolis dependia da CNBB, organizada pelo bispo auxiliar do Rio de Janeiro, nascido em Pernambuco, monsenhor Helder Câmara, e era animado por uma dúzia de jovens bispos nordestinos. Esse centro formou, de 1960 a 2003, 3.883 missionários estrangeiros.

Quando monsenhor Helder Câmara foi nomeado arcebispo de Olinda e de Recife, algumas semanas depois do golpe de Estado militar em 1964, ele reuniu em torno de si um grande número de padres e missionários estrangeiros marcados, como ele, pela concepção francesa da ação católica de campo, entre os quais, franceses, italianos, portugueses e belgas (o português Alípio Freitas, o belga Joseph Comblin e o italiano José Pedandola).

Monsenhor Câmara lança em Pernambuco, em 1965, a Ação Católica Rural, transformada em 1971 em Animação Cristã Rural, sob iniciativa do padre francês Joseph Seurat, *fidei donum*, que chegou em Recife em dezembro de 1964, e edita uma revista bimestral, *O Grito do Nordeste*, com tiragem de 2 mil exemplares.

É sob a responsabilidade de monsenhor Lamartine, bispo auxiliar de Helder Câmara, que se formam os movimentos cristãos: Ação Católica Operária, Juventude Operária Cristã, Juventude Estudantil Cristã, Juventude Agrícola Cristã, Juventude Universitária Católica. Muitos militantes da Ação Católica Rural tornaram-se responsáveis por sindicatos e movimentos agrários. Vários ministros do primeiro governo Lula pertenceram à Juventude Operária Católica (JOC) ou militaram em comunidades eclesiásticas de base: José Graziano, ministro da Reforma Agrária; José Fritsch, ministro da Pesca; Gilberto Carvalho, chefe de gabinete do presidente Lula; Miguel Rosseto, ministro da Agricultura; Carlos Alberto Libânio, o frei Betto, conselheiro do presidente Lula. O prefeito de Recife (2000-2008), João Paulo Lima (PT) pertenceu à JOC.

Helder Câmara terminou seu ministério em Recife em 15 de janeiro de 1985. Para sua sucessão, ele havia indicado o bispo auxiliar, monsenhor Lamartine, ou seu herdeiro espiritual, monsenhor Marcelo Pinto Carvalheira, atualmente arcebispo de João Pessoa. Porém, a cúria romana decidiu diferentemente. Foi José Cardoso Sobrinho, originário de Caruaru (Pernambuco) e residente muito tempo em Roma como professor de direito canônico, que o sucedeu.

As pastorais populares e os movimentos de ação católica, tendo como principal teórico o francês Jacques Maritain, são dissolvidos. O Seminário Regional do Nordeste II (Serene II), conferência eclesiástica que reúne vinte dioceses de Pernambuco, da Paraíba, do Rio Grande do Norte e de Alagoas, é subitamente fechado em 1989, sob instrução da Congregação Romana dos Seminários e Universidades Católicas. O Instituto de Teologia, aberto às congregações religiosas e aos leigos comprometidos com a evangelização, confiado ao reverendo belga Joseph Comblin, é fechado, e o local onde funcionava, alugado. Uma dúzia de padres estrangeiros ou diocesanos deixa, de livre e espontânea vontade ou à força, a arquidiocese e parte para o estrangeiro ou para paróquias mais tolerantes. É de setembro de 1984 que data a primeira instrução da Congregação para a Doutrina da Fé. Joseph Comblin, que havia sido expulso do Brasil e, em 1980, do Chile, radicou-se em Serra Redonda (estado da Paraíba) onde criou vários movimentos missionários leigos.

Outros arcebispados influentes, considerados pela cúria excessivamente comprometidos com as questões sociais, são enfraquecidos: o de São Paulo, dirigido por Paulo Evaristo Arns, inimigo declarado da ditadura, é dividido em cinco dioceses.

Por ocasião da eleição dos dirigentes da Conferência Episcopal em abril de 2003, os candidatos progressistas foram afastados em benefício dos moderados. A Igreja, ameaçada pelos movimentos evangélicos, concentra-se na catequese e põe toda a sua atenção, doravante, na formação de padres.

A "voz dos sem voz", para retomar a expressão utilizada por Helder Câmara, se expressa hoje por meio da Igreja Nova, movimento nascido em Recife, em 1991, numa paróquia cujo padre, monsenhor Luiz Antônio, foi destituído por José Cardoso Sobrinho. Há, também, experiências novas com jovens padres no meio rural, sob a influência do padre Joseph Comblin.

A religiosidade das populações nordestinas procede da colonização portuguesa e impregnou-se das práticas de culturas indígenas e africanas e do espiritismo. O sincretismo, a discrição que quase beira a clandestinidade em alguns cultos e as afiliações a várias igrejas ou a vários credos deturpam a abordagem estatística das religiões.

Segundo uma pesquisa, já antiga (2000), do IBGE, aproximadamente três quartos da população brasileira são católicos (92% em 1970) e um décimo é evangélica (5% em 1970).

As igrejas evangélicas

As estatísticas confirmam o crescimento importante das igrejas evangélicas ao longo dos últimos trinta anos: um em cada cinco brasileiros pertenceria, em 2005, a esses credos. Segundo o Serviço para a Evangelização na América Latina (SEPAL), fundado no Brasil em 1970, se a taxa atual de crescimento se confirmar, metade da população será evangélica em 2022.

A chegada desses credos no Brasil data do início do século XX, procedentes das igrejas norte-americanas. É o caso da Assembleia de Deus, fundada em Belém do Pará em 1911 por pastores suecos vindos dos Estados Unidos, que reúne hoje a metade dos pentecostais. Em contrapartida, a Igreja Universal do Reino de Deus foi fundada num subúrbio do Rio de Janeiro por um pastor brasileiro e difundiu-se em noventa países.

Na cidade de Imperatriz, no Maranhão, funciona um dos mais importantes polos evangélicos, num templo de 12 mil lugares, com vários centros de formação de missionários para a África e América do Sul.

Essas igrejas souberam atrair, em detrimento da Igreja Católica principalmente, grande parte de pobres e desafortunados, graças a uma política de comunicação dinâmica e altamente profissional (aquisição de estações de rádio e de canais de televisão) e de estruturas de acolhida adaptadas.

A pobreza levou numerosos fiéis a buscar no sagrado, na Bíblia, mais que na religião, uma resposta possível aos seus problemas.

Elas suscitam, no que se refere ao seu papel social e sua ambição de ter uma influência na sociedade, uma apreciação mitigada.

- *Uma rede de solidariedade real*

Produto, sem sombra de dúvida, da incapacidade dos poderes públicos (saúde, educação, habitação), essas igrejas trazem aos excluídos, num ambiente constantemente agredido pela violência individual e institucional e pelas discriminações, um alento, uma fraternidade e certo puritanismo dentro dos limites de uma doutrina simplista e reconfortante, sem clero nem liturgia, fortemente carregada de conteúdo afetivo e emocional, pregada por um pastor, geralmente carismático, exorcista e terapeuta.

As igrejas pentecostais, longe de perturbar a ordem moral e social, são, ao contrário, elementos de enquadramento e disciplina. É sintomático que a administração penitenciária tenha dado autorização a Igreja Universal do Reino de Deus para construir templos nas prisões. É significativo notar que as classes mais ricas brasileiras privilegiam, para empregos domésticos, os crentes e os evangélicos.

Essas ações de solidariedade e de proximidade com populações excluídas socialmente são qualificadas, por aqueles que criticam esses credos, de manipulações com fins lucrativos. Entretanto, elas comportam um trabalho social, sobretudo a partir dos anos 1990.

A Assembleia de Deus criou, em 1997, um conselho de ajuda (Conselho Nacional de Ação Social) encarregado de instaurar centros sociais (escolas e creches destinadas a crianças em situação de risco). Uma rede evangélica de ação social (Rede Evangélica Nacional de Ação Social) foi criada em 2003, pouco depois do IV Congresso Latino-Americano de Evangelização, que aconteceu em Quito. O presidente da organização norte-americana World Vision, cuja sede fica em Washington, pastor Arcovaldo Ramos, participou da reunião da Rede no Brasil em março de 2006 e elaborou um programa de ação social para as associações evangélicas no país (Mapa de Ação Social).

As igrejas evangélicas em Recife, Olinda e Fortaleza uniram-se no âmbito de um projeto social pró-infância e adolescência pobre do semiárido, o Diacona.

Estima-se que 54 mil jovens adolescentes são assistidos pelo programa Força Jovem, da Igreja Universal no Nordeste, dos quais 17 mil na Bahia.

- *Uma ambição política*

A influência da esquerda católica foi importante durante os 23 anos em que o Partido dos Trabalhadores esteve na oposição. Hoje, na cena política, essa influência é enfraquecida pelo evangelismo. O grupo parlamentar evangélico, fortalecido por seus 46 deputados na Câmara Federal após as eleições de outubro de 2006, cresceu no pleito de 2010. Em 2011 tomarão posse 63 deputados e três senadores evangélicos, dos quais 13 deputados e um senador no Nordeste (Walter Pinheiro (PT/BA), segundo o Departamento Intersindical de Assessoria Parlamentar. A bancada evangélica está dispersa em diversos partidos (PSC, PR, PRB, PTB, PMDB), mas é relativamente coesa sobre certo número de temas sociais atuais, como aborto, união civil. Seu surgimento, bastante recente na cena política brasileira, ajudado por uma mídia poderosa, a TV Record, propriedade do pastor Edir Macedo, suscita pelo menos duas apreensões:

— em razão da intolerância manifestada em relação a outros credos numa sociedade caracterizada pelo sincretismo e por uma convivência tida como referência no plano religioso;

— em razão de uma abordagem claramente mercantil que é, na realidade, difícil de ser definida. Cada fiel deve, em princípio, consagrar o dízimo a Deus, a décima parte de seus rendimentos, segundo um princípio do Levítico, mas ele não é obrigado a dar essa contribuição a sua igreja, podendo reservar livremente toda essa quantia, ou parte dela, para doações pessoais. Sendo assim, a compra da TV Record pela Igreja Universal, financiada por duas sociedades *offshore* (Cableinvest e Investholding) e a prisão do pastor da Igreja, deputado federal pelo DEM, João Batista Ramos da Silva, em julho de 2005, com sete malas de dinheiro em espécie, atribuído a doações de fiéis, evidenciaram a importância das somas de que dispõem as igrejas evangélicas e o risco evidente de seu uso abusivo.

O cantor Gilberto Gil, ex-ministro da Cultura do governo Lula, dedicou ao pastor evangélico, em 1995, uma canção memorável:

"Ele diz que tem como abrir a porta do Céu,
Ele promete a salvação,
Ele chuta a imagem da santa, ficou louco, pinel,
Mas não rasga dinheiro não...
Promete a mansão no paraíso, contanto
Que você pague primeiro
Que você primeiro pague o dinheiro, dê sua doação
E entre no Céu levado pelo bom ladrão."

A governadora do estado do Rio de Janeiro (2004-2006), evangélica declarada, introduziu nas escolas secundárias, em 2005, o ensino de matérias religiosas. Seu predecessor no cargo, Anthony

Garotinho, criou em novembro de 1999 o programa social Cheque-Cidadão, que beneficiava aproximadamente 50 mil famílias no âmbito de uma rede formada por 800 instituições religiosas, das quais 82% eram evangélicas (principalmente a Assembleia de Deus, credo do governador e de sua esposa). O vice-prefeito do Rio de Janeiro, Marco Antonio do Vale, do Partido Liberal (2004-2008), pertence à Igreja Universal. O jornal *Correio Braziliense* de 1º de dezembro de 2003 observa que 5% das emendas importantes apresentadas pelos deputados na Câmara eram em favor das igrejas evangélicas.

O fundador e chefe da Igreja Universal, bispo Edir Macedo, publicou, em setembro de 2008, *Plano de poder*, em coautoria com Carlos Oliveira, diretor-presidente do jornal *Hoje em Dia*, de Minas Gerais, pregando a mobilização política dos evangélicos. Mas o forte crescimento dos parlamentares dessas igrejas sofreu um revés nas eleições de 2006, depois do escândalo do mensalão, que culminou com a renúncia do deputado bispo Carlos Rodrigues, um dos fundadores da Igreja Universal. O sobrinho de Edir Macedo, Marcelo Crivella, senador do PRB para o Rio de Janeiro, não conseguiu passar no primeiro turno nas eleições para prefeito do Rio de Janeiro em outubro de 2008, mas foi reeleito em 2010 para um segundo mandato no Senado, vencendo o candidato do PT, presidente da Assembleia Legislativa Estadual. Os dois deputados estaduais mais votados em Pernambuco em 2010, o pastor Cleiton Collins (PSC) e o presbítero Adalto (PSB), pertencem a Assembleia de Deus. Já o pastor Eurico (PSB) teve 185 mil votos para deputado federal, à frente de políticos de expressão nacional, como Sergio Guerra (PSDB), e nomes que disputaram a prefeitura de Recife, como Mendonça Filho (DEM), ex-vice governador do estado, ou Raul Henry (PMDB). Esses três parlamentares evangélicos eleitos são da base aliada do governador Eduardo Campos (PSB), mas fizeram campanha no primeiro turno no pleito presidencial de outubro de 2010 ao lado de Marina Silva (PV), evangélica.

- **Um fator de intolerância**

A terça parte, aproximadamente, da abundante literatura religiosa difundida pelas igrejas evangélicas constitui-se de panfletos contra a Igreja Católica. O ecumenismo é denunciado como a apostasia dos últimos tempos, diferentemente das igrejas protestantes tradicionais, metodista, presbiteriana, luterana, por exemplo, que têm relações com a Igreja Católica no âmbito do Conselho Nacional das Igrejas Cristãs.

Uma grande parte dessa literatura, traduzida, vem dos Estados Unidos.

Vários pastores foram condenados penalmente por terem destruído imagens santas em igrejas católicas ou durante peregrinações.

O jornal da Igreja Universal do Reino de Deus, a *Folha Universal*, cuja tiragem é de 1.400.000 exemplares, foi condenado em março de 2004 a uma multa alta por difamação em relação ao candomblé. Os ataques evangélicos às religiões originárias da África são frequentes. Uma manifestação foi organizada em Salvador, em janeiro de 2004, pelas principais associações negras, com o objetivo de protestar contra a hostilidade das igrejas evangélicas em relação aos cultos africanos e condenar a obra do líder espiritual da Igreja Universal do Reino de Deus, hoje um dos homens mais ricos do Brasil, com o sugestivo título *Orixás, caboclos e guias: deuses ou demônios?*, finalmente proibida em novembro de 2005.

Mesmo na Bahia, onde as religiões africanas são muito presentes e seus cultos muito populares, mobilizando milhões de fiéis (peregrinação do Senhor do Bonfim em janeiro, homenagem a Iemanjá em fevereiro), as igrejas evangélicas não param de surgir. Durante o ano de 2005, em Salvador, cidade de 365 igrejas, o órgão municipal responsável pela utilização do solo (Superintendência de Controle e Ordenamento do Uso do Solo do Município — Sucom) emitiu 216 autorizações de funcionamento para igrejas, todas evangélicas.

Em contrapartida, as relações entre a Igreja Católica e os cultos africanos, tensas no passado, pacificaram-se. No mês de novembro de 2004, o secretário-geral do Conselho Mundial das Igrejas, Samuel Kobia, visitou Salvador e teve um encontro com monsenhor Geraldo Magella, bispo de Salvador e primaz do Brasil, e com os membros do Conselho Ecumênico das Igrejas Cristãs da Bahia (CEBRE).

Em outubro de 2004, o Conselho Mundial organizou, em Adis Abeba (Etiópia), uma conferência sobre o enriquecimento trazido pelas religiões africanas à religiosidade mundial, encontro do qual participaram representantes dos candomblés da Bahia.

* * *

A Igreja Católica perdeu em trinta anos (1970-2000) um terço de seus fiéis entre os jovens. Alguns se desviaram da religião: 1% da população brasileira em 1970; 8% em 2000, segundo uma pesquisa do IBGE, mas grande parte migrou para as igrejas evangélicas. Estima-se agora que nas principais favelas do país exista uma maioria de evangélicos. A Igreja tem dificuldades, ainda que não o admita oficialmente, em suscitar vocações (um padre católico para 7 mil habitantes em 1970; um para 10 mil em 2003). A formação de um padre leva, no mínimo, sete anos de estudo; a de um pastor leva algumas semanas.

Numa sociedade em mutação, cada vez mais organizada, com uma população em sua maioria jovem, a mensagem apostólica romana e seu sacerdócio (principalmente o celibato) parecem um tanto arcaico. A CNBB aprovou, por ocasião da sua 42ª reunião anual, um documento sobre a família inteiramente contrário à evolução atual dos grandes centros urbanos: condenação do divórcio, da interrupção voluntária da gravidez; proibição do acesso ao sacramento para os casais em segunda união; posições muito conservadoras em relação à união civil entre homossexuais, à educação sexual das crianças e dos adolescentes e pouco realistas em relação à luta contra a Aids.

O Nordeste rural permaneceu, sob esse aspecto, mais fiel à Igreja Católica. Em Natal, na Fundação São Pedro, único seminário da cidade, fundado em 1919 e fechado de 1969 a 1977 por causa de uma crise nas vocações, todos os seminaristas (sessenta ao todo), em 2004, vinham de regiões rurais. Porém, com 28% da população do país, essa região dispõe apenas de 12% do número de padres que exercem seu ministério no Brasil (17 mil). A metade das 2.120 igrejas sem padre encontra-se na Amazônia e no sertão do Nordeste, segundo o Centro de Estatística Religiosa e Investigações Sociais. A influência das igrejas evangélicas fica assim facilitada. Não existem requisitos teológicos ou doutrinas para a criação legal de uma igreja. Tampouco se exige um número mínimo de fiéis. Basta o registro da assembleia de fundação e do estatuto num cartório. Templos de qualquer culto são isentos de impostos sobre patrimônio, renda e serviços relacionados com suas finalidades religiosas.

ANEXO: ENTREVISTA COM LEONARDO BOFF, DOUTOR EM TEOLOGIA E FILOSOFIA

Leonardo Boff é, com o peruano Gustavo Guttierez, o brasileiro frei Betto e o chileno Ronaldo Muñoz, um dos inspiradores da teologia da libertação. Ele deixou a Igreja em 1992 após ser condenado pelo Vaticano. Convidado de honra do Seminário Internacional sobre os Direitos Humanos, que aconteceu em Recife em fevereiro de 2005, sob a iniciativa da Fundação Joaquim Nabuco e da organização não governamental italiana MLAL (Movimento Laici America Latina), Leonardo Boff, numa entrevista privada concedida antes da cerimônia de abertura, emitiu os seguintes julgamentos:

As divisões dentro da Igreja

A Igreja estava dividida e essa divisão conflituosa se agravava com, principalmente, uma representação no Vaticano (1/3 de cardeais italianos, 2/3 vindos de países desenvolvidos) em desequilíbrio com uma maioria de católicos nos países em desenvolvimento, ameaçada pelo crescimento do Islã, sobretudo na África. De um lado, a Igreja como instituição/hierarquia/poder, muito estruturada com cardeais, bispos, dioceses e paróquias, estava envelhecendo e com cada vez mais dificuldades em se reproduzir. No Brasil, 13 mil padres, 6 mil religiosos, 7 mil dioceses, um terço dos padres são estrangeiros. É a Igreja de dom Eugênio Salles, arcebispo do Rio de Janeiro. De outro lado, uma Igreja comunitária que se apoia na rede das comunidades de base, inspirada na Bíblia e na fé cristã, distante e reservada em relação à sociedade de decisões e do poder civil, próxima dos pobres e dos oprimidos. Uma Igreja em direção à qual se inclinavam Paulo Evaristo Arns (São Paulo) e Ivo Lorscheider (Fortaleza).

Essa Igreja comunitária é aquela para a qual ele havia contribuído no despertar dos anos 1960, com frei Betto, e que se encontra hoje nas pastorais da Comissão Nacional dos Bispos do Brasil (CNBB): pastorais da criança, da terra, do índio, do negro, do meio ambiente... É aí que se encontra a vertente social da Igreja.

Em Recife, o movimento Igreja Nova, nascido numa paróquia de Olinda, tenta fazer reviver o legado de dom Helder Câmara. Mas a nomeação de monsenhor José Cardoso Sobrinho foi uma calamidade, um jurista no lugar de um profeta. Esse especialista em direito canônico, que vivia em Roma, dedicou-se a desmantelar a herança: fechamento do seminário destinado aos leigos, aos padres e às mulheres, cujo incentivador, o teólogo Joseph Comblin, foi afastado; dissolução do centro dos direitos humanos; expulsão dos padres estrangeiros julgados progressistas demais; enfraquecimento das pastorais sociais.

O fortalecimento das igrejas evangélicas

O mentor da Igreja Universal do Reino de Deus, Edir Macedo, o convidou, quando retornou de Roma, em 1985, onde ele acabara de ser condenado, a participar de sua seita. Foi-lhe proposto um emprego de pregador bem remunerado.

As igrejas evangélicas devem seu sucesso a diversos fatores. Elas não são dogmáticas, estruturadas ou hierarquizadas. Um pastor se forma em dois meses; são necessários dez anos para um padre católico. Elas não têm funções sociais, mas, sim, uma função humana: a autoestima, o bem-estar. Mas os meios são os mesmos: Edir Macedo publicou um livro intitulado *Igreja e libertação*. O demônio substitui o capitalismo; o coração substitui o social. É uma verdadeira manipulação que ele exerce, à custa das massas pobres e ignorantes, uma categoria da população que a Igreja Católica não soube levar em consideração. Interessou-se pelas classes médias, pelos pobres escolarizados, mas não pelos excluídos. Outro fator é a carência de padres. Há uma crise nas vocações. É dessa crise que nasceram as comunidades eclesiásticas de base e as igrejas evangélicas nos anos 1950. Monsenhor Eugênio Salles, na época arcebispo auxiliar de Natal, havia emitido, dessa cidade, transmissões radiofônicas de missas para paróquias rurais desprovidas de padres, mas as populações rurais logo se cansaram e preferiram reuniões locais para comentar a Bíblia. Assim nasceram as igrejas evangélicas no Brasil.

Os conflitos agrários

A Comissão Pastoral da Terra, bem anterior ao Movimento dos Trabalhadores Sem-Terra, é mais ativa em vários estados, como Pernambuco. Todos esses movimentos agrários são reações à iniquidade que é a estrutura agrária no Brasil. Mais de três quartos da população são urbanos, e em que condições! Não por escolha, mas por ter sido expulsa das zonas rurais ou porque se cansou do trabalho em condições próximas à escravidão ou à servidão permanente.

O presidente Lula, como seu predecessor Fernando Henrique Cardoso, para além de discursos de circunstância e de iniciativas locais ditadas pela urgência de situações graves demais, fará o jogo da oligarquia fundiária, cujo modelo de desenvolvimento ele aprovou. Ele tem mais desculpas que Fernando Henrique, que, como sociólogo, conhece bem os mecanismos do poder. No fundo, ele não era mais que um homem político — um falso intelectual —, pois o verdadeiro intelectual se inspira na utopia e não nos jogos de interesses.

Trata-se, no entanto, de um tema maior, universal, que mobiliza e deveria unir e não dividir. O tema da mãe provedora, essa visão dos povos indígenas e dos camponeses que cabe a nós salvaguardar. Nesse sentido, o Movimento dos Trabalhadores Sem-Terra e a ação dos milhares de pequenos agricultores se inscrevem na luta mundial pela preservação da biosfera. Eles encontram sua força e sua coesão em noções simples e emblemáticas — o habitat rural, a mandioca, o feijão, a alimentação de base — destinadas às populações e não, como a agroindústria, à exportação e cujo comércio é regido por algumas grandes sociedades multinacionais.

Leonardo Boff é atualmente professor de Ética, Filosofia e Ecologia na Universidade do Rio de Janeiro (UERJ). Ele é professor associado de várias universidades no exterior (Harvard, Heidelberg, Salamanca, Basileia, Lisboa). Vive em Petrópolis com sua companheira, de quem adotou os seis filhos, e participa de uma ONG que atua no campo social. Publicou no Brasil mais de sessenta obras, traduzidas em diversos idiomas. É essencialmente hostil aos Estados Unidos, aos quais ele acusa de haver influenciado e manipulado de maneira abusiva o Vaticano nos anos 1960, além de lhe atribuir uma interferência no desenvolvimento das seitas evangélicas no Brasil.

As questões sociais

A VIOLÊNCIA

Gilberto Gil

*Seu moço, venha me dizer
Como é que eu faço pra não chorar
Se a vida é comprida
E eu não tenho nem comida pra atravessar*

*Seu moço, venha me dizer
Como é que eu faço pra sustentar
Família tão grande
Mesmo quem pode não pode mais criar*

*Seu moço, venha me dizer
Como é que eu faço pra não morrer
Se eu morro de fome
Deixo com fome meus filhos pra morrer*

*Seu moço, venha me dizer
Como é que eu faço para terminar
Com esse castigo
Diga, que eu brigo, diga, que eu vou lutar.*

Me diga, moço

Numa região onde a violência rural é tradicionalmente endêmica, assiste-se a um agravamento da violência urbana. As taxas de homicídio crescem em todos os estados do Nordeste. Em 2002, aproximadamente 22 mil assassinatos foram contabilizados na região, todas as faixas etárias consideradas pelo IBGE, dos quais um quarto em Pernambuco, isto é, 45% dos homicídios contabilizados no Brasil. É quase o dobro do número dos registrados anualmente nos Estados Unidos, sendo que a população nordestina é quase cinco vezes menor. Segundo o Mapa da Violência 2010, do Instituto Sangari, das dez capitais com maiores índices de homicídios por 100 mil habitantes, a metade está no Nordeste (Maceió, Recife, João Pessoa, Salvador, Fortaleza), com taxas entre 40 e 97 em 100 mil. A taxa média de homicídios no Brasil na década de 1997-2007 é relativamente estável (25,4 para 100 mil habitantes em 1997; 25,2 em 2007), mas elevada (França: 1,6; Alemanha: 0,9; Ásia: 3,2; Estados Unidos: 5,4). No Nordeste, a década trouxe um incremento nas taxas de violência homicida (19,3 para 100 mil em 1997; 53,3 em 2007) com casos extremos, como Alagoas (24,1 para 100 mil em 1997; 59,6 em 2007, um aumento de + 147,3%), Maranhão (6 para 100 mil em 1997; 17,4 em 2007, um aumento de +188,4%), Piauí (5,7 para 100 mil em 1997; 13,2 em 2007, um aumento de +133,4%), Sergipe (11,5 para 100 mil em 1997; 25,9 em 2007, um aumento de +125,6%).

Os avanços da violência homicida no Brasil nas últimas décadas tiveram como motor quase exclusivo o assassinato de jovens (15-24 anos). A taxa de homicídios nessa faixa passou de 30 por 100 mil em 1980 a 50,1 em 2007, segundo o Instituto Sangari. No Nordeste, a taxa média em 2007 era, nessa faixa de idade, de 57,2 para 100 mil, com níveis assustadores em Recife (174,2 para 100 mil), Salvador (114,7) e Maceió (125,6).

Na década de 1997-2007 morreram no Brasil por homicídios 512 mil pessoas, das quais 200 mil menores. O índice de homicídios na adolescência, divulgado no fim de 2009, concluiu que, entre 2006-2012, o número de adolescentes assassinados nessa faixa etária (12-18 anos) vai ultrapassar 33 mil por ano. Em outros termos, mais de 33 mil adolescentes que em 2006 tinham 12 anos não complementarão 19.

O alto índice de desemprego entre os jovens (segundo a última pesquisa do Dieese, publicada no *Jornal do Commercio* de 10 de março de 2005, o desemprego em Recife atinge um quarto da população ativa e 44% da faixa etária de 18-24 anos); o agravamento das assimetrias na disparidade das rendas; a extensão do tráfico de entorpecentes nas zonas pobres (86% dos jovens menores detidos fazem uso de entorpecentes, segundo o Instituto de Pesquisa Econômica Aplicada); a precariedade dos mecanismos de proteção social, apesar das medidas de assistência à família, seguidas e ampliadas pelo presidente Lula (Bolsa Família); um processo real e consternador de decadência ética e moral numa sociedade, revelado por assassinatos de extrema crueldade por motivos banais; as carências do sistema educativo (48% dos jovens de 25 a 24 anos não são escolarizados); o fracasso patente do sistema carcerário (a maioria dos detentos condenados e libertados reincidem); a impunidade garantida (segundo uma pesquisa do *Jornal do Commercio* de 3 de abril de 2005, 74% dos assassinatos cometidos em 2004 em Recife não foram objeto de investigação policial e apenas 2% chegaram a julgamento) leva psicólogos, sociólogos, médicos e organizações não governamentais a expressar um sentimento muito pessimista sobre a situação social regional, sentimento que contrasta com as declarações de satisfação das autoridades federais e dos principais economistas e financistas sobre a conjuntura e o futuro econômico do país.

A violência é percebida hoje como o fórceps de uma redistribuição de renda à qual as elites políticas teriam renunciado.

Uma violência rural tradicional

A estrutura agrária herdada do período colonial português, posteriormente baseada na escravidão e nas culturas de exportação, é a causa principal de conflitos e tensões nas zonas rurais. Tais culturas enriqueceram uma oligarquia fundiária poderosa e minoritária — os senhores de engenho, com a casa-grande e a senzala, tão bem descritos pelo sociólogo Gilberto Freyre. Essa oligarquia se perpetuou no poder pela opressão, com seus jagunços e coronéis, e pela cumplicidade das autoridades locais na confecção de registros e cadastros frequentemente fraudulentos (grilagem). O êxodo rural está na origem do aumento rápido e desordenado das periferias urbanas. Prova disso são:

- Os movimentos messiânicos e as revoltas camponesas: movimento de Zumbi, que reuniu 30 mil escravos fugitivos no quilombo dos Palmares, na Serra da Barriga, em Alagoas (1655-1695), todos massacrados pelo exército; o falanstério de Antônio Conselheiro, de Canudos, na Bahia, exterminado com 25 mil de seus partidários pelas tropas, massacre descrito por Euclides da Cunha em sua obra épica *Os sertões*; a comunidade do padre José Lourenço, formada por mil fiéis, em Caldeirão (Ceará), que será exterminada em 1937; a epopeia do cangaço, bandidos rurais seguidores de Lampião (1900-1938) e Maria Bonita, que serão decapitados em Alagoas com nove de seus companheiros e terão suas cabeças expostas ao público por mais de trinta anos. Roger Bastide, em seu estudo "O messianismo e a fome" (1958), observava que o fanatismo messiânico era a busca por uma solução milagrosa para uma situação desesperada, sem saída política;

- O surgimento das ligas agrárias em meados do século XX, fomentadas por Gregório Bezerra, figura carismática do Partido Comunista Brasileiro, em Palmares (Pernambuco), das ligas camponesas do advogado Francisco Julião e dos primeiros sindicatos dos trabalhadores rurais no Rio Grande do Norte e em Pernambuco, por iniciativa de jovens padres (Sales, Crespo, Melo), que deram origem aos Movimentos de Educação de Base e à Pastoral da Terra. Josué de

Castro, em seu livro *Sete palmos de terra e um caixão* (1965), lembrava que as primeiras ligas camponesas nasceram no Nordeste em 1955, não para tentar melhorar as condições de vida dos trabalhadores rurais da região da cana-de-açúcar, mas para defender o direito dos mortos a um enterro digno. Até lá, a municipalidade emprestava um caixão que deveria ser devolvido ao depósito municipal depois do enterro. A fundação do Movimento dos Trabalhadores Sem-Terra é externa à região, mas desde sua criação, em 1984, no Rio Grande do Sul, cerca de 1.500 trabalhadores rurais foram assassinados, dos quais dois terços no Nordeste. A essa violência endêmica rural se junta, hoje, a exacerbação de uma violência urbana, particularmente preocupante na periferia dos grandes municípios.

O agravamento da violência urbana

Mesmo Teresina, capital do Piauí, estado cuja taxa era excepcionalmente baixa para a região (6,6 assassinatos para 100 mil habitantes em 2002; próxima da média mundial: 5), observa um desenvolvimento sem precedentes da criminalidade. O comissário-geral da polícia civil, Gladson Araújo, declarou, em novembro de 2003, numa coletiva de imprensa, que não havia mais lugar disponível nas cadeias e nas delegacias do Piauí por causa do aumento do número de delitos. A taxa em 2007 era de 13,2 para 100 mil.

Por ocasião da 8ª reunião anual do Conselho Nacional dos Secretários de Justiça, em setembro de 2003, em Aracaju, que reuniu 17 secretários estaduais com o diretor do Departamento Penitenciário Federal, o secretário de Justiça de Sergipe advertiu que, no seu estado, a população carcerária passara de 90 mil em 1995 a 310 mil em 2003 (60 mil a mais apenas no ano de 2002). Havia um déficit de 105 mil vagas, que necessitaria, para ser absorvido, de um investimento de 3 bilhões de reais, enquanto o governo federal, para o ano de 2004, havia disponibilizado apenas 200 milhões de reais. Todavia, deve-se lembrar que a maioria dos crimes fica impune.

Jarbas Vasconcelos (PMDB), na época governador de Pernambuco, disse, numa entrevista em abril de 2005, que ele não havia observado nenhuma melhora na questão da segurança em seu estado entre 2002 e 2004, apesar de ter triplicado o orçamento alocado às forças policiais.

Essa situação regional é o reflexo do observado no plano nacional. A população carcerária cresce 10% a cada ano (enquanto a taxa de expansão demográfica anual é de 1,3%). No Brasil, a taxa de presos está em alta: passou de 93 para 258 por 100 mil habitantes entre 1995 e 2010. Foram registrados 495 mil detentos em junho de 2010, segundo o Ministério da Justiça, o dobro do número registrado em 2000 (232 mil detentos), terceiro lugar no ranking mundial de países com o maior número de presos, atrás dos Estados Unidos e da China. Desse total, 56 mil (12%) estão detidos de maneira irregular em delegacias. Na Bahia, essa proporção é de 43%. Segundo dados do Conselho Nacional de Política Criminal, nada menos que 70% dos presos que deixaram as cadeias voltam a cometer crimes (nos Estados Unidos e na Europa a taxa de reincidência é de 15%). Porém, conforme a Secretaria Nacional de Segurança Pública, em publicação n'*O Globo* de 26 de março de 2007, o Brasil contava em março de 2007 cerca de 550 mil mandados de prisão decretados pela Justiça e não cumpridos pela polícia, enquanto o déficit do sistema carcerário estava estimado em 150 mil lugares. A população carcerária nos estados do Nordeste está entre as que mais crescem no Brasil, fora o estado de Alagoas, que, apesar de ser o estado com a pior taxa de homicídios do país, tem a menor taxa de presos (68,3 para 100 mil habitantes).

Na opinião dos especialistas consultados, o crescimento importante dos meios destinados à repressão não poderá nem mesmo conter o aumento de violência observado atualmente. Só as regiões com forte potencial turístico seriam relativamente poupadas, uma vez que recebem uma atenção especial das autoridades, principalmente as cidades do litoral.

Uma pesquisa recente feita em Recife por uma empresa especializada mostra que a segurança é a preocupação prioritária de 38% da população (o desemprego, 24%, e a saúde, 12%, vêm em seguida). Trinta e cinco mil pessoas desfilaram, em outubro de 2003, em favor do desarmamento. Segundo uma pesquisa da ONG Viva Rio e do DATA SUS, 91% dos homicídios ocorridos em Recife são com armas de fogo.

O governo federal lançou em 2008 o Pronasci, programa que destina recursos a cidades e regiões metropolitanas com índices altos de homicídios. O Ministério da Justiça repassou aos estados e municípios vinculados ao Pronasci o valor quase integral do fundo do programa (R$ 1,4 bilhão). Mas, segundo *O Globo* de 21 de setembro de 2009, mais da metade dos beneficiários das verbas não usaram o dinheiro.

O estado da Bahia tem um dos piores sistemas carcerários do país. São 15 mil detentos, dos quais 6 mil em delegacias, segundo dados do Conselho Nacional de Política Criminal. Em Pernambuco, o sistema carcerário é caótico: mais de 20 mil detentos para uma capacidade 8.500 presos. Em novembro de 2010, a rebelião dos detentos do complexo penitenciário de Pedrinhas, próximo à São Luís, acabou com 18 presos mortos. O complexo, com capacidade para dois mil presos, está com cerca de quatro mil.

O aumento da violência é atribuído à conjunção de diversos fatores:

- **Famílias desestruturadas**: excesso de violência para com menores — excesso de jovens mães —, excesso de jovens ociosos e desempregados. A taxa de desemprego nos seis principais centros urbanos do Brasil afeta um terço dos adolescentes entre 15 e 17 anos e praticamente um quarto entre 18 e 24 anos, segundo o IBGE. Na Bahia, em 2004, aproximadamente 380 casos de violência sexual entre menores foram contabilizados pela delegacia encarregada da repressão aos crimes contra crianças e adolescentes. Segundo a Organização Mundial da Saúde, que entrevistou na região 2.645 mulheres entre 19 e 49 anos, 37% foram vítimas de violência. A delegacia encarregada da proteção à mulher em Pernambuco (Delegacia da Mulher) declarou ao jornal *O Globo* de 28 de dezembro de 2006 que uma mulher era assassinada a cada 28 horas no estado, 49% delas nos seus próprios lares.

- **Degradação** das condições de existência das populações pobres e ausência de uma política de planejamento familiar, assunto até hoje tabu, que nenhum responsável político deseja abordar e que numerosas organizações não governamentais de solidariedade, as quais procedem geralmente da Igreja, escamoteiam.

- **Falta de políticas públicas** de desenvolvimento social, limitadas atualmente às alocações de solidariedade (Bolsa Família), sem nenhum efeito a médio prazo sobre a formação e a dignidade das famílias desfavorecidas, que confirmam uma mentalidade de "assistidas".

- **Ausência de oportunidades** aos jovens, cuja taxa de analfabetismo permanece alta: 20% da população do Nordeste são totalmente analfabetas, segundo o Ministério da Educação, contra 6% da população do Sudeste, em 2005. No conjunto do país, a taxa média era de 11% em 2005, segundo o IBGE, citado em *O Globo* de 10 de dezembro de 2006, isto é, 15 milhões de pessoas. De acordo com um estudo realizado recentemente pelo Tribunal Regional Eleitoral e pelo *Diário de Pernambuco*, metade da população de Recife seria analfabeta. Embora algumas ONGs consigam formar profissionalmente jovens, a maior parte deles não encontra emprego, como testemunhou Bernadette Marchand, da ONG Criança e Família, que trabalha numa periferia pobre de Salvador.

- **Desconfiança generalizada** manifestada pela população em relação às forças policiais, cujas condições morais são, por vezes, tão precárias quanto as materiais. O magistrado Carlos Augusto Borges, responsável pelo sistema penitenciário do estado do Rio de Janeiro, declarou *O Globo*, de 2 de setembro de 2006, que apenas 3% dos homicídios cometidos no Brasil são elucidados. Segundo a presidente do Instituto de Segurança Pública, reportada pela mesma publicação em 14 de dezembro de 2006, essa taxa é de 2% em Pernambuco.

O secretário de Segurança e de Defesa Social do Ceará foi preso, em 20 de junho de 2005, acusado de ser o mentor de um esquadrão de policiais responsável pelo assassinato de cerca de trinta menores nos dois últimos anos. Eles os incitava a roubar a fim de que seus colegas e cúmplices, empregados como vigias armados pelos comerciantes, recebessem prêmios a cada ação abortada e autor executado. Na Bahia, segundo *A Tarde* de 7 de abril de 2005, 30% dos assassinatos de adolescentes são obra de grupos de extermínio fomentados por policiais. No Rio Grande do Norte, 11 policiais militares foram presos em março de 2005 acusados pelo assassinato de uma centena de pessoas nos dois últimos anos. Em Alagoas, segundo a *Gazeta de Alagoas* de 22 de março de 2005, 49 adolescentes que cumpriam penas socioeducativas foram assassinados nos últimos três anos, provocando um recurso na Justiça do juiz de menores. Segundo um relatório publicado em 17 de janeiro de 2006 pela Rede Social de Justiça e dos Direitos Humanos, quando da reunião nacional na Bahia da Ordem dos Advogados do Brasil, 1.749 civis teriam sido mortos por policiais apenas nos estados de Minas Gerais, do Rio de Janeiro e de São Paulo, em 2004, um número cinco vezes mais elevado que o observado nos Estados Unidos no mesmo período, para uma população três vezes menor. No Rio de Janeiro, segundo *O Globo* de 17 de setembro de 2006, são 763 policiais militares excluídos da instituição desde 2003, mas nenhum graduado.

- **Acesso relativamente fácil** às armas de fogo, principal causa de homicídios: 86% das armas de fogo utilizadas pelos criminosos têm origem legal e são de fábricação local. Aproximadamente dois terços dessas armas provêm das forças de segurança (polícias civil e militar), de acordo com pesquisa da Comissão Parlamentar, tornada pública em novembro de 2006.

- **Ausência** cada vez mais flagrante de uma ética social e de valores cívicos em meio aos excluídos e indigentes da sociedade nordestina, o que explica a banalização da prostituição, considerada uma atividade lucrativa como qualquer outra por certas famílias, a crueldade de numerosos crimes praticados principalmente contra adolescentes por motivos insignificantes e o aumento do tráfico de entorpecentes; ausência pela qual os modelos provocadores de consumo e de corrupção, estampados pelas elites numa sociedade profundamente injusta e desigual, e o cinismo dos homens políticos, principalmente nos municípios rurais, têm a sua parte de responsabilidade.

* * *

Os principais bancos brasileiros obtiveram, de 2004 até a crise de outubro de 2008, lucros históricos, procedentes em larga medida do crédito ao consumo com taxas de juros abusivas. Mesmo com a crise, o lucro líquido dos três maiores bancos privados do país (Itaú, Bradesco, Santander) para 2010 alcança a cifra de R$ 26,13 bilhões (+38,5% em relação ao mesmo período de 2009), duas vezes superior ao custo anual do programa Bolsa Família (R$ 13,2 bilhões em 2010). O lucro do setor produtivo no Brasil teria aumentado em 200% desde a eleição do presidente Lula, segundo pesquisa do Instituto Econômico nas 180 maiores empresas brasileiras, citada em O Globo de 23 de agosto de 2006. Embora a pobreza, medida pelo índice de Gini, venha caindo nessa última década, o Brasil, segundo dados do Programa das Nações Unidas para o Desenvolvimento, é hoje o 7º país em desigualdades do mundo (entre 182 estudados pela instituição internacional).

A melhora dos índices econômicos para a região não modificou a situação calamitosa do emprego entre a população de jovens (19-24 anos), o crescimento assustador dos homicídios e a falta de investimento sem infraestrutura social (saúde, educação).

Um exemplo significativo: aproximadamente 87 mil pessoas se apresentaram, entre 18 e 22 de março de 2005, para os 380 empregos oferecidos pelo grupo Carrefour em Fortaleza, por ocasião da inauguração de seu supermercado.

Dez milhões de crianças e adolescentes vivem no Nordeste do país, 75% em famílias cuja renda é inferior a meio salário-mínimo, de acordo com A Tarde de 11 de janeiro de 2005. O Nordeste concentra a maioria da pobreza extrema (renda familiar de R$ 70 por pessoa): 9,6 milhões de pessoas, o equivalente a 18% dos nordestinos, segundo o censo do IBGE de 2010.

Não surpreende que, nessas condições de pobreza, de exclusão social e de disparidades, o Nordeste esteja frente a um agravamento alarmante da violência, do qual sua juventude pobre — sem estudo, sem emprego e sem futuro — é a principal vítima.

A INFÂNCIA E A ADOLESCÊNCIA POBRES

"Balada do menino solto"
José Sarney

Menino que vem
Menino que ora
Menino sem pai
Menino sem mãe
Menino sem vida
Que brinca de vida
Sem olho e vintém

Por iniciativa do Fundo das Nações Unidas para a Infância (Unicef), uma reunião sobre a infância e a adolescência no semiárido foi realizada em Petrolina (Pernambuco) em abril de 2005.

A região, equivalente a duas vezes o território francês, cobre os nove estados do Nordeste, o norte de Minas Gerais e do Espírito Santo e conta aproximadamente 12 milhões de crianças e adolescentes, isto é, 40% da população brasileira nessa faixa etária (menos de 17 anos).

Ao termo da reunião, a Unicef observou a permanência dos problemas sociais, apesar de 15 anos de ações na região e apesar dos programas sociais do governo federal, ampliados com a chegada ao poder do presidente Lula, do papel ativo das organizações não governamentais e das associações caritativas, geralmente oriundas da Igreja.

A Unicef lançou em 2005-2006 um selo, "Município Aprovado", para a região do semiárido e 1.179 municípios aceitaram o desafio de alcançar resultados concretos para as crianças e os adolecentes nas áreas de saúde, educação e proteção.

A mortalidade infantil

As taxas de mortalidade infantil melhoraram muito no Brasil nos últimos dez anos (41,4 mortos por mil crianças em 1993; 25,8 em 2005). Segundo classificação da Unicef, em 2005 o Brasil ocupava a 86ª posição na escala mundial por sua taxa de mortalidade na faixa de 0-5 anos (33 por mil). As taxas permanecem elevadas no Nordeste (30 em 2007), mais que o dobro das regiões Sul e Sudeste. Também é preciso lembrar que essa taxa média esconde grandes disparidades entre os estados da região (Alagoas 47; Bahia 26; Sergipe 30; Pernambuco 30; Maranhão 30) e no seu interior, entre as zonas rurais e os centros urbanos. Uma pesquisa da Unesco mostra que a taxa seria de 50 no semiárido rural. Mais de um terço da mortalidade infantil é atribuído às infecções pulmonares e à desnutrição. No Nordeste, o maior índice de mortalidade acontece nos primeiros 27 dias de vida, nos quais estão concentrados 50% dos óbitos.

Em São Bernardo, município do Maranhão, o índice de mortalidade infantil era de 85 por mil em 2005, o mais alto da região. Uma pesquisa de saúde pública contou setenta cemitérios clandestinos (sem controle e sem registro), onde as crianças são enterradas sem identificação. Segundo uma pesquisa do IBGE publicada em *O Globo* de 6 de dezembro de 2006, 51% das mortes de recém-nascidos não são declaradas no Brasil, porcentagem que chegou a 69,4% no Nordeste em 2005. A Pesquisa Nacional de Saneamento Básico, realizada pelo IBGE e publicada em *O Globo* de 21 de agosto de 2010, mostra que menos de 10% dos domicílios são atendidos por rede geral de esgoto nos estados do Piauí, do Maranhão e de Alagoas. E menos de um terço dos domicílios nos outros estados nordestinos.

O Nordeste contribui com um quarto para a mortalidade infantil na América Latina. Em 2006, aproximadamente três quartos das crianças e dos adolescentes menores viviam nessa região em famílias cuja renda mensal era inferior a meio salário-mínimo; 40% para o conjunto do país. Praticamente a metade dos lares, segundo o IBGE, não tem água corrente nem esgoto.

Segundo um estudo realizado pelo Instituto, publicado em *O Globo* de 15 de dezembro de 2006, será preciso esperar 2025-2030 para que os nove estados do Nordeste tenham uma taxa de mortalidade infantil próxima da taxa atual do Rio Grande do Sul e de São Paulo (15 por mil).

A *mortalidade materna*

Segundo o *Diário do Nordeste,* a taxa de falecimento das mães durante o parto nessa região é de 250 para 100 mil, a pior da América Latina, atrás apenas da Bolívia e três vezes a taxa observada na Argentina. Os índices de falecimento de recém-nascidos durante o parto são difíceis de serem avaliados com precisão: nas regiões rurais, um quinto dos nascimentos não é declarado, segundo o IBGE, apesar de o registro ser gratuito desde 1998.

A maternidade precoce é um problema que se agrava e é a causa, numa certa medida, da mortalidade materna. O projeto de assistência a cerca de 3 mil mulheres grávidas, realizado de 1999 a 2004 no Ceará, revelou que um terço das mães não tinha atingido a maioridade. O número de famílias de mães solteiras aumentou em 48% nos dez últimos anos (1995-2005) em Salvador, é o que revela uma pesquisa da Universidade Federal da Bahia. Nessa cidade, um quarto dos lares é composto unicamente pela mãe e as crianças. Na região do semiárido, 30% das famílias cuja renda mensal é inferior a um salário-mínimo têm mãe adolescente, segundo *A Tarde* de 5 de abril de 2005. Conforme os números da Secretaria da Saúde do Maranhão, publicados em *O Globo* de 6 de dezembro de 2006, 42 mil adolescentes gestantes foram recenseadas em 2006 no estado, onde a porcentagem de mães adolescentes ultrapassou 28% em 2005.

A maternidade precoce é a principal causa do abandono escolar entre as jovens de 15 a 17 anos. Suely Carneiro, diretora de uma ONG (Cais do Parto) que trabalha com a educação sexual para adolescentes (13-18 anos), observa que sua associação teve que se dedicar à pré-adolescência (9-13 anos) para obter melhores resultados. Em 2003, em Pernambuco, 1.500 bebês nasceram de mães com menos de 14 anos. Na capital do estado, Recife, 37% das alunas com menos de 18 anos já estiveram grávidas pelo menos uma vez, e 33% em Fortaleza, capital do Ceará, revela uma pesquisa de *O Globo* de 7 de março de 2005. Portanto, a taxa aumentou em vários estados. O Brasil registrou uma queda de mortalidade materna de 1990 a 2007, segundo relatório do Ministério da Saúde divulgado em abril de 2010 (passando de 140 óbitos para cada 100 mil nascidos vivos em 1990, a 75 mortes em 2007). A região resgistrou em 2008 543 mortes maternas para 100 mil nascidos vivos. Além do Ceará, somente o Rio Grande do Norte e Sergipe conseguiram diminuir o número de mortes maternas. No Maranhão, Piauí, Pernambuco, Alagoas, Paraíba e Bahia os índices cresceram. A região Nordeste tem a maior taxa de mortalidade neonatal do país, com 15,3 por mil nascidos vivos. Os estados de Alagoas e Paraíba têm as taxas mais altas, de 17,4 e 16,9 por mil nascidos vivos, respectivamente.

O trabalho infantil

No semiárido encontra-se a metade das crianças com menos de 15 anos que trabalham: aproximadamente 1,3 milhão, segundo um estudo do IBGE. Nessa faixa etária, uma em cada cinco delas trabalha nos estados do Maranhão e do Piauí, os mais pobres do

Nordeste, e assegura 40% da renda da família, de acordo com a Organização Mundial do Trabalho (OIT). Os meninos são geralmente empregados nas atividades agrícolas, particularmente penosas e de caráter precário (algodão, cana-de-açúcar), e as meninas, em tarefas domésticas, nas quais, em 90% dos casos, elas não têm carteira de trabalho.

Apesar do grande número de crianças no mercado, o Nordeste se destaca por ter na maior parte de seus municípios alguma política ou programa de combate ao trabalho infantil. Dados da Pesquisa de Informações Básicas Municipais (Munic 2009) mostram que 80% dos municípios têm ações públicas enfrentando esse problema.

A violência no lar

Sobre os quase 10 mil casos de violência praticados na região contra crianças registrados em 2003 (+25% em relação a 2002), a metade delas atinge aquelas com menos de 4 anos. As crianças vítimas de violência o foram primeiramente em casa, sendo o autor da agressão geralmente o pai — quando ele está presente — ou o companheiro da mãe, o que é mais frequente: 70% dos menores que sofreram violências sexuais em Salvador (1.305 casos em 2003) e em Pernambuco (4.300 em 2004) foram agredidos por um parente, segundo *A Tarde* e o *Diário de Pernambuco*. Essa violência de proximidade, na qual o álcool tem um papel importante (está na origem da metade das agressões), explica o grande número de jovens que vivem de expedientes nas ruas das principais cidades do Nordeste. Eles são alojados em abrigos do governo — 80 mil em todo o país, dos quais 20 mil em detenção. A cada ano, 40 mil são tidos como desaparecidos, pelo menos momentaneamente, dos quais 15% seriam assassinados, de acordo com dados do Instituto de Pesquisa Econômica Aplicada publicado pelo *O Estado de S. Paulo* de 28 de fevereiro de 2005.

A prostituição

A capital do Ceará ocupa em 2009 o segundo lugar entre os municípios brasileiros que mais oferece denúncias de exploração sexual contra crianças e adolescentes, segundo a Secretaria Especial de Direitos Humanos. Fortaleza só perde para Salvador (BA).

"A exploração sexual das adolescentes nas grandes cidades do semiárido é tão frequente quanto as vendas do artesanato popular", observa o jornal *O Estado de S. Paulo* de 31 de janeiro de 2005. Ao longo dos principais eixos rodoviários, próximo aos postos de gasolina, em grupos, jovens de 13 a 14 anos cheirando cola de sapateiro, a droga dos pobres, oferecem-se por R$ 20,00/30,00. Segundo uma pesquisa da Unicef e da Universidade Nacional de Brasília, esse flagelo social ocorre em um terço dos municípios rurais. Três quartos das prostitutas são negras, 51% foram vítimas de violência no seio de sua própria família, que, frequentemente, incentiva essas atividades. A pesquisa feita pela Comissão Parlamentar, presidida por Patrícia Saboya, senadora do Ceará, entre junho de 2003 e maio de 2004, mostrou a extensão do fenômeno, inseparável da crise ética em que se encontra confrontada a sociedade nordestina e que tem seus prolongamentos na Europa. Estima-se em 75 mil o número de prostitutas brasileiras nesse continente, segundo a Organização Internacional das Migrações (OIM). A polícia espanhola denunciou em setembro de 2010 a existência de uma rede de exploração sexual de homens brasileiros, 72 do Maranhão.

A delinquência juvenil e a criminalidade

A região do semiárido contabiliza 43% dos analfabetos do país com idade entre 12 e 17 anos, segundo um relatório da Unicef: 350 mil crianças com idades entre 10 e 14 anos não são escolarizadas.

No ensino médio, o pior índice de evasão escolar do país é no Nordeste, quase 10%, informa a pesquisa do Instituto Nacional de Estudos e Pesquisas Educacionais (INEP), publicada em *O Globo* de 20 de agosto de 2010, mas essa média esconde disparidades grandes por municípios, gênero e grupo étnico.

O abandono escolar frequente a partir dos 14 anos; o desemprego generalizado dos adolescentes pobres; o desenvolvimento do tráfico de drogas, utilizando menores, menos expostos às penalidades (causa de um terço das detenções de jovens); o fácil acesso às armas de fogo; a extrema pobreza na qual se encontram famílias desestruturadas em perpétua luta pela sobrevivência explicam o agravamento das taxas de criminalidade entre os jovens.

De 1991 a 2003, segundo o Centro de Defesa da Infância e da Adolescência da Bahia, 1.619 menores foram assassinados em Salvador e 2% dos autores foram inculpados. Vindos de famílias negras e pobres, as vítimas não suscitam grande interesse das autoridades policiais nem da Justiça. Em Fortaleza, de acordo com a delegacia de polícia encarregada da juventude, mil mandados de prisão emitidos contra menores por homicídios estão à espera de execução. O juiz de menores de Maceió denunciou à imprensa, em 20 de março de 2005, o assassinato de 49 adolescentes delinquentes em liberdade vigiada, que estavam, em tese, sob proteção policial.

O então secretário estadual de Segurança de Pernambuco, João Braga, numa entrevista publicada em 2 de abril de 2005 no *Diário de Pernambuco*, observou que sete de cada dez homicídios cometidos contra jovens menores em Recife são ligados ao crime e advertiu que, tratando-se de delinquentes eliminando outros delinquentes, a polícia tinha outras urgências.

A legislação brasileira considera os jovens entre 12 e 17 anos responsáveis criminalmente, mas até completarem 18 anos só podem ser detidos em centros especializados, os quais são administrados pelos governos dos estados, porém, em princípio, são financiados pelo governo federal e por ele supervisionados através do Departamento Geral das Ações Socioeducativas (Degase). As condições de detenção nesses centros, que são, por diversos fatores, verdadeiras escolas de criminalidades, foram analisadas em diversas pesquisas extremamente críticas (Human Rights Watch, Amnesty International, Comissão Interamericana para os Direitos Humanos). Agitados por frequentes revoltas, eles refletem uma síntese dos problemas do Nordeste. No Maranhão, 50% dos detentos menores têm filhos. Em Maceió, 62% dos pensionistas do Centro de Recuperação de Menores são reincidentes. O número de jovens detentos na Fundação dos Menores de Pernambuco (Fundac) dobrou em 2004 em relação ao ano anterior (807 em vez de 400), mas o orçamento do estabelecimento não aumentou — situação considerada por sua presidente, Raquel Araújo, pior que a do sistema penitenciário. O governo federal anunciou, em 6 de abril de 2005, a redução em 59% do orçamento previsto para o exercício de 2005 do Fundo Nacional de Segurança Pública em favor dos estados e municípios.

Diversos municípios de médio porte (200 mil/400 mil habitantes) ostentam um número de homicídios de crianças a adolescentes (0-19 anos) bem maior que muitos países do mundo com população bem maior. Cidades nordestinas, como Itabuna (BA), Campina Grande (PB) ou Petrolina (PE), apresentam maior número de homicídios que o Japão, país de 126 milhões de habitantes, ou a Itália, de 31 milhões de habitantes. No Nordeste, a taxa média em 2007, segundo o Instituto Sangari (Mapa de Violência 2010), é de 29,7 para 100 mil habitantes nessa faixa de idade, com picos extremos em Recife (61,2) e Maceió (52,3), as capitais regionais com os piores resultados no Brasil, assim como Vitória (ES).

A esse respeito, as principais capitais do Nordeste não são diferentes das grandes aglomerações do centro-sul do país, que registraram uma taxa média em 2007 nessa faixa etária de 21,3 para 100 mil. O *Washington Post* salientava, na sua edição de 16 de abril de 2007, que o número de menores assassinados entre 2002 e 2006, apenas na cidade do Rio de Janeiro, era maior do que no conflito israelense-palestino. Segundo o jornal norte-americano, 729 menores israelenses e palestinos foram mortos durante esse período e 1.857 assassinados no Rio de Janeiro, citando fontes do Instituto de Segurança Pública brasileiro.

Não se pode exigir de um adolescente pobre, sem instrução e sem orientação pedagógica ou familiar, cujos direitos fundamentais são vilipendiados todos os dias, que respeite o direito dos outros. Da mesma maneira, é claro que não se pode esperar das forças policiais, ainda que sua ação seja tida como exemplar, uma diminuição da violência, da qual a juventude do semiárido é, ao mesmo tempo, vítima e algoz em proporções que vão se agravando. Na origem dessa preocupante evolução encontra-se a problemática ainda não resolvida, apesar dos programas sociais do governo federal, da exclusão social, da falta de formação profissional e da distribuição de renda.

Mais que o atraso na educação e na pobreza é a perspectiva sombria e terrível de uma próxima geração de adultos incultos, violentos e excluídos, que pesará ainda por, pelo menos, mais 20 anos nessa região.

As atividades das múltiplas organizações não governamentais nesse campo, o papel ativo das representações locais da Unicef, a continuidade e a ampliação dos programas sociais do governo federal (auxílio alimentar, escolar, ajuda ao primeiro emprego, programa para erradicação do trabalho de menores), além das assistências pontuais oportunamente trazidas a populações desamparadas, têm pouco efeito durável enquanto políticas públicas enérgicas, corajosas e eficazes não assegurarem uma redução estrutural real das desigualdades no âmbito de um crescimento econômico equitativo.

O TURISMO SEXUAL

O desenvolvimento dos fluxos turísticos para o Nordeste e as condições socioeconômicas próprias a esta região levaram as principais autoridades locais a realizar ações de prevenção e de repressão ao turismo sexual, sobretudo quando ele afeta crianças e adolescentes.

Porém, além de uma ordem de grandeza cuja confiabilidade permanece incerta, os turistas estrangeiros que vêm em busca desse tipo de turismo têm uma participação bastante minoritária nesse "mercado" vergonhoso (menos de 5%). A exploração sexual de menores é antes, e em grande parte, um fenômeno local, objeto de um capítulo separado.

No dia 18 de maio, dia consagrado pelo Brasil à luta contra a exploração sexual de menores, manifestações são regularmente organizadas nas principais cidades do Nordeste (Recife, Salvador, Fortaleza) em protesto contra a prostituição da qual são vítimas crianças e adolescentes pobres. A pobreza é, nessa região, um verdadeiro flagelo social do qual se aproveita o turismo sexual.

As nacionalidades inculpadas

Uma pesquisa da ONG americana World Vision adverte que 80% dos casos de turismo sexual na América Latina se devem aos turistas americanos, que constituem no Brasil e particularmente no Nordeste o mais importante fluxo turístico estrangeiro. É a essa organização sediada em Washington e que financia, no estado do Ceará, ações de assistência em favor de crianças e adolescentes afetados que se deve a iniciativa da campanha contra o turismo sexual em 2006, com a colaboração do departamento de Estado norte-americano. A campanha foi lançada pelo governo federal, em versão bilíngue inglês-português, em oito capitais regionais do país, das quais três cidades do Nordeste (Recife, Salvador, Fortaleza). Segundo a representante local dessa organização evangélica, a iniciativa brasileira inscreve-se numa campanha mundial (Tailândia, Camboja, Costa Rica, México) para a qual é destinado 1,5 milhão de dólares.

Na realidade, nenhuma das nacionalidades mais representativas do fluxo turístico na região é poupada por essa forma abjeta de turismo, que as autoridades locais, excessivamente tolerantes no passado, estão determinadas a combater em associação com os principais países emissores.

Em outubro de 2004, a Alemanha e o Canadá organizaram um seminário em Recife sobre o assunto em colaboração com o Instituto Latino-Americano dos Direitos Humanos. Em fevereiro de 2005, a Itália organizou com a Fundação Joaquim Nabuco uma reunião sobre os Direitos Humanos em Recife. Em abril de 2005, a Unicef realizou em João Pessoa (Paraíba) uma conferência internacional sobre a infância e a adolescência pobres do Nordeste, na qual a questão foi abordada. A Suécia assinou um acordo de cooperação nesse setor com o governo do Ceará em março de 2005 e organizou um seminário internacional sobre o assunto em Fortaleza (Ceará), em dezembro do mesmo ano, por ocasião da visita do ministro sueco da Integração, Jens Orback. De 17 a 19 de maio de 2006, realizou-se, por iniciativa da embaixada da França, em Recife, um seminário sobre o turismo sexual, que reuniu autoridades, forças policiais e magistrados franceses. Por fim, a Espanha associou-se recentemente ao Brasil na repressão às redes de pedofilia na internet (operação Azahar em 2006, operação Carrossel em 2008).

Desde setembro de 2003, cinco franceses foram detidos no Nordeste por abuso sexual de menor, ou pedofilia. Foram todos liberados, menos um, preso em Salvador em 25 de janeiro de 2005 e condenado a sete anos de reclusão.

Ações de repressão e prevenção

As operações da polícia são atualmente frequentes nas praias dos principais balneários nordestinos. Em Natal, capital do Rio Grande do Norte, cujo governo assinou recentemente um acordo de cooperação com a polícia francesa, aproximadamente 530 turistas estrangeiros foram interpelados na praia de Ponta Negra, em abril de 2006, e 44 menores brasileiras em situação de risco foram encaminhadas a abrigos do município.

Em Fortaleza, na praia de Iracema, setenta turistas foram detidos, por pouco tempo, em abril de 2006. Segundo a representação consular italiana, 80% dos turistas provenientes da Itália são homens interessados em turismo sexual. Uma importante rede de proxenetismo direcionada à Itália, da qual participavam agências de viagens estabelecidas em Palermo e em Turim, foi desmantelada recentemente. O secretário de Turismo do estado suspendeu as negociações sobre um aumento de voos charters vindos de Milão. Uma pesquisa da Associação Hoteleira local adverte que 69% dos turistas estrangeiros em Fortaleza são homens sozinhos.

As indústrias hoteleiras e as agências receptivas, sob a influência do Ministério do Turismo, da Organização Mundial de Turismo e de organizações não governamentais, entre as quais se distinguem a seção sueca da Save the Children e a World Child Foundation norte-americana, põem em prática ações de formação e de sensibilização de seus funcionários contra a prática do turismo sexual.

A rede Accor adotou, no segundo semestre de 2005, um código de boa conduta para o conjunto de seus 140 hotéis na América Latina, dos quais 25 estabelecimentos no Nordeste. Em 11 de abril de 2006, a associação das indústrias hoteleiras de Pernambuco convidou Marie Dominique Vergez, magistrada francesa do tribunal de Nanterre, para um seminário sobre o tema em Recife.

A questão da prostituição de menores e seu prolongamento no turismo sexual afetam particularmente a região Nordeste, que contabiliza 11 milhões de crianças e de adolescentes, isto é, 41% da população brasileira nessa faixa etária (menos de 17 anos). Um terço dos municípios rurais é atingido por esse flagelo social, inseparável, no seu estudo, da indigência, da violência e da discriminação. Três quartos das jovens prostitutas são negras, 51% foram vítimas de violências sexuais em suas próprias famílias, 63% fazem uso de entorpecentes.

O turismo sexual, em relação a essa situação, permanece um fenômeno marginal, mas, inscrevendo-se no coração da problemática social nordestina. Ele é a árvore que esconde a floresta para algumas mídias xenófobas e requer uma abordagem sagaz dos serviços consulares.

O cônsul da Alemanha em Recife relatou as dificuldades que encontrou em 2005 na Bahia para oferecer assistência consular a um de seus cidadãos detidos sob essa acusação, que, finalmente, foi assassinado na prisão sem que o consulado tenha podido obter, das autoridades locais, qualquer esclarecimento sobre essa execução carcerária.

A PROSTITUIÇÃO DE CRIANÇAS E ADOLESCENTES

Apesar da ampliação dos programas sociais instaurados pelo governo federal com o apoio de coletividades locais e de organizações não governamentais, a prostituição de menores permanece, no Nordeste do Brasil, uma praga social inseparável das condições de vida precárias das populações pobres e marginalizadas.

Os programas do governo federal

O principal programa de luta contra a exploração sexual de menores é o programa Sentinela, criado em 2001 pelo governo Fernando Henrique Cardoso e ampliado pelo presidente Lula. O programa dispunha, em 2005, de um orçamento de R$ 35 milhões e atendia a 32 mil crianças e adolescentes em situação de risco, dos quais quase a metade vive no Nordeste. No âmbito desse programa foram instalados na região 97 centros de assistência, um terço dos quais criados até hoje em 315 municípios do país. A criança ou adolescente que deixa a prostituição recebe R$ 25,00 por mês e dispõe de controle e acompanhamento psicológico, assegurado por centros de assistência quando a dotação orçamentária desses centros, geralmente bastante problemática, o permite.

O programa é complementado pelo projeto Agente Jovem, de reintegração social, destinado a adolescentes entre 15 e 17 anos em situação de risco, cuja família tem uma renda inferior à metade de um salário-mínimo. A esse título, recebe-se uma alocação mensal de R$ 65,00 durante 12 meses.

Esses dois programas específicos são completados pelo PETI, que luta contra o trabalho clandestino de menores e propõe uma ajuda mensal de R$ 25,00 por criança em família rural e de R$ 40,00 por criança em zona urbana, considerando seis crianças como um limite máximo por grupo familiar. O programa atende 930 mil menores, dos quais um terço vive no Nordeste. A região contabiliza, no Brasil, segundo a OIT, o maior número de crianças empregadas: 13% das crianças entre 5 e 15 anos são economicamente ativas. Os meninos são, geralmente, empregados na agricultura e as meninas, nas tarefas domésticas.

Enfim, esse dispositivo é reforçado pelo programa mais genérico de assistência social, o Bolsa Família, que destina R$ 20,00 por criança escolarizada e vacinada (em 2006). Uma em cada três famílias no Nordeste recebe o benefício (uma em cada sete no resto do Brasil).

Esses programas e as eventuais iniciativas locais de organizações não governamentais e dos municípios tiveram um efeito positivo sobre o número de crianças empregadas clandestinamente, do qual a OIT estima uma redução de 36% desde 1992. Em contrapartida, eles permanecem sem maiores efeitos sobre a prostituição de crianças e de adolescentes.

A prostituição de menores

O Nordeste concentra um terço dos municípios (289 cidades) onde a prostituição de menores foi devidamente recenseada, particularmente ao fim de uma pesquisa realizada, entre 2002 e 2004, pela Unicef e a Universidade de Brasília (UNB) e de um estudo publicado pela polícia federal, em 2005. No Brasil, um em cada cinco municípios é afetado por esse flagelo social que não poupa as regiões onde a renda per capita é a mais elevada do país (São Paulo é o primeiro nessa triste classificação, seguido de Minas Gerais). Os locais de prostituição mais citados são os principais eixos rodoviários, as regiões portuárias, as zonas fronteiriças e as estações balneárias.

Segundo o secretariado dos Direitos Humanos ligado à presidência da República, foram registradas aproximadamente 16 mil queixas em 2003 e 2004, dois terços delas por abuso e exploração sexual de menores. O Nordeste contribui com cerca de 40% dessas denúncias.

Na origem da situação encontram-se fatores complexos e polêmicos, entre os quais:

- As condições de indigência, de insalubridade e falta de instrução nas quais vivem as populações marginalizadas, confrontadas com disparidades e discriminações chocantes e com a ausência de uma política de planejamento familiar e de contracepção, assunto até hoje tabu que nenhum dirigente político deseja abordar e numerosas organizações de solidariedade, geralmente procedentes da Igreja, escamoteiam, com raras exceções (ONG Apoio, Vida, Esperança, da freira Margarete Hosty; Casa Fonte Colombo; Pastoral da Aids). A precocidade das mães adolescentes pobres se acentua na região e explica que contingentes cada vez mais numerosos de crianças vivam na rua, expostos à droga e à prostituição.

Encontram-se, hoje, três vezes mais jovens com menos de 15 anos grávidas em relação aos anos 1970. Segundo uma pesquisa publicada pela Unicef em dezembro de 2005, um terço dos nascimentos recenseados em 2004 nos estado do Piauí, do Maranhão e da Bahia são de mães menores (20% para o país). Em algumas localidades muito pobres das zonas rurais, a taxa chega a 70% dos recém-nascidos, segundo uma pesquisa do IBGE. O número de partos de meninas-mães com idade inferior a 13 anos em Salvador, na rede de saúde pública (SUS), passou de 1,25% a 2,50% entre 2000 e 2005, segundo o Ministério da Saúde.

- A ausência cada vez mais flagrante de uma ética familiar e social e de valores cívicos elementares no meio dos excluídos e indigentes da sociedade nordestina, o que explica taxas de homicídios das mais elevadas do mundo entre os jovens (101 para 100 mil na faixa etária 15-24 anos), a frequência das agressões sexuais contra crianças, a banalização da prostituição, considerada por algumas famílias uma atividade lucrativa como qualquer outra.

O diretor do mais importante hospital público de Recife revelou que a agressão é hoje a causa primeira das hospitalizações e dos falecimentos de crianças e adolescentes em seu estabelecimento (39% das 2.500 hospitalizações de menores em 2005).

Desde 2002, o Instituto Médico da Bahia está autorizado a proceder a interrupções de gravidez em casos de violência sexual: 29% destes são de meninas entre 10 e 14 anos. Segundo o jornal *A Tarde,* 776 casos de violência sexual contra menores foram repertoriados pelos centros de assistência do programa Sentinela em nove municípios da Bahia em 2004: em dois terços deles, o agressor era um membro da família. Apenas um processo foi levado a julgamento. No Ceará, são 850 casos registrados de violência sexual contra menores apenas nos três primeiros meses de 2006, segundo a Secretaria de Ação Social do estado.

A pobreza das famílias, nas quais geralmente o pai é ausente (40% das famílias nordestinas), e a violência estão na origem do número crescente de crianças que vive nas ruas, estimado pela Unicef em 130 mil no país e em 15 mil em cinco capitais do Nordeste. Uma juventude particularmente exposta à droga e à prostituição.

Em Salvador, 3.809 jovens que vivem nas ruas foram recenseados em 2005: 87% são drogados, 18% sofrem de alguma deficiência mental. Em Recife, dois terços dos aproximadamente 2.800 meninos de rua têm menos de 15 anos e apenas 15% recebem o auxílio de algum programa social. Em Fortaleza, 68% das crianças de rua fazem uso de entorpecentes, principalmente o crack, que substituiu a cola de sapateiro.

Ao fim de uma pesquisa de três meses em sessenta cidades do interior de Pernambuco, o Conselho Regional de Medicina atestou a frequência da prostituição de menores encorajada pelas famílias, particularmente na região da cana-de-açúcar, onde 70% dos trabalhadores rurais encontram-se sem emprego durante uma parte do ano. No município de Trindade, os médicos encontraram crianças de 5 a 15 anos que se prostituem por 5 reais. Na cidade de Iati (17 mil habitantes), 110 prostitutas menores foram identificadas.

* * *

As pesquisas feitas pela Unicef, pela OIT, pela Universidade de Brasília e pelos principais jornais deram a extensão da prostituição infantil, inseparável da crise social e ética à qual se confronta a sociedade nordestina. Mas esse fenômeno também se inscreve numa problemática cultural comum a todas as camadas sociais da sociedade brasileira, fruto das relações de poder: o caminhoneiro, principal consumidor desse mercado revoltante; o policial civil e militar, cuja participação nas redes de prostituição foi recentemente denunciada pela mídia; o político — deputado, prefeito, senador —, denunciado pela Comissão Parlamentar de Inquérito (CPI) presidida por Patrícia Saboya, senadora pelo Ceará; o juiz, tal como o procurador do estado do Ceará, pego em flagrante com duas menores de 11 anos em 8 de maio de 2006; os sacerdotes, como os dois padres de Arapiraca, agreste de Alagoas; o padre-prefeito de Domingos Mourão (Piauí); os padres de Rio de Contas e de Ichu (Bahia); o padre Felix Barbosa Carreiro, padre auxiliar na Paróquia Nossa Senhora Aparecida da Foz do Rio Anil (Maranhão)...

A HABITAÇÃO POPULAR E O ALOJAMENTO SOCIAL

São casas simples
Com cadeiras na calçada
E na fachada
Escrito em cima que é um lar.
Pela varanda
Flores tristes e baldias
Como a alegria
Que não tem onde encostar.
E aí me dá uma tristeza
No meu peito
Feito um despeito
De eu não ter como lutar.
E eu que não creio
Peço a Deus por minha gente
É gente humilde
Que vontade de chorar

"Gente humilde"
Vinicius de Moraes

O foro sobre as políticas públicas em matéria de habitação popular, realizado em junho de 2004 em Recife, por iniciativa da Assembleia Legislativa do estado de Pernambuco e das principais organizações não governamentais envolvidas, salientou a situação crítica na qual se encontra a habitação social no Brasil, especialmente no Nordeste, e a urgência de uma política nacional neste setor.

A *situação crítica da habitação popular*

O déficit de habitações sociais no Brasil é avaliado, segundo dados da Fundação João Pinheiro, em aproximadamente 6,2 milhões de unidades, sendo que 80% em zona urbana.

As disparidades regionais são marcantes. O Nordeste concentra 40% desse déficit. A porcentagem da população que vive em favelas nas grandes cidades da região ultrapassa 30% (uma média de 20% no Rio de Janeiro). Cinco cidades do Nordeste estão entre as dez mais importantes do país em número de favelas: Recife, Fortaleza, Salvador, Teresina e João Pessoa. Em 2009, só um terço das residências na região eram atentidas pelo serviço de rede coletora ou por fossa séptica ligada a rede.

A situação tende a agravar-se, apesar da queda da taxa de natalidade. O número de moradias nas favelas passou de 921 mil para 2,36 milhões (um crescimento de mais de 156%) entre 1999 e 2001. Em dez anos, São Paulo praticamente dobrou a população dessas comunidades (perto de 2 milhões de pessoas atualmente, segundo um estudo do IBGE publicado em *O Estado de S. Paulo* de 12 de fevereiro de 2006).

Se, por um lado, as migrações provenientes principalmente do Nordeste e a carência de transportes públicos estão na origem do desenvolvimento dessas aglomerações miseráveis e da multiplicação de moradias insalubres na periferia das grandes cidades, por outro, hoje é a pobreza que alimenta o fenômeno.

Segundo um relatório do Instituto de Pesquisa e Planejamento Urbano e Regional (IPPUR), 84% do déficit em matéria de habitação atinge famílias cuja renda mensal é inferior a três salários-mínimos, faixa salarial excluída do crédito ainda que esse salário fosse estável e declarado, e não, como na maioria dos casos, instável e informal.

A importância de uma política pública nacional

Desde a extinção do Banco Nacional de Habitação, em 1986, durante o governo Sarney, os poderes públicos não puseram em prática nenhuma política nacional para a habitação popular. Segundo o Tribunal de Contas da União, citado pelo *Correio Braziliense* de 15 de maio de 2004, de 1997 a 2002 apenas 12% dos recursos destinados pelo governo federal à habitação (25 bilhões de reais) beneficiaram famílias cuja renda era inferior a três salários-mínimos.

As atribuições dessa instituição bancária especializada foram transferidas para a Caixa Econômica Federal, que tem, desde então, quase que o monopólio do crédito imobiliário. O banco criou um guichê de empréstimos a taxas certamente inferiores às de mercado, mas destinadas às classes médias, bem como 92% dos projetos imobiliários do Brasil, segundo uma pesquisa recente da Fundação Getulio Vargas (FGV). Ainda deve-se observar que 45% dos empréstimos imobiliários concedidos pela CEF entre 1987 e 1994 (aproximadamente 30 bilhões de reais) não foram honrados. O governo consentiu, em 7 de junho de 2004, uma redução da ordem de 80% a quase 200 mil devedores (dos 700 mil existentes).

Os grandes municípios realizaram programas de renovação urbana das favelas e de construção de habitações sociais, geralmente com o auxílio financeiro do Banco Interamericano de Desenvolvimento – BID – (Casa da Família, em Fortaleza; Favela Bairro, no Rio de Janeiro; Bairro Legal, em São Paulo; Bairro da Paz, em Salvador; Habitar Brasil, em Recife etc.), mas são programas que privilegiaram infraestruturas e serviços de base (água encanada, arruamento, esgotos, eletricidade etc.). Nem bem uma favela é urbanizada, outra surge ao lado. Esses programas não conseguem absorver sequer o crescimento do déficit anual, cujo ritmo é, segundo a Fundação João Pinheiro, de 145 mil unidades.

A urbanização de uma favela tem, por consequência, o pagamento do imposto territorial e dos serviços públicos (água, eletricidade). Ora, a renda média mensal por habitante nessas comunidades é da ordem de R$ 220,00, tomando-se por exemplo a mais importante delas, a Rocinha, no Rio de Janeiro.

Hoje, no Brasil, contam-se mais de 17 mil favelas.

O Congresso aprovou em 2007 a criação de um Fundo Nacional para a Habitação de Interesse Social, que vai financiar, a fundo perdido, a construção de habitações destinadas a famílias cuja renda é inferior a três salários-mínimos. O fundo será gerido por um conselho nacional de habitação popular, do qual participarão os estados e os municípios.

* * *

O regime militar priorizou a habitação popular. Se as políticas de transferência das favelas, de deslocamento das aglomerações para a grande periferia das cidades pelos governos militares foram consideradas um fracasso, por outro lado, a Fundação Casa Popular, criada por Getulio Vargas, transformada nos anos 1960 em Banco Nacional da Habitação, foi responsável pela construção de 4 milhões de habitações sociais. Desde seu fechamento, em 1986, não houve mais política nacional. Porém, a intervenção dos poderes públicos nesse campo é incontornável.

Em 2009, o governo federal lançou o programa Minha Casa Minha Vida em parceria com a Caixa Econômica Federal. Embora 40% do programa sejam direcionados ao público de até três salários-mínimos de renda, que representa o grosso do déficit habitacional, as grandes empresas construtoras avançaram muito pouco nesse segmento. Desde o início do programa, as empresas consideraram baixos os valores máximos que o governo paga pelas unidades. Em seis estados do Nordeste, entre eles, Sergipe, Alagoas e Rio Grande do Norte, o preço máximo é de R$ 37 mil. Segundo o balanço mais recente da Caixa, até 4 de outubro de 2010 foram entregues 172.129 imóveis, 17% do total de 1 milhão prometidos pelo governo federal, 39% dos imóveis entregues foram para a faixa de renda de até três salários-mínimos. O Nordeste deverá receber a metade do investimento federal previsto (1 bilhão de reais). Do total dos projetos aprovados pelo governo federal em 2010, 24% estão no Ceará.

ANEXO 9

POPULAÇÃO RESIDENTE EM FAVELAS NO NORDESTE DO BRASIL (2005)

ESTADOS	POPULAÇÃO
CEARÁ	393.324
BAHIA	295.501
PERNAMBUCO	238.036
PARAÍBA	99.563
PIAUÍ	95.437
MARANHÃO	77.621
ALAGOAS	46.355
SERGIPE	12.950
RIO GRANDE DO NORTE	5.673
TOTAL	1.264.460

(Vinte por cento da população vivendo em favelas no Brasil.)
Fonte: IBGE/IPI/*O Estado de S. Paulo* de 12.02.06.

O ENSINO SUPERIOR PÚBLICO E A "DISCRIMINAÇÃO POSITIVA"

A situação do ensino superior no Brasil e os atuais projetos de reforma do governo federal são objetos de debates e controvérsias em razão da crise financeira que afeta as universidades públicas e da criação de políticas de discriminação positiva em favor da população negra.

* * *

O ensino superior é objeto de controvérsias

Considerado um fator de exclusão e de discriminação social por uns, ele parece insuficientemente valorizado pelos poderes públicos para outros.

— **Um fator de exclusão**

- Por faixa etária: apenas 9% dos jovens brasileiros entre 18 e 24 anos chegam ao ensino superior (a título de comparação, 40% na Argentina). Menos de 7% da população com mais de 25 anos possui um diploma universitário, segundo o IBGE;

- Por região: um quinto dos municípios concentra quase a metade dos estudantes inscritos (3,4 milhões), segundo pesquisa do Instituto Nacional de Estudos e Pesquisas Educacionais (INEP). A cidade de São Paulo, sozinha, contabiliza 10% do total de estudantes universitários;

- Por origem social: os estudantes negros representam menos de 4% nas universidades públicas e menos de 3,5% nas particulares.

— **Uma ferramenta de formação insuficientemente valorizada**

O ensino superior público (gratuito), responsável pelo essencial da pesquisa científica no Brasil, não foi considerado prioritário na última década. Essa situação traduziu-se por:

- *Um número crescente de instituições particulares*
No início dos anos 1970, três quartos dos cargos de professores encontravam-se nas universidades públicas. Hoje, a proporção inverteu-se. Entre 1998 e 2003, o número de estudantes aumentou em 84% na rede particular. Contavam-se 671 estabelecimentos de ensino superior particular em 1991; em 2002 são 1.442, com 2,9 milhões de estudantes; em 2007 são 2.032, que representam 74,5% das matrículas no ensino superior no país. Os orçamentos anuais desses estabelecimentos particulares são estimados em 4 bilhões de dólares em 2003. Porém, essa rede particular é cara para o estudante e, com raras exceções (rede de universidades católicas, Fundação Armando Álvares Penteado), de qualidade medíocre. O presidente da Ordem dos Advogados do Brasil declarou em 2006 que, dos 222 cursos de direito existentes no país, apenas 19 haviam sido aprovados pela Ordem e solicitou a instauração de uma Comissão Parlamentar de Inquérito sobre a situação do ensino jurídico nas universidades particulares, qualificada de calamitosa.

- *Uma queda sensível dos investimentos públicos*
Com exceção das três universidades do estado de São Paulo (Unicamp, USP, Unesp), financiadas por um recolhimento sobre a fiscalização local, as universidades públicas assistiram a uma diminuição constante de suas verbas (de 183 a 125 mi-

lhões de dólares entre 1995 e 2003) enquanto, no mesmo período, os efetivos aumentaram em 64% (560 mil estudantes), segundo a Associação Nacional dos Dirigentes das Instituições Federais. O coeficiente no concurso para ingresso na universidade pública pode chegar a sessenta candidatos por vaga. Apenas 3% dos jovens entre 18 e 24 anos estão inscritos na universidade pública.

- *Um endividamento crônico*
A maioria das universidades federais está endividada. A do Maranhão suspendeu a metade de seus projetos científicos e as bolsas foram interrompidas. O orçamento da Universidade Federal do Ceará alcança um teto máximo, em moeda local, desde 1995, com uma dívida de 3 milhões de dólares, apesar de um aumento de 50% de estudantes desde essa data (27.700 estudantes inscritos em 2002). As universidades federais de Minas Gerais, Paraíba, Rio Grande do Sul e Rio de Janeiro não honram mais, no vencimento, as contas de água e de luz. A do Rio de Janeiro devia mais de 6 milhões de dólares à companhia de eletricidade local em 2005. Os orçamentos são quase totalmente destinados aos salários. Uma situação que se agravou por causa da aposentadoria antecipada de muitos professores do setor público, devido às reformas anunciadas.

Os projetos de reforma do governo

O governo federal anunciou que submeteria ao Congresso propostas de reforma inspiradas em experiências de "ações positivas" realizadas no exterior a fim de diminuir as discriminações sociais. Mas até hoje não há lei ou portaria federal que regulamente a adoção dessas políticas nas instituições públicas de ensino superior. No caso das instituições privadas, o principal programa é o ProUni, regulamentado por lei federal em 2005, que beneficiou 300 mil estudantes em 2008, menos de 6% dos 5,5 milhões de estudantes universitários.

O Plano Nacional para a Educação, adotado pelo Congresso em 2000, tinha como objetivo, em 2008, a inscrição de 9 milhões de estudantes na universidade. O governo deseja substituí-lo por uma abordagem mais realista e mais qualitativa: a abertura da universidade às categorias desfavorecidas e marginalizadas da população brasileira.

Essa aproximação social manifesta-se principalmente:

- Pelo estabelecimento de cotas no concurso de ingresso na universidade pública em favor de negros, índios e alunos provenientes do ensino público secundário. Uma "discriminação positiva" realizada pelas universidades federais de Brasília, do Rio de Janeiro, do Mato Grosso do Sul e da Bahia em 2003 e implantado em 63 universidades estaduais e federais nos últimos 5 anos. A medida suscita críticas de três tipos:

— Do ponto de vista legal: ela seria contrária à autonomia universitária garantida pela Constituição e pela legislação (Lei Universitária de 1968);
— Do ponto de vista pedagógico: ela ameaçaria as garantias de excelência asseguradas pelo concurso de ingresso à instituição;
— Do ponto de vista racial: ela cria, num país de grande mistura étnica, o conceito de raça negra que não tem nenhuma base científica. As fotografias às quais devem se submeter os candidatos a esse privilégio na Universidade de Brasília, analisadas por uma comissão *ad hoc*, são consideradas humilhantes (esta é a única instituição federal com ação afirmativa para negros sem estar atrelada à escola pública). As cotas seriam, além disso, difíceis de serem avaliadas, considerando a porcentagem, bastante desigual por estado, da po-

pulação negra (72% no Maranhão; 10% em Santa Catarina). Mais da metade dos estudantes da Universidade Federal da Bahia se declara afrodescendente e 19% deles vêm de escolas públicas.

- Pela ampliação do ensino gratuito nas universidades particulares, uma compensação por meio de isenções fiscais seria concedida às universidades que aceitassem ceder 20% de suas vagas às categorias desfavorecidas (um total estimado em 80 mil vagas).

Essa medida, qualificada pelo ministro da Educação de *universidade para todos*, suscita diversas reações:

— Tendo em conta a reconhecida mediocridade do ensino superior particular, são raras as instituições de qualidade (essencialmente a rede das universidades católicas e as fundações filantrópicas) que deveriam participar do programa, mas justamente são elas que, por serem as mais disputadas, menos vagas têm a oferecer;

— Os reitores das principais universidades federais consideram que a democratização do acesso à universidade passa pela adoção de medidas preferenciais, porém no âmbito da universidade pública e não pela outorga de uma subvenção disfarçada às universidades particulares;

— Os responsáveis pela educação do Norte e Nordeste advertem que essa política favoreceria os estados mais ricos da Federação, onde a rede particular é mais densa.

* * *

O ensino superior público, gratuito e de qualidade apresenta, no Brasil, o paradoxo de ser frequentado por um grande número de estudantes oriundos das classes mais ricas, enquanto o ensino secundário público gratuito, mas medíocre, é cursado por uma maioria de alunos das classes desfavorecidas da população. Tal paradoxo alimenta uma fratura escolar e social que se agrava.

Se, por um lado, uma pluralidade de educadores concorda com a necessidade de modificar essa situação, uma vez que a integração nunca é espontânea, por outro, eles discordam das medidas defendidas pelo governo. Principalmente a associação das instituições particulares, que se desenvolveu graças à crise financeira que afeta as instituições públicas e cujas motivações são, para a maioria delas, antípodas das preocupações sociais do governo. Para elas, a instauração de uma "discriminação positiva" é considerada uma panaceia ilusória para males infinitamente mais tenazes no seio da sociedade brasileira. Segundo o ex-reitor da Universidade Federal da Bahia, Naomar Monteiro de Almeida (2002-2010), as ações afirmativas tiveram como consequência o crescimento de estudantes de baixa renda na universidade (11% das matrículas em 2002; 34% em 2010) e de outros originários da rede pública de ensino, que eram de 21% em 2002 e, hoje, somam 55%.

A DISCRIMINAÇÃO RACIAL

Mãos brasileiras
brancas, morenas, pretas, pardas, roxas
tropicais
sindicais
fraternais
Eu ouço as vozes
eu vejo as cores
eu sinto os passos
desse Brasil que vem aí.

"O outro Brasil que vem aí"
Gilberto Freyre

O Nordeste é a região do Brasil onde os índices de pobreza são os mais elevados e a proporção da população negra é a mais importante (77% na Bahia, 62% no Ceará, 69% em Alagoas).

A concomitância desses dois fenômenos com a quase ausência de afro-brasileiros na administração, na representação política e no meio empresarial, bem como as práticas discriminatórias que sofre essa população no mercado de trabalho e por parte das forças políciais, foi enfatizada sem meias palavras pela Comissão das Nações Unidas contra formas contemporâneas de racismo, de discriminação racial, de xenofobia e de intolerância, na 62ª sessão da Comissão dos Direitos Humanos, em março de 2006, apesar de as políticas públicas que as autoridades federais e locais se esforçam para pôr em prática.

Uma população discriminada

Segundo o IBGE, 60% dos pobres e 70% dos indigentes no Brasil são negros. O Índice de Desenvolvimento Humano (IDH) das Nações Unidas coloca o Brasil na 105ª posição pelas condições de vida de sua população negra e na 44ª pelas condições de sua população branca. A discriminação para com a população negra é sensível no Nordeste em diversos setores:

O ensino

A pesquisa do jornal *A Tarde*, da Bahia, de 21 de abril de 2005, revela que, naquele estado, 80% dos afro-brasileiros são analfabetos contra 21% da população branca. Uma proporção que não fica muito distante da média observada no restante do Nordeste (no país, o analfabetismo afeta 16% dos negros e 7% dos brancos). Segundo o IBGE, a diferença do período de escolaridade entre alunos brancos e afro-brasileiros não variou entre 1993 e 2003.

No ensino superior as desigualdades são flagrantes. Em 2003, no Brasil, apenas 2% dos estudantes diplomados na universidade são afro-brasileiros; 97% são oriundos da população branca. O número de professores negros nas universidades públicas é inferior a 1% do corpo docente, segundo *O Estado de S. Paulo* de 21 de janeiro de 2006. Na Universidade de São Paulo, a porcentagem é de 0,01% (cinco professores para 4.705).

No Nordeste, apesar de uma proporção majoritária da população afro-brasileira, a porcentagem de estudantes negros inscritos nas universidades não ultrapassa 15% (cifra referente à Bahia, que contabiliza cerca de 200 mil estudantes inscritos no ensino superior). Em algumas carreiras — direito, engenharia, medicina, química — praticamente não há estudantes negros.

O emprego

Em Recife, a taxa de desemprego afeta 13% da população branca, mas 27% da população afro-brasileira. Em Salvador, as taxas são respectivamente de 17% e de 29%. Em níveis de instrução, mesmo quando iguais, o branco será sempre preferido ao negro. É o que significa a exigência de "boa aparência" nos anúncios de emprego. Segundo o IBGE, citado em *O Globo* de 20 de dezembro de 2006, 15,6% da população negra com mais de 15 anos estaria desempregada contra 7% da população branca. Uma pesquisa do Instituto de Pesquisa Econômica Aplicada (IPEA), citada pelo *Correio Braziliense* de 19 de outubro de 2004, sobre a mobilidade social dos negros brasileiros salienta que a distribuição de renda em favor dessa população não variou ao longo dos 25 últimos anos. Os negros são confrontados com um ciclo imutável de reprodução da pobreza, não porque são pobres, mas porque são negros. As práticas discriminatórias na seleção de emprego costumam ser frequentes. As portas se fecham para os pretos retintos, os pretos das comunidades em que praticamente não houve miscigenação.

Em 1875, o autor mineiro Bernardo Guimarães escreveu um romance sobre uma escrava branca, Isaura. Caso ela tivesse sido negra, seria difícil despertar a piedade dos leitores, todos brancos naquela época, para os seus infortúnios. A sinhá Malvina diz a Isaura, na obra: "és formosa, e tens uma cor linda, que ninguém dirá que gira em tuas veias uma só gota de sangue africano."

A novela Gabriela, baseada no romance de Jorge Amado, *Gabriela, cravo e canela*, veiculada em 1975 pela TV Globo, discriminou, em favor de Sonia Braga, a atriz respeitada Vera Manhães, que devia fazer o papel de Gabriela, uma mulher negra.

O mercado de trabalho

A proporção da população afro-brasileira na economia privada e na administração pública é inversamente proporcional ao seu nível hierárquico. O setor privado é mais discriminatório por não ter concurso público. Segundo o IBGE, menos de 2% dos cargos de direção eram, em 2003, ocupados por negros. As diferenças salariais entre brancos e negros, pequenas na base da escala social (3% para o pessoal doméstico), são muito importantes nos cargos de responsabilidade (79%), como revela uma pesquisa feita pelo Instituto Ethos com as 500 maiores empresas do país. Mas, conforme o relatório sobre desigualdades raciais no Brasil publicado pelo Instituto de Economia da Universidade Federal do Rio de Janeiro em outubro de 2008, essas diferenças estão diminuindo. Sob esse aspecto, as capitais regionais mais problemáticas são Recife e Salvador, onde 41% da população afro-brasileira empregada em tempo integral (40 horas por semana) não dispõem de carteira de trabalho assinada e dos benefícios sociais correspondentes, segundo o Departamento Sindical de Estatísticas e Estudos Socioeconômicos (Dieese).

As nuances de cor correspondem bem de perto às descontinuidades da estratificação econômica e social. Não há mistura verdadeira mesmo quando há proximidade física ou espacial (casos de lazer, esporte ou habitação urbana). O censo de 1872, o primeiro feito no país, registrava que o percentual de escravos no serviço doméstico era de 24,3% do total. Em 2010, segundo a pesquisa mensal de emprego do IBGE, passados 138 anos, 23,3% das mulheres pretas e pardas que trabalham estão no serviço doméstico.

As crenças religiosas

As crenças vindas da África sofreram por muito tempo proibições e ostracismo. Um governador da Bahia, no século XIX, 1810-1818, o conde da Ponte, preconizava a repressão total ao culto do candomblé por considerá-lo "estimulante à autoconfiança dos escravos". Seria preciso esperar o governo de Roberto Santos (1975-1978) para que fosse revogada, na Bahia, terra de eleição dos cultos africanos, a exigência feita aos terreiros de dispor de um registro na polícia. A Igreja Católica, que conta com sete bispos negros entre os 500 existentes e menos de um quinto de padres de origem afro-brasileira, moderou suas posições críticas em relação aos cultos africanos. Em contrapartida, as igrejas evangélicas lhes dirigem, atualmente, uma forte hostilidade. As principais associações negras organizaram uma manifestação em janeiro de 2006, em Salvador, para protestar contra esses ataques e contra o livro *Orixás, caboclos e guias: deuses e demônios?* de Edir Macedo, líder evangélico e um dos homens mais ricos do Brasil. O livro acabou sendo proibido.

Os escravos tiveram uma participação notável na construção de igrejas e capelas barrocas e trabalharam na fábricação de obras de arte, como esculturas, azulejos, pinturas ornamentais. A maioria desses artistas passou anônima na cultura local apesar das pesquisas da historiadora Vera Lúcia Costa Acioli, de Recife, que procura dar nome e história a esses artistas da arte sacra.

A habitação

"O negro saiu da senzala para entrar na favela." Essa frase maldosa ilustra bem a situação atual das populações negras nas cidades do Nordeste. Nas zonas rurais, é preciso acrescentar, em Pernambuco, na Bahia e no Maranhão, a existência de quilombos, comunidades rurais de descendentes de escravos em permanente conflito com os "proprietários" da terra.

A violência

Segundo o necrotério de Pernambuco, num artigo publicado pelo *Diário de Pernambuco* de 16 de junho de 2005, 78% das 4.489

vítimas de homicídios cometidos no estado em 2003 eram negras; proporção que passou a 91% em 2004. Na Bahia, a porcentagem era de 71% em 2004, segundo a Comissão dos Direitos Humanos da Assembleia Legislativa, citada pelo jornal *A Tarde* de 19 de outubro de 2005.

A taxa de homicídios em 2004, no seio da população negra com idade entre 10 e 24 anos, é duas vezes mais elevada no estado de São Paulo que a da população branca na mesma faixa etária: 120 para 100 mil habitantes contra 60, embora os negros representem apenas 31% da população do estado, segundo uma pesquisa da Fundação Sistema Estadual de Análise de Dados (SEADE), publicada em *O Globo* de 17 de novembro de 2006. Essa taxa é da mesma ordem daquela constatada no Rio de Janeiro para a juventude negra, 130 para 100 mil habitantes, e em Pernambuco, 114 para 100 mil, segundo uma pesquisa da Universidade de São Paulo publicada em novembro de 2006. Portanto, essa discrepância não é própria da região Nordeste. No Brasil, a taxa de homicídio para a população branca em 2007, segundo o instituto Sangari (Mapa da Violência 2010), é de 15,5 para 100 mil (no Nordeste de 7,8); para a população negra, de 32,1 para 100 mil (no Nordeste 33,8). Isso significa que morrem proporcionalmente 107% a mais de pessoas negras que de brancas. A Paraíba oferece um exemplo extremo no Nordeste. Se as taxas de homicídio entre a população branca caem ao longo do quinquênio (2,5 em 100 mil brancos em 2007), na população negra praticamente duplicam no mesmo período, pulando para 31,9 em 100 mil negros em 2007. Em Pernambuco, segundo a pesquisa do Instituto Sangari, morrem proporcionalmente nove vezes mais negros que brancos (a taxa é de 8,2 para 100 mil brancos em 2007 contra 75,6 para 100 mil negros). Se considerarmos só a faixa de idade de 15-24 anos, as taxas entre a população negra são assustadoras: Alagoas, 117,9 em 2007; Pernambuco, 155,4. São as mais elevadas no Brasil, com as taxas dos estados do Rio de Janeiro e Espírito Santo.

A violência em relação às mulheres de cor aumenta. Segundo o Ministério da Saúde, aproximadamente 20% das mortes constatadas de mulheres negras com idade de 15 a 25 anos, entre 1998 e 2000, são por homicídio. No Nordeste, a taxa de aumento desse crime é preocupante. Em 2003, +22% no Ceará, +41% em Pernambuco, +20% na Bahia, segundo, respectivamente, os jornais *Diário do Nordeste* de 16 de outubro de 2005, *Diário de Pernambuco* de 14 de setembro de 2005 e *A Tarde* de 4 de outubro de 2005.

As diferenças sempre foram históricas em certos estados. Mas as mudanças nesses últimos anos foram acentuadas e, pelo balanço do último quinquênio, a tendência é que se tornem mais expressivas.

A repressão

Um estudo da Fundação Perseu Abramo, financiado pela fundação alemã Rosa Luxemburgo Stiftung, mostra que um em cada dois negros foi vítima de discriminação por parte da polícia (um em cada sete brancos). Dois terços dessas vexações aconteceram em vias públicas. São os negros as principais vítimas de execuções sumárias praticadas por grupos de policiais. Em 2003, a missão no Brasil de Asma Jahangir, enviada especial das Nações Unidas, revelou a gravidade dessas ações. Na periferia de Salvador, dois negros são assassinados por dia, segundo os registros entregues pelo líder do Movimento Negro Unificado da Bahia, Hamilton Borges Wali, a Doudou Diène, enviado especial a Salvador em outubro de 2005 pela Comissão dos Direitos Humanos das Nações Unidas.

Dados do Ministério da Saúde mostram que as pessoas de cor negra têm três vezes mais risco de ser assassinadas no Brasil do que as de cor branca. Depois da Paraíba, onde os negros têm nove vezes mais chances de serem mortos que os brancos, vêm Alagoas e Distrito Federal. As informações integram o capítulo "Mortalidade no Brasil e regiões" da publicação Saúde Brasil 2007 do Ministério da Saúde.

As políticas públicas

Desde o discurso pronunciado pelo presidente Lula em Alagoas, em novembro de 2003, no qual ele denunciava a "república branca", várias iniciativas foram tomadas em níveis federal e regional para lutar contra a discriminação racial nos planos institucional e educativo.

- **No plano institucional**

    A Secretaria de Políticas de Promoção da Igualdade Racial (SEPPIR), ligada à presidência da República, foi instruída como uma ampliação do grupo de trabalho interministerial, criado pelo governo Fernando Henrique Cardoso em 1975. Seu titular tem posto de ministro. Em maio de 2003, foi estabelecido o Conselho Nacional de Promoção da Igualdade Racial, a fim de programar, em âmbito nacional, políticas de promoção de igualdade de raças. A Frente Parlamentar Contra o Racismo foi constituída com a participação de uma centena de senadores e deputados. A discriminação está na origem da reunião dos parlamentares negros da América e do Caribe em novembro de 2003 e do seminário internacional contra o racismo organizado em Brasília, sob a égide da Unesco, em março de 2005.
    O município de Salvador criou, em 2003, a Secretaria Municipal para a Reparação Racial, destinada a elaborar políticas públicas em favor da população afro-brasileira, e inaugurou, na presença de Doudou Diène, o Conselho Municipal dos Direitos Humanos. O município de Recife constituiu, em 2004, o Comitê de Luta contra o Racismo. O governo da

Bahia criou, com a ajuda do programa das Nações Unidas para o Desenvolvimento (PNUD) e do governo britânico, um programa de luta contra o racismo institucional. Entretanto, entre os 63 deputados da Assembleia Legislativa do estado, há apenas um deputado negro e não houve negros na representação parlamentar do estado junto à União, em 2006.

O ministro da Igualdade Racial, Edson Santos, anunciou, em outubro de 2008, que o governo federal estudava a criação, em todos os estados, de delegacias especializadas no combate aos crimes raciais. A ideia é que esses locais funcionem no molde das delegacias da mulher, a fim de facilitar o registro de queixas por discriminação e reduzir a impunidade.

- **No plano educativo**

A lei federal de 9 de janeiro de 2003 obriga as escolas secundárias a programar o ensino sobre estudos africanos. Depois de cinco anos e mais de 10 milhões de reais gastos com a capacitação de 40 mil professores, na realidade, a lei não saiu do papel. São poucos os colégios que hoje têm a matéria inserida na grade curricular. Na Bahia, o Ministério Público instaurou inquérito civil em 2007 e notificou as escolas para cumprirem a lei. A evocação da África permanece associada a uma herança extremamente negativa, a escravidão. O governo federal busca reavaliar as influências culturais africanas cujas expressões mais populares — candomblé, capoeira, percussões — haviam sido proibidas no século XIX e trazem ainda a marca desse ostracismo. O Museu Afro-Brasileiro, criado em 1982 em Salvador, foi transferido em 2006 para um prédio restaurado com o auxílio de um banco público. Em outubro de 2004, o artista baiano Emmanoel Araújo instalou um museu afro-brasileiro em São Paulo, com apoio financeiro do governo federal e do município. As empresas privadas a quem se solicitou o patrocínio ignoraram o espaço, com exceção da Nestlé.

De acordo com os compromissos acordados por ocasião da Conferência Mundial de Combate ao Racismo, em Durban, em setembro de 2001, o governo federal implementou o Programa Nacional de Ações Afirmativas no âmbito da administração pública federal e pediu às universidades que previssem cotas em favor da população afro-brasileira. Em torno de vinte universidades concordaram com essas ações de discriminação positiva em benefício de aproximadamente 11 mil estudantes, privilegiando os alunos negros oriundos do ensino público. O efeito dessas medidas foi imediato. O reitor da Universidade do Estado da Bahia revelou, segundo o jornal *A Tarde* de 21 de outubro de 2005, que 40% dos estudantes dessa instituição são hoje oriundos da população afro-brasileira (aproximadamente 7.700 estudantes) contra apenas 1,8% em 2003 (116 estudantes). Mas, mesmo triplicando o número de negros nas universidades do país, a proporção subiu apenas de 2% para 6% de 1995 a 2007, segundo relatório divulgado pelo IBGE no fim do mês de setembro de 2008. É pouco e não afeta significativamente a natureza da desigualdade.

Os departamentos de antropologia das principais universidades tratadas (UFBA, UERJ) se pronunciaram contra tais iniciativas porque elas instituiriam uma diferenciação a partir de critérios proibidos pela Constituição: distinção racial suspeita e perniciosa. O que justificaria, em última análise, que essas preferências propostas seriam, implicitamente, uma inferioridade admitida, e não confessada, atribuída à população negra.

Instrumento de engenharia social, inspirado sem dúvida em algum tipo de arrependimento, a ação afirmativa é diversamente compreendida. Os estudantes afro-brasileiros da Universidade da Bahia devem passar diante de um júri encarregado de avaliar a diluição da cor a partir da qual o aluno perde a qualidade de negro. Alguns estudantes recusados apresentaram ao júri um de seus pais, de cor mais escura, ou fotografias de antepassados. Na Universidade da Brasília, a seleção é feita sobre fotos em função de critérios morfológicos contestáveis.

A extensão dessas ações afirmativas a outros setores, como a função pública, a teledramaturgia, a publicidade e o cinema, prevista no projeto de lei sobre a igualdade racial do senador Paulo Paim (PT), líder da Frente Parlamentar Contra o Racismo, explica, sem dúvida, porque esse projeto está paralisado no Senado desde 1998.

* * *

A democracia racial, medida no Nordeste a partir da mestiçagem e dos sincretismos religiosos e culturais, mostra seus limites assim que se consideram as classes ricas da sociedade nordestina, em que a mestiçagem quase não existe, as principais instituições civis, políticas e militares, e as empresas nas quais o negro é praticamente ausente dos cargos administrativos e de direção.

A população afro-brasileira, majoritária nessa região do Brasil, se vê confrontada com duas visões cinicamente mais complementares do que antagônicas: uma cultural, que valoriza a contribuição negra; e outra econômica, educativa e social, que a marginaliza.

A LUTA CONTRA A AIDS

Em 2005, aconteceu em Recife o primeiro Congresso Brasileiro sobre a Aids, com a presença de Peter Piot, diretor do Programa das Nações Unidas para a Aids, de responsáveis de países latino-americanos (Argentina, Bolívia, Cuba, Chile, México, Panamá, Peru, República Dominicana), dos Estados Unidos, do Canadá e de três países da Europa (Suíça, Bélgica, Grã-Bretanha). Aproximadamente 4 mil pessoas participaram das jornadas.

Realizado por iniciativa da Sociedade Brasileira de Doenças Sexualmente Transmissíveis (SBDST), com o apoio das Nações Unidas, da Unicef e da Organização Pan-Americana de Saúde, essas jornadas tiveram ajuda financeira da Agência de Cooperação Alemã (GTZ) e da Agência Norte-Americana para o Desenvolvimento Internacional (Usaid), principal doador do programa brasileiro no âmbito bilateral (seu aporte anual é estimado em 8,5 milhões de dólares).

O evento criou a oportunidade de fazer um exame aprofundado de todos os aspectos da luta contra a Aids no Brasil, destacando que a epidemia continua a crescer nos estados mais pobres do país.

Uma evolução relativamente controlada da doença no Brasil

O diretor para as Américas e Europa do Programa das Nações Unidas para HIV/Aids, Luis Loures, chamou a atenção, por ocasião desse primeiro congresso, para os resultados relativamente satisfatórios obtidos no Brasil em relação a uma situação que ele chamou de calamitosa na América Latina.

O número de soropositivos seria hoje relativamente estável: em torno de 30 mil novos casos a cada ano (21 mil em 1995) e 11 mil mortes. A segurança das transfusões seria praticamente estabelecida (0,22% dos novos casos). As transmissões da mãe para a criança teriam sido reduzidas em 30% entre 1997 e 2001. Haveria atualmente no Brasil 17 mil mulheres grávidas soropositivas e 60 mil crianças órfãs de um progenitor por causa da doença, segundo um estudo realizado pela Universidade Católica de São Paulo a pedido do Programa Brasileiro de Luta Contra a Aids. A parte das drogas injetáveis estaria igualmente controlada, significando 2% a 7% dos casos atualmente recenseados de acordo com as regiões, exceto para o sul do país, onde o perfil epidemiológico da transmissão permanece preocupante (em algumas cidades do sul, a droga está na origem de quase 50% dos casos, segundo um estudo da Universidade Federal de Minas Gerais).

Estima-se em 610 mil o número de soropositivos no Brasil, em 2010. Apenas 230 mil se tratam, segundo a Agência de Notícias sobre a Aids. De 1980 a junho de 2007 já foram registradas 192.700 mortes. Trata-se de uma doença cada vez mais jovem e mais feminina (28 homens para uma mulher nos anos 1980; menos de dois homens para uma mulher hoje), mas principalmente transmitida pelo homem ou adolescente heterossexual. O ministro da Saúde alertou, em novembro de 2006, para um aumento sensível do número de soropositivos na faixa etária entre 50 e 60 anos.

A ação dos poderes públicos

As ações do governo brasileiro no campo da prevenção e dos cuidados foram enfatizadas por ocasião desse encontro, principalmente:
- Testes investigativos gratuitos em centros médicos, respeitando o anonimato. O objetivo do Ministério da Saúde era fazer o número desses centros (1,8 milhão) chegar a 4,5 milhões em 2006. Esse programa recebe apoio financeiro da Fundação Bill e Melinda Gates;

- O incentivo ao uso de preservativos, principalmente entre os jovens. A intenção era distribuir gratuitamente nas escolas, em 2006, preservativos para 2,5 milhões de alunos do segundo grau, iniciativa que suscitou controvérsias junto ao episcopado. O Ministério da Saúde é hoje responsável por aproximadamente 40% dos preservativos do mercado, segundo uma pesquisa da Fundação Getulio Vargas.
O benefício de isenções fiscais e a multiplicação dos pontos de venda dobram o comércio de preservativos (1,2 bilhão em 2007 contra 550 milhões em 2004), segundo as autoridades. Trata-se de uma política que objetiva também evitar a gravidez precoce de adolescentes, a taxa mais elevada na América Latina (28% dos nascimentos, segundo o *Correio Braziliense* de 2 de setembro de 2004). O Ministério da Saúde decidiu ampliar em 2009 as ações de planejamento familiar. Entre as iniciativas mais importantes estão a compra de 1,2 bilhão de preservativos, recorde em todo o mundo, e a distribuição da maior parte do estoque de 458 mil pílulas do dia seguinte, iniciada em dezembro de 2008. Nesse mesmo ano, o governo federal inaugurou a primeira fábrica estatal de preservativos, em Xapuri (AC).

- A manutenção e a ampliação da gratuidade de acesso aos medicamentos antirretrovirais. Em 2005, o coquetel foi oferecido gratuitamente a 175 mil pacientes. Aproximadamente 50% do orçamento Hiv/Aids do Ministério da Saúde são destinados a tratamentos, menos de 10% à prevenção.

A cooperação internacional

Ela é ilustrada principalmente:

- Por uma ajuda em medicamentos genéricos, em favor de algumas centenas de pacientes, pela qual o Brasil se responsabiliza em Angola, Cabo Verde, Botswana e São Tomé. A produção brasileira de genéricos para Aids é geralmente restringida aos laboratórios públicos para o mercado interno. O governo federal comprometeu-se em participar da realização de um laboratório de medicamentos antirretrovirais em Moçambique. O Congresso aprovou o convênio, em 2009, que prevê a doação de equipamentos, cujo valor é estimado em U$13 milhões, e dossiês de medicamentos com fórmulas. Um acordo de parceria com a Nigéria, objetivando fabricar medicamentos antirretrovirais, foi assinado em 2005. A Fiocruz ainda não tem capacidade para fabricar a gama completa. A adesão da Índia aos ADPIC-TRIPS (*Trade-Related Aspects of Intellectual Property Rights*) da Organização Mundial do Comércio após à adoção de uma exigência restritiva sobre as patentes locais agravou a situação, tendo tornado o acesso aos medicamentos genéricos mais difícil e, sem dúvida, mais caro;

- Pela criação de uma rede de transferência de tecnologia para medicamentos e preservativos com a China, Rússia, Nigéria, Tailândia e Ucrânia, com o apoio financeiro da Fundação Ford, iniciativa evocada por ocasião da 15ª Conferência Internacional em Bangcoc, em julho de 2003;

- Pela constituição de um Comitê Latino-Americano (COPRECOS) para a prevenção da Aids em instituições militares. A política brasileira é vista como referência nesse campo;

- Pela participação à proposta franco-alemã, emitida em 2004, de uma taxa de solidariedade sobre os títulos de transporte aéreo, para contribuir nos financiamentos dos tratamentos contra Aids, tuberculose e paludismo nos países pobres, enquanto o Brasil preferia uma taxa sobre as vendas de armas.

A França tem com o Brasil uma cooperação antiga entre a Agência de Pesquisa sobre a Aids francesa e o Ministério da Saúde brasileiro.

Além das pesquisas para fabricação de uma vacina terapêutica, empreendidas no laboratório Keizo Asami (LIKA), da Universidade Federal de Pernambuco (UFPE), sob a responsabilidade dos professores Luis Cláudio Arraes e Jean-Marie Andrieu, este último chefe do serviço de cancerologia do hospital europeu Georges Pompidou, e conduzidas hoje pelo professor Jean Marie Dupuy, um consórcio brasileiro foi elaborado com o objetivo de ampliar a colaboração Paris V-UFPE, da qual participam as universidades de São Paulo (USP, Unifesp), do Rio de Janeiro (UFRJ) e a Fiocruz. A Finep (fundo público dependente do Ministério da Ciência e Tecnologia) destina um financiamento que se revela insuficiente nessa segunda fase do projeto. Quatro jovens pesquisadores do laboratório LIKA, da Universidade Federal, além de Luis Cláudio Arraes, formaram-se na França, e este laboratório recebeu, em 2005, Romain Levy, filho do professor Yves Levy, do hospital Henri Mondor de Créteil, para um estágio de seis meses. Uma parceria une o LIKA ao Instituto de Saúde Pública da Universidade de Bordeaux-2 desde 2005.

* * *

A epidemia de Aids permanece real no Brasil, que contabiliza mais da metade dos casos da América Latina. Ela atinge zonas rurais, onde progride, agora, mais rapidamente do que no meio urbano. Podem-se observar pacientes em situações de extrema pobreza. No hospital São José, unidade de referência no tratamento de Aids no Ceará, 60% dos 3 mil pacientes hospitalizados não têm nenhum recurso, não dispondo de emprego nem de ajuda familiar, o que prolonga indefinidamente a hospitalização.

O elo entre a exclusão social e a Aids torna-se cada vez mais flagrante e mais caro. Ele obriga os poderes públicos brasileiros a políticas de assistência mais amplas do que apenas o acesso gratuito aos medicamentos: responsabilização em ambulatório, cuidados contínuos no domicílio, vigilância em matéria de ética e de direito da pessoa para poder lutar contra o estigma e a discriminação, objetivos que a extensão da pandemia nos estados do Norte e Nordeste, os mais pobres do país, torna aleatórios. Segundo um estudo do Ministério da Saúde, publicado em 22 de novembro de 2007, a contaminação pelo vírus Hiv mostrou uma queda na região Sudeste do país nesses últimos quatro anos (da ordem de 25%), mas um crescimento nas regiões Norte (+39%) e Nordeste (+13%).

A ATIVIDADE ECONÔMICA

INTRODUÇÃO

A instalação de indústrias no Nordeste, com raras exceções (indústrias ligadas à extração de minerais), só foi concretizada pelos governos locais através de recurso a uma política de isenções fiscais particularmente generosas, embora limitadas. Na Bahia, de acordo com o perfil das empresas (critério do emprego, por exemplo), as isenções fiscais podem chegar a 81% do imposto devido ao estado (ICMS). À primeira vista, a instalação das indústrias acha-se facilitada pelos salários mais baixos pagos na região, geralmente a metade dos que são pagos nas regiões do centro-sul do país. Na fábrica da Ford, na Bahia, o salário médio era em 2005 de R$ 700,00, enquanto na da Volkswagen de São Paulo, em torno de R$ 1.500,00. Segundo uma pesquisa do Serviço Social da Indústria (SESI), publicada em *A Tarde* de 5 de outubro de 2005, 11,3% dos trabalhadores da indústria recebem o salário-mínimo da região contra 4,79% em São Paulo. Na realidade, as empresas se depararam com a falta de formação e de qualificação da mão de obra local; grande parte vem do Sul (fábrica da Ford, por exemplo).

A situação do emprego na indústria, pouco diversificada, não melhorou muito. Mas a região foi a que apresentou o maior aumento na criação de empregos formais em 2009. O crescimento foi de 7%, segundo a Relação Anual de Informações Sociais. A participação do Nordeste nos empréstimos do Banco Nacional do Desenvolvimento Econômico e Social (BNDES) está em baixa constante (12,9% em 2001; 6,8% em 2004). Em 2009, os desembolsos do banco para a região aumentaram por causa das obras do complexo portuário de Suape (PE), da Transnordestina (PI, PE,

CE), do porto de Pecém (CE) e da usina hidroelétrica do Estreito (MA, TO). Apenas dois estados, a Bahia, com 50% do PIB assegurado pela indústria, e Pernambuco (32% do PIB), têm uma real atividade industrial. O estado com o menor PIB per capita em 2008 foi o Piauí (R$ 4.662), seguido pelo Maranhão (R$ 5.165), Alagoas (R$ 5.858), Paraíba (R$ 6.097) Ceará (R$ 5.165) e segundo pesquisa do IBGE. O PIB per capita do Sudeste era em 2008 de R$ 19.277; São Paulo, de R$ 22.667. Mas a renda melhorou significativamente. Entre 1999 e 2008, o número de piauienses que tinha renda per capita de até meio salário-mínimo passou de 47,7% a 44% das famílias (média nacional de 22,8%).

Entre os mais importantes investimentos industriais projetados está a instalação da refinaria Abreu e Lima, *joint-venture* da Petrobras com a sociedade venezuelana PDVSA, da ordem de 2,5 bilhões de dólares, em Pernambuco; a finalização das infraestruturas do porto de Suape, que teria custado 1,7 bilhão de dólares de créditos privados de 1999 a 2004; o desenvolvimento de um polo têxtil e a realização de um polo tecnológico em informação e comunicação em Pernambuco; as obras da bacia do rio São Francisco; e a instalação de um polo siderúrgico no Ceará, *joint-venture* coreana, italiana e brasileira da ordem de 560 milhões de dólares em torno do complexo portuário de Pecém.

O turismo tem uma participação crescente na economia regional, assegurando mais de 10% do PIB da região, que recebeu, em 2005, 44% dos investimentos estrangeiros nesse setor no Brasil. O número de turistas estrangeiros mais que triplicou entre 2002 e 2005 (61 mil em 2002; 213 mil em 2005).

A economia rural é dominada pelas culturas de exportação (tabaco, sisal, celulose, algodão, soja, cana-de-açúcar, cacau) ao ritmo da pluviometria e da irrigação: cana-de-açúcar nas regiões úmidas, algodão nas regiões secas. Na bacia do rio São Francisco, um polo vinícola e um outro de arboricultura frutífera (sobretudo manga) estão em desenvolvimento. As regiões de Petrolina (Pernambuco) e de Juazeiro (Bahia) são responsáveis por 90% das exportações de uvas e de mangas do Brasil. Em 2005, o montante dos negócios realizados pelo polo em fruticultura, que emprega 160 mil pessoas, foi de 700 milhões de dólares, dos quais 175 milhões de exportações. Uma linha aérea direta fretada faz a ligação entre Petrolina e Tóquio. O Nordeste assegura 12% da produção nacional de cana-de-açúcar, mas espera-se que sua participação dobre até 2010. A aquicultura do camarão garante, hoje, para a região o monopólio quase total dessa cultura no Brasil.

O etanol deixa vislumbrar uma melhora dos recursos dos proprietários rurais caso eles se beneficiem de subvenções, tendo em conta as ambições do governo federal de introduzir 2% de biodiesel nos carburantes em 2008 e 5% em 2013. Porém, a melhoria dos rendimentos dos trabalhadores rurais, através dessa indústria que provém da cana-de-açúcar, é considerada pouco provável.

São, antes de tudo, os programas sociais do governo federal que favorecem uma em cada três famílias rurais do Nordeste e o aumento real do salário-mínimo, cujo impacto se faz sentir nas aposentadorias, que explicam o crescimento do consumo das famílias (+20% em 2005 no Nordeste contra +5% para o país, segundo a revista *Valor* de 19 de dezembro de 2005). O Nordeste melhorou sensivelmente sua parte no consumo no Brasil (15,6% em 2002; 16,9% em 2006; 18,8% em 2009), conforme estudo publicado em *O Globo* de 17 de janeiro de 2010.

A melhora do consumo explica importantes investimentos observados na região no setor da grande distribuição (Casino, Pão de Açúcar, Carrefour, Walmart/Bom Preço).

A participação preponderante de crianças na população (4 milhões com menos de 4 anos, isto é, 41% da população brasileira nessa faixa etária) explica os importantes investimentos da Nestlé em Pernambuco, na Bahia e no Ceará.

ANEXO 10

PARTICIPAÇÃO DOS ESTADOS DO NORDESTE NO PRODUTO INTERNO BRUTO DA FEDERAÇÃO (2007)

BAHIA	4,1%
PERNAMBUCO	2,3%
CEARÁ	1,9%
MARANHÃO	1,2%
PARAÍBA	0,8%
RIO GRANDE DO NORTE	0,8%
SERGIPE	0,6%
ALAGOAS	0,7%
PIAUÍ	0,5%
TOTAL NORDESTE	13,1%

Fonte: IBGE

A SUDENE EM PANE

A Sudene, instituição federal criada em 1959 com o objetivo de promover o desenvolvimento do Nordeste, foi dissolvida pelo governo Fernando Henrique Cardoso em 2001 por causa da corrupção endêmica na repartição de suas subvenções. Por ocasião da campanha presidencial de 2002, o candidato Lula comprometera-se a restabelecer essa instituição. O projeto de lei foi submetido ao Senado após ter sido votado pela Câmara dos Deputados e contestado por alguns governadores da região. Depois das eleições de outubro de 2006, o governo federal controlava sete dos nove estados do Nordeste — seja em gestão direta (o PT controla três estados), seja por meio de alianças eleitorais — e a Sudene poderia enfim ressurgir. Segundo o governador eleito de Sergipe, Marcelo Déda, a Sudene, se restabelecida, seria mais um instrumento de integração política que de desenvolvimento econômico.

*Uma política de desenvolvimento
regional julgada incontornável*

Apesar das isenções fiscais concedidas pelos estados para atrair investimentos industriais, a participação do Nordeste no PIB do país, de 10% em 1950, parece não melhorar: 14,1% em 1981; 14,2% em 2004. A região representava 17% das exportações do país em 1970; 7% em 2006.

Os financiamentos do BNDES foram concedidos prioritariamente aos projetos procedentes das regiões Sul e Sudeste: de 1997 a 2001, o Nordeste recebeu um quinto desses financiamentos. Os investimentos das empresas públicas foram, em 2003, quatro vezes superiores nas regiões do centro-sul. A pesquisa realizada pelo Dieese revela que nas capitais do Nordeste encontravam-se, em 2004, as taxas de desemprego mais elevadas do país: 26,7% em Salvador (450 mil); 24,7% em Recife (380 mil); 18,52% em Fortaleza (181 mil).

A Bahia, o mais povoado dos estados do Nordeste (10 milhões de habitantes), constitui um significativo exemplo dos limites das políticas voluntaristas locais. Apesar das três ondas de industrialização — Polo Industrial de Aratu, nos anos 1970; Polo Petroquímico de Camaçari, nos anos 1980 (na época, o mais importante da América Latina); e Polo Metalúrgico, nos anos 2000, com a instalação da fábrica Ford (250 mil veículos por ano) —, as taxas de desemprego no estado não param de crescer.

Principal receita fiscal dos estados, o ICMS (Imposto sobre a Circulação de Mercadorias e Serviços) é recolhido no ponto de partida e favorece as instalações industriais do Sul e do Sudeste do país. O aumento significativo da carga fiscal nos dez últimos anos (estimada em 2006 em 39% do PIB) não foi favorável aos estados. As receitas fiscais divididas com a União elevavam-se a 76% em 1990; a 42% hoje. O governo federal aumentou as taxas parafiscais, das quais os estados, como os municípios, não participam.

O restabelecimento da Sudene, as fontes de financiamento e as rivalidades políticas

O decreto-lei que revogava a Sudene, em 2001, criava a Agência de Desenvolvimento para o Nordeste (Adene) e o Fundo de Desenvolvimento do Nordeste (FNDE), que até hoje não se concretizou. O Banco do Nordeste administra, a esse título, aproximadamente 40 milhões de reais por ano. A Adene, composta por 150 funcionários e estabelecida em Recife nas instalações da antiga Sudene, está abandonada.

Considerado como prévio financiador para o restabelecimento da Sudene, um fundo de desenvolvimento regional destinado aos estados do semiárido — principalmente os do Nordeste e o norte de Minas Gerais e do Espírito Santo — foi criado em 2003. Entretanto, para garantir o acordo dos governadores quanto à reforma fiscal, especialmente sobre o princípio da uniformização da base de cálculo dos impostos regionais a fim de evitar um aumento concorrente das isenções fiscais para os investidores, o governo transformou esse fundo num instrumento compensatório atribuído por estado. "Um erro histórico", segundo expressão utilizada pelo ex-ministro da Integração Nacional do governo Lula e ex-governador do Ceará, Ciro Gomes, numa entrevista à *Folha de S. Paulo* de 27 de maio de 2004, partidário de uma verdadeira política de desenvolvimento regional, que seria conferida ao ministério do qual ele era titular, com o auxílio do Banco do Nordeste. Para Gomes, a segmentação do fundo de desenvolvimento regional lhe parecia, depois disso, caduca.

O Banco do Nordeste, sediado em Fortaleza, dispõe desde 1988 de uma linha de financiamento, o Fundo Constitucional do Nordeste, cujos aportes financeiros entre 1991 e 1999 foram duas vezes mais elevados que os da Sudene e privilegiaram amplamente o Ceará. Porém, trata-se de empréstimos limitados às empresas privadas.

Segundo as informações dadas por seu presidente na época, Roberto Smith (que tem doutorado pela Universidade de Paris XIII), o Banco do Nordeste é o instrumento privilegiado pelo governo federal em sua luta contra a exclusão social (programas de seguridade alimentar, apoio às famílias rurais). Presente na maioria dos municípios do Nordeste, ele é responsável por 80% do crédito rural, embora confrontado com numerosos problemas de insolvência. Roberto Smith acredita que, na falta de receitas fiscais, a Sudene, se fosse recriada, limitar-se-ia a ser um órgão de planificação e não de execução.

Tânia Bacelar, professora da Universidade Federal de Pernambuco, associada por trinta anos aos trabalhos da Sudene, nomeada para a linha de frente da comissão interministerial encarregada do restabelecimento da instituição, pediu demissão de suas funções em 2005 e confiou, numa entrevista particular, que não tinha mais nenhuma ilusão sobre a vontade do governo federal de realizar uma verdadeira política de desenvolvimento em favor da região.

O relator do projeto de lei que recria a Sudene, Zezéu Ribeiro, deputado federal pela Bahia e membro do PT, entrevistado em Salvador, não compartilha desse pessimismo e acredita que o projeto de lei será adotado pelo Congresso. Este prevê o financiamento da Sudene pelo orçamento federal e pelo Fundo de Desenvolvimento do Nordeste, que seria reativado. Ele se beneficiaria, segundo Ribeiro, do pagamento de atrasados não utilizados a partir de 2001 e de uma retirada sobre o Fundo de Desenvolvimento Regional, uma eventualidade que encontra a hostilidade de alguns governadores da região.

O governo federal consentiu, desde 2004, um aporte financeiro importante em favor do Nordeste. A região recebeu do Fundo Constitucional de Financiamento do Nordeste 4,2 bilhões de reais em 2005 e deveria se beneficiar em 2006 de 4,5 bilhões de reais, segundo *O Globo* de 13 de outubro de 2006. Valores muito importantes se comparados aos de 2002 (254 milhões de reais), destinados, na maior parte, às grandes infraestruturas (via férrea, transposição das águas da bacia do rio São Francisco, refinarias de petróleo).

* * *

A frase de Celso Furtado, na época da criação da Sudene, "O Nordeste é o espelho que reflete a imagem do Brasil em sua mais brutal nitidez", permanece sempre atual. Entretanto, a implementação de uma política regional no âmbito de uma Sudene renovada, nos moldes em que é unanimemente desejada pelos senadores eleitos do Nordeste, encontra-se confrontada com o ceticismo dos observadores na região em relação a uma instituição desacreditada no passado e sem recursos fiscais no futuro, dependente, quando restabelecida, das obrigações atuais dos equilíbrios orçamentários, da política econômica e dos clientelismos regionais.

O TURISMO

O número de turistas provenientes da Europa aumentou sensivelmente nos últimos anos no Nordeste, uma taxa bem superior à média brasileira.

A melhora das infraestruturas e dos serviços aéreos, assim como a importância dos investimentos estrangeiros, principalmente portugueses, estão na origem do desenvolvimento da indústria do turismo, que ocupa doravante um lugar preeminente nas economias regionais.

A *expansão recente do turismo*

O Brasil ocupa, hoje, um lugar relativamente modesto no ranking publicado pela Organização Mundial do Turismo, a 26ª posição em 2009 com 4,8 milhões de turistas estrangeiros — o mesmo número que em 2001 —, dos quais 35% provenientes da Europa (214 mil franceses, 268 mil italianos, 280 mil portugueses).

Essa situação não leva em conta a importante taxa de expansão na região Nordeste. Desde 1998, o número de turistas estrangeiros multiplicou-se por cinco na região que recebe, atualmente, mais da terça parte do fluxo turístico do Brasil.

Entre as cinco capitais mais importantes do país em número de turistas estrangeiros, encontram-se três cidades do Nordeste: Salvador, Recife, Fortaleza.

Essa expansão se explica, em parte, pela melhora das infraestruturas aeroportuárias, realizada com o apoio do Banco Interamericano de Desenvolvimento. Os aeroportos das principais capitais regionais foram inteiramente renovados pela Infraero, cujo ex-presidente, Carlos Wilson, é originário de Pernambuco.

Melhores serviços aéreos

O acesso ao Nordeste foi facilitado por uma oferta maior de linhas aéreas diretas da Europa, entre as quais se distingue a companhia portuguesa TAP, com voos diários para quatro capitais (Recife, Salvador, Fortaleza, Natal). A região corresponde a 35% do número de passageiros transportados em suas linhas para o Brasil em 2010 (aproximadamente 1,4 milhão). As companhias TAM, Air Europa (filial da Air France) e TACV têm voos semanais (de Paris, Madri, Lisboa e Barcelona) para a região.

Com a próxima abertura de uma linha ligando Fortaleza a Miami, a companhia brasileira TAM tenta corrigir o desequilíbrio observado nos voos provenientes da Europa para o Nordeste (mais de 37 deles semanais) e um único voo até hoje para os Estados Unidos (de Salvador), quando este país é o primeiro emissor para o Brasil.

Os voos charters regulares vindos da Itália, Portugal, Escandinávia e Holanda também se desenvolveram consideravelmente, principalmente para o Ceará, a Bahia e o Rio Grande do Norte, onde há uma boa estrutura hoteleira. Estima-se em torno de cinquenta voos diários na alta estação estival local (de novembro a março).

O aumento dos voos charters foi também favorecido pela decisão das autoridades federais, em janeiro de 2005, de autorizar seu fretamento, medida à qual se opunha a companhia Varig.

Os investimentos estrangeiros no setor hoteleiro acompanharam o desenvolvimento e a melhora dos serviços aéreos.

O crescimento dos investimentos estrangeiros

Entre 2005 e 2007, segundo os protocolos de intenção assinados até hoje, são aproximadamente 1,4 bilhão de dólares investidos na construção de 36 hotéis e complexos turísticos ao longo do litoral do Nordeste. O Ceará recebe um terço desses investimentos provenientes em sua maior parte de Portugal, Espanha e Itália. Depois da Bahia, o Ceará é o estado que mais recebe investimentos estrangeiros atualmente.

O crescimento do fluxo turístico proveniente da Europa para o Nordeste acarretou um aumento sensível do número de turistas estrangeiros, portugueses, alemães e franceses aposentados, em semirresidência secundária por seis meses. Assim, no Ceará, onde se pode estimar em 600 o número de franceses inscritos no registro consular, são perto de 2 mil os que vêm residir sob a forma de estadias prolongadas e renovadas.

O aumento das conexões aéreas também surtiu um efeito sobre o tráfico de drogas para a Europa e o turismo sexual, objeto de um capítulo separado, principais causas das detenções na região de cidadãos europeus.

A AQUICULTURA DO CAMARÃO

O rápido desenvolvimento da produção, e das exportações, concentrado em sua quase totalidade em quatro estados do Nordeste, confronta-se com questões comerciais e ecológicas, inseparáveis da problemática atual da economia agrícola brasileira.

Uma atividade em crescimento

O Brasil ocupa o sexto lugar mundial no ranking dos produtores, atrás dos países asiáticos (China, Tailândia, Vietnã, Indonésia, Índia), com uma produção da ordem de 90 mil toneladas (7.250 toneladas em 1998), em 2003, e receitas de exportação de aproximadamente 226 milhões de dólares (dois terços da produção são exportados), uma cifra recorde antes de uma queda brusca em 2007 por causa da valorização da moeda brasileira (US$ 59 milhões). A metade das 150 mil toneladas de camarões exportados pelo país são procedentes do Rio Grande do Norte

A cultura do camarão é desenvolvida quase exclusivamente em quatro estados do Nordeste: Bahia, Piauí, Ceará e Rio Grande do Norte, sendo hoje, depois da cana-de-açúcar, o segundo lugar em exportação de produtos primários. Essa atividade é, nesse estágio, o retrato de uma população rural sem qualificação profissional, oferecendo a vantagem de não depender excessivamente das condições climáticas, que podem afetar gravemente as colheitas na região. As fazendas de produção de camarão deveriam, com o tempo, substituir as capturas marinhas, predadoras e comparativamente mais onerosas, e inscrever-se na série de recomendações da "Cúpula da Terra", de Joanesburgo, sobre a preservação dos recursos haliêuticos.

Confrontada com diversas dificuldades

- **De ordem comercial**: o Brasil, junto com os principais produtores asiáticos e o Equador, foi objeto de uma ação do Departamento do Comércio dos Estados Unidos requerida pelos produtores norte-americanos, que alegam procedimentos de *dumping* e a existência de subvenções à exportação. Aproximadamente 45% das exportações brasileiras são para os Estados Unidos, mas elas representam apenas 5% das 480 mil toneladas importadas em 2003 por este país;

- **De ordem financeira**: o governador do Ceará, então primeiro exportador para os Estados Unidos, solicitou, em janeiro de 2004, em Brasília, um financiamento para os produtores: os importadores norte-americanos exigiam, na época, preços FOB inferiores para se prevenirem da sobretaxa eventual do controle de importações, retroativa a 90 dias, segundo a legislação do comércio do seu país. A esse pedido se acrescentava as reivindicações dos produtores por linhas de financiamento que lhes permitissem evitar vendas demasiadamente apressadas e melhorar a qualidade das espécies. Em 2006, o preço do quilo vendido pelo Brasil era o mais baixo (4,48 dólares por quilo contra, por exemplo, 11,84 no México). O Banco do Nordeste (BNB) e o Banco Nacional do Desenvolvimento Econômico e Social (BNDES) limitavam-se a financiar os projetos de infraestruturas. O Ministério da Integração Nacional autorizou o Fundo para o Nordeste, administrado pelo Banco do Nordeste, a disponibilizar créditos a curto prazo (seis meses) e com taxas de juros reduzidas para pequenas e médias empresas;

- **De ordem ecológica**: um grupo de trabalho, constituído por iniciativa da Câmara dos Deputados e presidido por João Alfredo, na época deputado federal pelo Ceará (PSOL), esteve na região em 2005 com o objetivo de avaliar as incidências dessa atividade sobre o meio ambiente. Na ocasião, foi constatado:

— A existência de cultivos clandestinos e devastadores que não respeitam as normas sanitárias de base. A justiça federal suspendeu, em janeiro de 2004, o comércio de camarões de criação nos estados do Maranhão e do Piauí. A Delegacia Regional do Trabalho do Ceará reuniu, em dezembro de 2003, mais de 200 criadores, após uma intoxicação química — mortal — de dois empregados de uma fazenda de camarões;

— O estabelecimento de fazendas de camarões no litoral, que degrada os mangroves, locais de transição essenciais entre os ecossistemas marinhos e terrestres, e ameaça o meio aquático aberto, sobretudo pelos efluentes rejeitados, carregados de excrementos e de produtos químicos (antibióticos, pesticidas, detergentes);

— A necessidade de pesquisas e da oportunidade de uma assistência técnica, por causa do baixo nível de instrução e da disparidade dos criadores, da clandestinidade de algumas criações e da importância da subcontratação.

O governador do Piauí assinou um acordo de financiamento com a Codevasf (Companhia de Desenvolvimento dos Vales do São Francisco e do Parnaíba), em janeiro de 2004, para a criação, no litoral de Macapá, de um centro tecnológico em aquicultura que será administrado pela Embrapa (Empresa Brasileira de Pesquisa Agropecuária) e terá um centro de pesquisas sobre a cultura do camarão.

Quanto ao Instituto Nacional do Camarão, cuja criação foi anunciada em Natal, em 2003, no âmbito de uma política de descentralização das instituições de pesquisas para o Nordeste, ele até hoje não foi confirmado.

A aquicultura do camarão no Brasil, que se desenvolveu nos últimos anos muito rapidamente na região mais pobre do país — o Nordeste — sem plano diretor, tem efeitos importantes sobre os ecossistemas (estuários costeiros, mangroves) e a atividade extrativa dos pescadores artesanais.

Ela é, guardadas todas as proporções, reveladora da problemática atual do desenvolvimento agrícola no Brasil: a orientação, julgada prioritária, das economias para a exportação como meio de preservar os equilíbrios macroeconômicos (entre os quais o pagamento dos juros da dívida externa), tendo por corolário, até hoje aleatório, a melhora das condições de vida das populações rurais.

A VINICULTURA

O desenvolvimento da vinicultura data do início dos anos 1980, ao longo do vale do rio São Francisco, na região de Juazeiro (Bahia) e de Petrolina (Pernambuco). Uma centena de milhares de hectares irrigados deu origem a um polo de arboricultura frutífera (principalmente de manga) e outro de vinicultura (uvas, vinhos).

Cerca de 15 vinicultores se estabeleceram sobre 2 mil hectares, aos quais se associaram produtores portugueses, espanhóis e franceses. Uma empresa de Bordeaux está instalada na região de Petrolina desde 2000 com 134 ha. O Grupo Carrefour possui 250 hectares em plantações de uva de mesa destinada aos seus supermercados. O português Dae Sul exportou 300 mil litros de vinho dessa região pernambucana para a Europa em 2003, sob o rótulo Rio Sol (não há indicação de origem sobre os vinhos brasileiros, com exceção dos vinhos do Vale dos Vinhedos no Rio Grande do Sul). O espanhol Osborne associou-se ao produtor local, Miolo, para produzir brandy (um investimento de 5 milhões de dólares anunciado em 2004).

Essa região vinicultora produziu, em 2003, aproximadamente 6 milhões de litros de vinho, ou seja, 15% da produção brasileira, e 110 mil toneladas de uvas de mesa, sendo responsável pela quase totalidade das exportações brasileiras. Se, por um lado, a região do Rio Grande do Sul, e principalmente o Vale dos Vinhedos, ao redor de Bento Gonçalves, desenvolvida pelos imigrantes italianos no fim do século XIX, é a região vinícola brasileira das marcas de qualidade, por outro, a região do Nordeste está em pleno crescimento. São duas colheitas por ano, em abril e em setembro, em que a cepa do tipo Shiraz se adapta bem, porém com uma vida de vinhedo que não ultrapassa 15 anos.

A sociedade Miolo, terceiro produtor no Brasil depois de Aurora e de Almadén (que pertence ao grupo francês Pernod-Ricard, depois da aquisição da Seagram), investiu um milhão de euros em 2005 no vale do São Francisco, com o objetivo de produzir, daqui a dez anos, 5 milhões de litros, um terço para exportação. Hoje, a região representa 15% dos vinhos comercializados pelo grupo e 14% do seu volume de negócios (1,5 milhão de litros, dos quais 6% são exportados). Esse produtor conta com a assistência do enólogo francês Michel Rolland, proprietário do Château Le Bon Pasteur, em Pomerol. Miolo é um parceiro de Vinhos do Mundo, com exportação para a França do vinho fábricado na Bahia (Terranova, Shiraz e Moscatel), depois da boa receptividade às importações realizadas pelo grupo Casino, em 2005, por ocasião do Ano do Brasil na França.

A produção vinícola local foi incentivada por um aumento sensível do consumo interno, embora por habitante este permaneça baixo (2 litros por ano, contra 36 litros na Argentina e 58 na França), os estoques altos (300 milhões de litros em 2005) e apesar da concorrência dos vinhos baratos provenientes da Argentina que se beneficiam da isenção das taxas aduaneiras do Mercosul. O Brasil é o quinto cliente desse país sul-americano.

O vinho francês encontrou concorrência no mercado brasileiro por conta do desenvolvimento da produção local dos vinhedos sul-americanos (argentinos e chilenos) e, sobretudo, dos vinhos portugueses e italianos. Primeiro fornecedor em 1999, com 17 milhões de dólares de exportações, a França estava na quinta posição em 2004, com 14 milhões de dólares, depois do Chile, Argentina, Itália e Portugal (uma baixa em volume da ordem de 30%). Deve-se observar que os champanhes são responsáveis pela maior parte das vendas francesas. A participação do vinho importado no consumo interno passou de 41,7% em 1999 a 64,6% em 2004 e a 73,3% em 2007, ajudada pela valorização da moeda brasileira nesse período. O Chile e a Argentina asseguram 30% das importações do Brasil.

A região vinicultora, em pleno semiárido, não deixa de surpreender o visitante para quem a produção de vinho corresponde tradicionalmente ao clima temperado. Na origem desse desafio, o apoio técnico trazido nos anos 1960, através da Sudene, pela Organização das Nações Unidas para a Agricultura (FAO) e os estudos realizados pela empresa pública brasileira de pesquisa agropecuária (Embrapa), cujo centro de pesquisas sobre o semiárido está em Petrolina. Em dezembro de 2003, a Embrapa assinou um acordo com a organização egípcia Horticultural Export Improvement Association, por ocasião da visita a Juazeiro e a Petrolina de uma delegação de 26 produtores daquele país.

Os vinhedos constituem hoje uma atração turística na época da Festa da Uva e do Vinho, que reúne cerca de 200 mil pessoas em Lagoa Grande, geralmente no mês de outubro, uma festa idealizada em 1999 pelo prefeito e enólogo Jorge Garziera.

O PANORAMA CULTURAL

INTRODUÇÃO

A região do Nordeste apresenta, para a ação cultural e o intercâmbio artístico, diversas especificidades:

- a disponibilidade assimétrica do financiamento das grandes manifestações culturais em detrimento da região, embora das mais pobres do país.
A legislação relativa às isenções fiscais em favor da ação cultural (Lei Rouanet, Lei do audiovisual) conferiu às empresas, privadas e públicas, a realidade da ação cultural, que se concentrou onde se encontra a sede central dessas sociedades e a maioria de sua clientela, isto é, na região centro-sul: Rio de Janeiro e São Paulo receberam em 2004 77% desses financiamentos e 84% em 2005.
Para o ano de 2005, 677 milhões de reais foram recolhidos para 2.383 projetos, enquanto que o orçamento total do Ministério da Cultura era, para esse mesmo ano, de 480 milhões de reais. Com a intenção de ajudar a difusão cultural, a Lei Rouanet acentuou os desequilíbrios regionais, dando uma autonomia decisória muito grande à iniciativa privada, que utilizou fundos públicos (devidos a título do imposto sobre as sociedades) para finalidades de marketing próprio.
O Nordeste, de onde procede o essencial da cultura popular brasileira, recebeu em 2009 menos de 6% desses financiamentos. As empresas públicas participaram desse desequilíbrio geográfico: 82% dos projetos selecionados pelo BNDES em 2004 foram para o Rio de Janeiro e São Paulo.

Ciente desse desequilibrio, o Ministério da Cultura anunciou, em setembro de 2010, um novo mecanismo de escolha dos representantes da Comissão Nacional de Incentivo à Cultura, dominada por integrantes do Sudeste.
A empresa pública de petróleo, Petrobras, é, sem dúvida, o mais importante agente cultural do Brasil, principalmente para a arte lírica, musical (patrocina as duas maiores orquestras do país, a Sinfônica Municipal de Campinas e a Pró-Música Petrobras do Rio de Janeiro) e cinematográfica (financiando na maior parte dos festivais).

- Expressões populares autênticas, ricas e diversificadas cuja identificação com as culturas locais é tão íntima que não deixa muito espaço para as culturas vindas do exterior, com exceção, talvez, das influências musicais vindas do Caribe (no Maranhão) e da world music (na Bahia). A canção francesa, pouco conhecida, é raramente vendida no circuito comercial. Sobra a world music, isto é, a possibilidade oferecida à França, principalmente na Bahia, de enriquecer as cenas locais, assegurando a promoção de músicos e cantores de origem africana.
Ariano Suassuna, o grande escritor da Paraíba, que vive em Recife, lançou, nos anos 1970, um movimento artístico, Armorial, que defendia uma estética baseada nas formas populares nordestinas expressas por ele em suas comédias teatrais e que podiam ser encontradas no campo da música, pelas mãos do compositor César Guerra Peixe, nas artes plásticas, na produção do escultor e pintor Francisco Brennand e na literatura, com o poeta Marcus Accioly.

- Uma acolhida muito calorosa do público para o teatro de rua, o teatro do objeto e as artes do circo, consequência de uma predisposição, numa região onde o analfabetismo é elevado e a formação literária rara, para a arte de proximidade e as lendas locais, nas quais a figura do repentista, o trovador dos tempos medievais, extremamente frequente nas cidades do interior, e a literatura de cordel são as expressões mais populares.

- Um interesse constante pela arte lírica e musical — solista, música de câmara, orquestra sinfônica, conjunto barroco — geralmente frustrado pela raridade das apresentações, apesar da excelente infraestrutura local, as quais se concentram na região centro-sul do país.

- O aspecto social da ação cultural é hoje privilegiado pelos poderes públicos, pelos patrocinadores particulares e parceiros estrangeiros em suas formas mais diversas: escolas de formação ou de familiarização abertas às comunidades desfavorecidas, bolsas ou alocações de estudos, apresentação de espetáculos sem bilheteria, shows itinerantes no interior de regiões pobres e não mais apenas nas grandes capitais regionais. A Orquestra Sinfônica da Bahia desenvolve o projeto Neojiba, inspirado no Sistema de Orquestra Juveniles e Infantiles da Venezuela (Festnijiv), que torna a prática orquestral uma atividade fundamental na formação ética e cultural de crianças e jovens. O Festival Palco Giratório, patrocinado pelo Sesc, faz apresentações gratuitas em cidades do interior de Pernambuco (Santo Amaro, São Lourenço da Mata). O Festival do Teatro Brasileiro — Cena Baiana, iniciativa criada em 2000 por Sergio Bacelar, disponibiliza 5 mil ingressos para apresentações dos espetáculos de teatro para crianças entre 6 e 12 anos de orfanatos e das escolas de bairros pobres e para adultos portadores de necessidades especiais. A Edisca (Escola de Dança e Integração Social para Criança e Adolescente), idealizada por Dora Andrade, organização não governamental de Fortaleza, oferece há 20 anos aulas de dança e atividades sociais integradas para crianças e famílias de baixa renda. O piauiense Marcelo Evelin, aluno de Pina Bausch, professor da Escola Superior de Dança de Amsterdã, montou um trabalho com o Núcleo de Dirceu, criado na maior favela de Teresina, que envolve 15 bailarinos, e formou, de 2006 a 2009, no teatro construído na região pela prefeitura, mais de 500 jovens. A Mostra Internacional de Música em Olinda (PE), que está na sua 7ª edição, com curadoria de Lu Araújo, mescla a música popular e a erudita, com mais de quarenta concertos gratuitos e um público de 100 mil pessoas.

A MÚSICA POPULAR

Artistas do Nordeste conservam uma relação privilegiada e estreita com suas identidades regionais, que asseguram à música brasileira sua poesia, sua riqueza e sua singularidade. A exposição realizada na Cité de la Musique, em Paris, no contexto do Ano do Brasil, sobre a história da música brasileira valorizou bastante a generosa contribuição do Nordeste, principal matriz dos ritmos brasileiros.

Essa região traz hoje o essencial da participação popular: música pagã do boi do Maranhão, bumba meu boi, *mangue beat* do sertão de Pernambuco, capoeira, forró, maracatu, coco. É a única região do Brasil que reúne tantos repentistas, poetas improvisadores que lembram os trovadores da Idade Média e aos quais são consagrados muitos festivais no Ceará, em Pernambuco e no Piauí.

Expressões musicais inéditas

Dessa base popular original nascem expressões musicais inéditas, que integram ritmos do Caribe e da Jamaica (no Maranhão), do *hard rock* e do *hip hop* americano (mangue fusão em Pernambuco), sons da África (coco, música do litoral do Nordeste, percussões da Bahia). O *mangue beat*, ritmo da periferia urbana de Recife, foi, no início dos anos 1990, o movimento alternativo do Nordeste.

No final dos anos 1960, as percussões da Bahia tornaram-se um elemento essencial de numerosas gravações de jazz e de pop estrangeiros e os músicos do Nordeste são convidados regularmente pela Europa e pelos Estados Unidos. O conjunto americano Living Colour gravou com o percussionista Naná Vasconcellos. O conjunto Timbalada, da Bahia, participou de diversos CDs com artistas estrangeiros (Michael Jackson, Paul Simon).

Existem intercâmbios com a direção da Centrale de l'Animation et des Loisirs, da cidade de Nice, e do Conseil Général des Alpes Maritimes, que cofinanciam, no contexto do programa *Contrats de Ville*, conjuntos recentes e animações em favor da população jovem de bairros pouco amistosos da cidade com músicos da Bahia e de Pernambuco, principalmente. Em 2003, o cantor Silvério Pessoa foi convidado, como residente, para trabalhar com conjuntos de Nice, inspirando-se nos ritmos do Nordeste brasileiro (Nux Vomica, Santa Massa).

A indústria fonográfica

As evoluções tecnológicas e as modificações dos modelos de consumo mudam profundamente a economia da indústria fonográfica no Nordeste, incitando, muitas vezes sob o impulso e o encorajamento dos próprios artistas, a reflexão sobre novos modelos de produção e de difusão ainda que em detrimento dos direitos autorais. Os músicos do Nordeste são, por princípio, favoráveis à difusão desmaterializada em sua expressão mais liberal e mais generosa: Silvério Pessoa foi trabalhador social do Movimento dos Sem-Terra; Lenine é filho de uma figura importante do Partido Comunista Brasileiro; Carlinhos Brown foi agraciado pela Unesco por sua ação social em favor dos pobres da Bahia através de sua associação Pracatum Ação Social etc.

No Brasil, o mercado oficial é controlado em mais de 90% pelas grandes gravadoras, reforçadas por uma mídia poderosa. A pirataria na região é mais importante do que no resto do país: estimam-se em 60% as vendas de CDs piratas em 2006 nesta região (40% no resto do país). Os principais cantores e músicos do Nordeste são representados por selos independentes: Nikita, Rob

Digital, Trama. Algumas dessas empresas são dirigidas por franceses: Outro Brasil, de Marc Seignier, Naïve Version originale, de Olivier e Frederic Gluzman. Os artistas se apresentam prioritariamente na França, principalmente na época dos festivais de verão. Lenine gravou seu CD, "Lenine in Cité", na Cité des Sciences et de la Musique em Paris.

A cooperação francesa

A riqueza, a especificidade e a popularidade das expressões musicais nordestinas tornam difícil qualquer ambição estrangeira de exercer alguma influência, ainda que marginal, no campo musical da região. Segundo a Associação Brasileira de Produtores de Discos, a música brasileira é responsável por 80% das vendas (CD e LP) no mercado local.

A Festa da Música, iniciativa francesa lançada em 21 de junho de 1984, o primeiro dia do verão europeu, não tem nenhuma projeção numa região tomada por numerosas manifestações ao longo desse mês, dedicadas às festividades de São João, festas populares mais importantes que o carnaval. Recorrer a artistas africanos, principalmente nos palcos baianos, é geralmente bem recebido, mas nenhum elo se estabeleceu pelo público e pela mídia com a França em função dos ritmos da *world music*.

No campo da música eletrônica, os sucessos alcançados, desde a turnê no Brasil de Laurent Garnier em 1995, por vários DJs franceses convidados pelo Bureau Export da música francesa, estabelecido em São Paulo, não têm um elo real com a França e não contribuem para nenhuma influência musical francesa. Sua aparição singular inscreve-se no contexto dos numerosos festivais financiados por empresas conforme os seus imperativos de marketing.

Entretanto, esses trabalhos têm sua importância porque se dirigem à juventude e se inscrevem no âmbito de eventos de forte mídia. A ação do Bureau Export da música francesa privilegia, nessas condições, no Nordeste a constituição de redes de intercâmbios e de interesse solidários entre músicos locais, produtores e distribuidores franceses ligados ao Brasil por conta, principalmente, dos encontros profissionais organizados sob a égide da prestigiosa Womex, no mês de fevereiro, em Recife, no âmbito do Mercado Cultural, em novembro, na capital baiana, e por ocasião da Feira da Música no mês de julho, em Fortaleza.

A ARTE LÍRICA E MUSICAL

A região Nordeste tem boas infraestruturas teatrais, herança de uma época em que as elites ricas mandavam vir, diretamente da Europa, conjuntos para animar seus palcos. Alguns deles são verdadeiras joias da arquitetura (teatros Santa Isabel, em Recife; Alberto Maranhão, em Natal; José de Alencar, em Fortaleza; Arthur Azevedo, em São Luís; Santa Rosa, em João Pessoa). Mas os mecenas desapareceram e as grandes empresas, que atuam no campo musical por conta das leis de isenção fiscal, têm matrizes no centro-sul do país. As oportunidades de se apresentar na região são raras para um artista nordestino.

Há dois conjuntos de qualidade: a Orquestra Sinfônica da Bahia, criada em 1982 e ligada ao Teatro Castro Alves, cujo regente é Piero Bastianelli, e a Orquestra Sinfônica da Paraíba, fundada em 1945, cujo regente titular é o maestro Marcos Arakaki. Esta foi dirigida por Elena Herrera, natural de Cuba, professora da Escuela Nacional de Arte de Cuba e diretora-geral da Ópera de Cuba de 1985 a 1992, e hoje regente da Orquestra Sinfônica do Teatro Nacional Claudio Santoro, em Brasília.

A estação lírica e musical é, no Brasil, da responsabilidade de dois órgãos estabelecidos em São Paulo: a Sociedade de Cultura Artística e a Mozarteum Brasileiro Associação Cultural, que não demonstram muito interesse pela região Nordeste.

A maior parte dos artistas de renome originários da região fez estudos e carreira no exterior, apesar de um público nordestino facilmente melômano. O Centro Cultural Brasil-Alemanha financia, com o Conservatório de Música de Pernambuco, turnês de artistas solistas. Essa relação privilegiada se deve à personalidade de Marco Antonio de Almeida, que reside na Alemanha há vinte anos, professor de piano no Hochschule für Musik und Theater de Hamburgo, onde se formou, diretor artístico do Festival de Londrina de 1990 a 1995 e do Festival de Música de Câmara da Paraíba. A Alemanha exerce uma influência preponderante no Brasil no campo da arte lírica e musical. Os grandes músicos brasileiros se formaram na Alemanha. Hans-Joachim Koellreuter (1915-2005), compositor que participou da fundação da Escola de Música da Universidade Federal da Bahia, era natural da Alemanha, como Nicolas Koeckert, violinista formado na Escola Superior de Música de Wuerzburg; o músico Ricardo Mendes, formado no Conservatório de Música de Darmstadt; o compositor Nikolaï Brücher, na Escola Superior de Música de Munique; o compositor Rafael Nassif, na Escola de Música de Stuttgart; o pianista Marlos Nobre, residente na Brahms-Haus, em Baden Baden; o violoncelista pernambucano Antonio Meneses, no Conservatório de Dusseldorf etc.

O Ministério da Cultura brasileiro mantém um programa de intercâmbio com artistas estrangeiros, o Pró-Música. Três estados do Nordeste (Pernambuco, Alagoas e Bahia) organizaram, com a ajuda da Petrobras, empresa extremamente presente no setor musical do Brasil e patrocinadora da Orquestra Petrobras Sinfônica.

O encontro mais importante nesse campo na região é o Festival Virtuosi, em Recife, patrocinado pela Petrobras (13ª edição em 2010). Este festival internacional de música foi criado em 1998, sob a direção artística do maestro Rafael Garcia, natural do Chile, que realizou a sua formação na Alemanha, e desenvolveu um intenso trabalho em prol da música erudita no Brasil. Porém, esse festival não tem a importância dos três principais festivais do Brasil: Blumenau, Campos do Jordão e Londrina. Estes acontecem em cidades do sul do país, região sem dúvida mais sensível à arte lírica em razão da presença das comunidades italiana, alemã, polonesa, das quais são originários diversos músicos brasileiros.

Entre as escolas de formação fora do conservatório, deve-se assinalar a Fábrica de Música, projeto financiado pela Fundação Cultural em Recife (Funcultura), destinado à formação de aproximadamente sessenta alunos. Os melhores recebem bolsas da Universidade de Memphis (EUA).

Um dos movimentos mais expressivos da criação musical contemporânea do Brasil aconteceu na Escola de Música da Universidade Federal da Bahia, com o Grupo de Compositores da Bahia, desenvolvido pelo professor Ernst Widmer, suíço-brasileiro formado pelo Conservatório de Música de Zurique, e mais nove compositores. A origem do grupo está vinculada à Semana Santa de 1966, para a qual os compositores escreveram oratórios para o coro, sopros e percussão, com muito sucesso, o que levou a Secretaria de Cultura a instituir as Apresentações de Jovens Compositores, eventos anuais que incluíam um concurso ao vivo de obras inéditas. Em 1969, teve início a série de festivais e cursos de música nova, realizados desde então anualmente no mês de julho.

O CINEMA

O Nordeste inspirou intrigas, roteiros e sinopses de numerosos longas-metragens brasileiros por conta das problemáticas sociais da região e dos conflitos agrários (*Central do Brasil,* de Walter Salles, premiado no Sundance e em Berlim, em 1998; *Cidade baixa,* de Sérgio Machado; *Cinema, aspirinas e urubus,* de Marcelo Gomes, em 2005; *Quilombo,* de Carlos Diegues, em 1984; *Latitude zero,* de Toni Ventura, em 2002; *Tieta,* de Carlos Diegues, em 1997; *Memórias do cárcere,* de Nelson Pereira dos Santos, em 1984; *Guerra dos Canudos,* de Sérgio Rezende, em 2001 etc.).

Muitos cineastas brasileiros são originários do Nordeste: de Fortaleza, Rosemberg Cairi, Karim Ainouz, Wolney Oliveira, Hermano Penna, Adhemar Bezerra; de Recife, Cláudio Assis, Jane Malaquias, Guel Arraes; da Paraíba, Vladimir Carvalho; da Bahia, Glauber Rocha, João Rodrigo Mattos, José Umberto, entre outros.

Três filmes brasileiros premiados no Festival de Cannes foram rodados no Nordeste sobre problemáticas locais: *O cangaceiro,* de Lima Barreto, prêmio internacional do filme de aventuras em 1953; *O pagador de promessas,* de Anselmo Duarte, Palma de Ouro em 1962; e *O dragão da maldade contra o santo querreiro,* de Glauber Rocha, prêmio de direção em 1969.

Dois cineastas pernambucanos tiveram seus filmes selecionados em Cannes, em 2005, no ciclo Um certo olhar: Marcelo Gomes com *Cinema, aspirinas e urubus* e Kleber Mendonça com *Vinil verde.*

O filme de maior bilheteria em 2005 no Brasil, *Dois filhos de Francisco,* é obra de um cineasta de Pernambuco, Breno Silveira.

Mais de quarenta longas-metragens, desde os anos 1960, foram feitos sobre a saga do cangaço, bandidos rurais, liderados por Lampião e Maria Bonita. Eles foram decapitados com nove companheiros pelo exército do estado de Alagoas em 1938 e tiveram suas cabeças expostas durante 31 anos, em Salvador, no Museu Nina Rodrigues. São hoje personagens lendários. O mais recente desses longas é *Aos ventos que virão*, do cineasta cearense Hermano Penna. Um dos polos mais criativos hoje do cinema brasileiro é o do Ceará, que busca uma dramaturgia original, fugindo dos padrões cinematográficos e televisivos marcados por gêneros mais convencionais. São curtas, como *Supermemórias* (2010), de Danilo Carvalho; *Casa de vovó* (2008), de Vitor de Mello; ou longas, como *Estrada para Ythaca*, de Luiz e Ricardo Pretti, Guto Parente e Pedro Diógenes.

Os mais importantes festivais cinematográficos da região são:

— Festival de Cinema de Pernambuco, realizado no mês de abril, em Recife (14ª edição em 2010), reúne 3 mil pessoas por dia. O festival é patrocinado pela Petrobras e pela Companhia Hidrelétrica do rio São Francisco (CHESF), duas empresas públicas. O responsável é Alfredo Bertini, ex-secretário de Turismo, e sua esposa Sandra (www.cine-pe.com.br).

— Festival Ibero-Americano do Ceará (Cine Ceará), realizado no mês de maio, em Fortaleza (20ª edição em 2010), sob a coordenação do cineasta Wolney Oliveira. A seleção dos filmes é responsabilidade de Patrícia Martins, representante no Brasil da Escuela Internacional de Cine y TV de San Antonio de los Baños (Cuba).

Essas manifestações juntam-se à lista dos grandes encontros cinematográficos organizados no Brasil: a Mostra Internacional de Cinema, em São Paulo, no mês de novembro, sob a responsabilidade de Leon Cakoff; o Festival Internacional do Filme do Rio de Janeiro, em setembro, que reúne aproximadamente 200 mil espectadores e cuja organização é confiada a Ilda Santiago e a Walkyria Barbosa; o Festival Brasília de Cinema Brasileiro, no mês de novembro, organizado pela Brazilian Cinema Promotion, de Tarcísio Vidigal; e, enfim, o Festival de Gramado, em agosto. Esses eventos são patrocinados pela Petrobras.

A produção cinematográfica no Nordeste sofre dos mesmos males que no resto do país nos campos do financiamento e da exibição.

O cinema brasileiro representou em 2005 apenas 12% do mercado em salas de exibição (10 milhões de entradas, a metade em relação a 2003). O ano de 2003 foi um ano de fartura: 23% do mercado (8% em 2002). O cinema brasileiro que, nos anos 1990, era quase totalmente dependente das empresas públicas, continua hoje a depender, para seu financiamento, dessas empresas, que, sob a garantia de isenções fiscais, encontraram uma nova forma de marketing (100% do valor investido são deduzidos no limite de 4% do imposto de renda). Os grandes estúdios reunidos na Motion Picture Association (Columbia, Fox, Warner Bros.) e a rede Globo (Globo Filmes) estão na origem dos filmes de maior bilheteria. Em 2005, a Columbia sozinha teve uma participação no mercado de 59%.

É claro que um filme sem mecenas não se paga. A bilheteria é um ganho marginal. O mercado do DVD, em plena expansão, é ainda jovem.

No mês de junho de 2005, por ocasião do 15º Cine Ceará, a Associação dos Produtores e Cineastas do Norte e Nordeste, presidida por Rosemberg Cariri, publicou um manifesto criticando o desequilíbrio regional das ajudas financeiras das empresas públicas (BNDES, Petrobras, Eletrobras) para o cinema.

O secretário nacional do audiovisual do Ministério da Cultura, Orlando Senna, originário da Bahia, ex-diretor da escola de cinema de Cuba, criou um programa de cineclubes escolares visando à criação de uma cultura cinematográfica entre os jovens.

Fundos de apoio (Funcine) foram disponibilizados em 2003, segundo o modelo dos SOFICA franceses para a distribuição e a produção. Em dezembro de 2003, um decreto do presidente Lula elevou o número mínimo de projeção obrigatório de produções brasileiras nas salas, de 35 para 63 dias.

A *distribuição*

No Nordeste, raros são os municípios rurais que possuem uma sala de cinema. No país inteiro, apenas 7% das cidades dispõem de uma sala (382 de um total de 5.564). Sabendo dessa carência, uma produtora com sede em São Luís (MA), criada em 2000 por Frederico Machado, já lançou mais de 100 filmes em DVD com o objetivo de levar o cinema autoral, filmes cultuados do cinema francês, italiano e americano, a um público maior.

O grupo norte-americano Cinemark controla, com aproximadamente 300 salas, um quarto do mercado da distribuição de filmes no Brasil. O número de salas aumentou sensivelmente em 2005 (2 mil salas contra 1.625 em 2002). A proporção sala por habitante é baixa: uma sala para cada 100 mil habitantes, em média (na Argentina, a título de comparação, existe uma sala para cada 40 mil habitantes). Uma relação ainda mais baixa no Nordeste, onde apenas um brasileiro em cada cem vai ao cinema (um em cada dez nas regiões do centro-sul).

Aproximadamente a metade dos cem filmes produzidos no Brasil nos três últimos anos (2002-2005) não foi distribuída.

A *promoção no exterior*

Se, por um lado, as produções audiovisuais da rede Globo (principalmente novelas) são bastante exportadas no mundo inteiro, por outro, e salvo exceção, a audiência internacional do cinema brasileiro é relativamente limitada, embora os talentos individuais sejam reconhecidos (Walter Salles, associado às produções na

França; César Charlone colaborou com Spike Lee em *Sucker Free City*, em 2004; Bráulio Mantovani, roteirista de *Cidade de Deus*, contratado pela Warner; Alexandre Stockler, diretor de *Cama de gato*, dirigiu uma produção independente na Espanha; Fernando Meirelles é o diretor de *A Constant Gardener* (O jardineiro fiel).

É verdade que os orçamentos das principais obras produzidas no Brasil são restritos, da ordem de 4 a 5 milhões de dólares.

Manifestações que ajudam na promoção do filme brasileiro são organizadas no exterior, principalmente em Nova York. Em julho, no Museum of Modern Art (8ª edição em 2010), pela Fundação Infinito (responsável: Adriana Dutra), e em Miami, em junho (14ª edição em 2010, responsáveis: Adriana Dutra e Viviane Spinelli), reunindo aproximadamente 30 mil espectadores. No mês de setembro de 2006, aconteceu em Barcelona o primeiro festival de cinema brasileiro.

Encontram-se produções brasileiras em numerosos festivais: Festival Internacional de Havana; Encontros de Cinema da América Latina, de Toulouse; Festival Brasileiro em Paris, Festival Internacional do Cinema Americano de Biarritz etc. Os cineastas do Nordeste demonstram uma preferência pelo Festival do Filme de Havana, e muitos dos cineastas brasileiros são formados pela Escuela Internacional de San Antonio de los Baños (Wolney Oliveira, Amauri Canio, Jane Malaquias, Marcos Moura, entre outros).

O cinema europeu

A participação do cinema europeu é insignificante tanto no mercado do Nordeste como no resto do país: em torno de 2%, dos quais um terço é assegurado pelo filme francês, ou seja, um milhão de espectadores para algo como vinte filmes franceses distribuídos em 2003. Durante o ano de 2005, o filme francês praticamente dobrou sua participação no mercado (2 milhões de entradas), principalmente em razão das produções de língua inglesa distribuídas pela Europe Corp., do cineasta francês Luc Besson.

Uma empresa particular, Varilux, realiza todos os anos, desde 2001, um festival francês itinerante nas principais capitais do Nordeste, uma manifestação sem grande relevo que se acrescenta aos eventos organizados pela cinemateca francesa, estabelecida no Rio de Janeiro, com duzentos títulos em 35 mm (www.cinefrance.com.br).

Os distribuidores independentes dos grandes estúdios são confrontados com a obrigatoriedade de dispor de salas próprias, como a empresa Imovision, um dos principais distribuidores de filmes europeus, que tem à frente um francês, Jean Thomas Bernardini. Ela inaugurou um complexo de quatro salas em São Paulo em junho de 2006.

Entretanto, a influência e a atração exercida pelo filme francês sobre a crítica, a mídia, o público culto e os profissionais continua importante. Prova disso é o número e o sucesso nas livrarias de obras e edições locais sobre o cinema francês.

O TEATRO

A sociedade brasileira pensava o teatro, outrora, como uma arte vinda do exterior, interpretada por trupes estrangeiras. É sintomático que Louis Jouvet, surpreendido no Brasil pela Segunda Guerra Mundial, e que iria exercer, com Ziembinski, uma influência importante sobre o jogo teatral no Brasil, apenas tenha interpretado durante sua estadia peças do repertório francês: Jules Romains (*Knock*), Paul Claudel (*O anúncio feito a Maria*), Giraudoux (*Morsac*). Foi na década de 1940 que começou a se constituir um teatro brasileiro, com a criação, em Recife, do Teatro dos Amadores de Pernambuco, por Waldemar de Oliveira, e, em 1948, em São Paulo, do Teatro Brasileiro de Comédia, pelo industrial Franco Zampari.

Muito cedo, o teatro brasileiro se posiciona à esquerda e se compromete com a luta política: Teatro Paulista do Estudante, ligado ao Partido Comunista (Gianfranceco Guarnieri); Teatro Arena; Centro Popular de Crítica, no Rio de Janeiro; Movimento Popular de Cultura, em Recife (iniciativa de Miguel Arraes). Com a ditadura militar, o teatro brasileiro sofrerá censura e repressão. É dessa época que data a expressão: "a televisão, o partido dos militares; o teatro, o partido da oposição." O Teatro Oficina será invadido em 1974 e fechado, e seu diretor, José Celso, será exilado em Paris, bem como Augusto Boal, diretor do Teatro do Oprimido, que conta, hoje, em torno de 50 filiais no mundo (www.theatreoftheopressed.org). Jean-Paul Sartre proibirá a representação de sua obra teatral no Brasil em 1976, invocando a violação das liberdades no país.

Com o restabelecimento da democracia, o teatro reencontrou uma nova dinâmica, refreada pela dissolução, em 1970, de seu principal órgão político de fomento, a Fundação Nacional das Artes Cênicas (Fundacen), sob o governo Collor de Mello.

Hoje, a produção teatral não é realmente possível no Brasil sem o apoio de empresas, que se beneficiam das leis de isenções fiscais para a cultura. As receitas são insuficientes. Uma situação que explica a fragilidade da produção teatral no Nordeste, que sofre com a centralização excessiva da produção nas cidades do Rio de Janeiro e de São Paulo, apesar da riqueza da criatividade local. A Lei Rouanet estimula a produção mas não a distribuição de espetáculos.

As principais fontes de financiamento sob o incentivo da Lei Rouanet de isenções fiscais são o Banco do Brasil e o SESC, que produzem as melhores peças da temporada, mas exigem uma apresentação prioritária em suas salas (Rio de Janeiro e São Paulo, principalmente), com entradas a preços populares (R$ 10,00). O Banco do Brasil pretende inaugurar em breve um centro cultural em Recife.

O teatro nordestino é, antes de mais nada, um teatro de imagens e de movimento. A influência da mídia e a ausência de formação literária do público fazem com que o texto e os diálogos sejam secundários. O público nordestino é formado, principalmente, pela televisão. Daí uma relação ambígua e um tanto perversa. O teatro está, numa certa medida, hoje, submisso à televisão nessa região. Os atores de teatro são, cada vez mais, sensíveis aos privilégios financeiros e promocionais das novelas de televisão, sobretudo da rede Globo. O retorno ao palco do ator consagrado na tela como garantia de público numeroso é ilusória: o ator atrai o público da televisão para o teatro, mas os novos espectadores, versáteis e inconstantes, não constituem o público fervoroso e fiel dessa arte.

A principal escola de formação teatral na região é a Escola de Teatro da Bahia, fundada em 1958. Encontram-se poucas boas companhias teatrais estáveis, ao contrário das regiões do centro-sul (Tapa, Galpão, Cia. do Imaginário, Intrépida Trupe etc.). Não há festival internacional na região da importância dos de Curitiba (18ª edição em 2010), de Londrina (43ª edição em 2010) e de Porto Alegre (10ª edição em 2010). Mas desde 1997 acontece em novembro o Festival Recife de Teatro Nacional, que contabiliza 10 mil entradas (13ª edição em 2010). Recife recebe desde 2006 o Festival Palco Giratório-Brasil, um dos maiores eventos de artes cênicas do país, promovido pelo Sesc. Em 2010, eram 35 espetáculos de trinta companhias a preços populares (responsável: Galiana Brasil).

Existe uma cooperação internacional com o Royal Court Theater de Londres, desde a visita ao Nordeste de Elyse Dodgson, que estabeleceu uma parceria com o Teatro Vila Velha, da Bahia. Em janeiro de 2003, realizou-se em Londres a semana da nova dramaturgia brasileira, com peças de autores da Bahia (Cacilda Póvoas, Claudia Barral) e de Pernambuco (Luiz Felipe Botelho).

O teatro de objeto

Assiste-se ao desenvolvimento do teatro de objeto. Dos principais grupos no Brasil, vários vêm do Nordeste: Mamulengo Só Riso (Pernambuco) e Mamulengo (Bahia). Em dezembro de 2004, foi organizado um festival em Olinda, no âmbito do projeto itinerante nas principais cidades do Nordeste, Projeto Sesi Bonecos do Brasil, sob a coordenação de Lina Rosa, de Pernambuco. O sucesso impressionante de público (mais de 500 mil pessoas), chegando a ter mais de 40 mil por noite, como em Fortaleza, em novembro de 2004, explica-se pela proximidade desse teatro com o folclore local. A essa manifestação, patrocinada pelo Serviço Social da Indústria (SESI), encontram-se hoje associadas companhias estrangeiras (Japão, Rússia, Espanha, Estados Unidos, França). Na cidade de Olinda (PE), o Espaço Tiridà-Museu do Mamulengo conta em seu acervo com cerca de mil e quinhentas peças, preservando a memória de mestres populares dessa arte, como Saúba, Tonho de Pombas, Luiz de Serra, Biló...

O circo

Por razões ligadas à questão social (ocupação de jovens em situação de risco), os principais municípios do Nordeste dedicaram uma atenção crescente às artes do circo. Existem escolas de formação em todas as capitais regionais. A mais importante delas é o Piccolino Circo, de Salvador. Os grupos se apresentam regularmente por ocasião dos encontros regionais.

Os mais importantes são: a Mostra Cariri das Artes, no Ceará, em novembro (8ª edição em 2006), e o Festival Norte-Nordeste da Rede Circo do Mundo Brasil, que reúne aproximadamente 10 grupos provenientes da Bahia, do Piauí, do Ceará e de Pernambuco. Por ocasião desses encontros, ateliês são animados por profissionais, entre os quais se distinguem os artistas do Cirque du Soleil do Canadá e artistas franceses.

A DANÇA

A dança clássica é caracterizada, no Brasil, por um número importante de escolas de formação geralmente particulares, pela qualidade dos bailarinos e coreógrafos, muitos deles formados no exterior, principalmente na Alemanha, mas também pela ausência de tradições, pela fraqueza da técnica (iluminação, cenários, direção) e pelas poucas oportunidades, por razões de ordem econômica, de se apresentar em público (não há muito mercado fora da cidade de São Paulo e da região Sul do país). Essas características são observadas tanto no campo da dança clássica — o dos grandes grupos — quanto no da dança moderna.

O mecenato das empresas tenta remediar essa situação por meio de isenções fiscais em favor da cultura e de poderes públicos descentralizados (estado e município de São Paulo, Bahia, Rio de Janeiro, estados do Sul — Rio Grande do Sul e Paraná). Porém, a dança sofre com a ausência de grandes companhias nacionais e por não receber nenhum apoio do poder federal (a Fundação Nacional das Artes Cênicas foi dissolvida em março de 1990).

Nessas condições difíceis, há poucas manifestações importantes: eventos anuais com a participação dos cinco grandes conjuntos coreográficos e de alguns grupos de qualidade e uma cooperação internacional bastante limitada, outrora dominada pelo balé russo e hoje influenciada pela dança contemporânea americana e alemã.

Uma temporada coreográfica intensa no passado

Até a formação de um conjunto estável no Theatro Municipal do Rio de Janeiro, na metade do século XX, a dança no Brasil caracterizava-se por turnês de grupos europeus importantes, que incluíam artistas, cenários e técnicos. Foi em 1936, com a criação do corpo de baile do Theatro Municipal por Maria Olenewa, que é aberta uma escola de formação digna desse nome. Como nos Estados Unidos, nos anos 1930, o desenvolvimento da dança no Brasil deveu-se, nos anos 1940, à influência dos balés russos e, principalmente, à influência da companhia Original Ballet Russe, de Monte Carlo, que, por causa da Segunda Guerra Mundial, prolongou sua permanência na América Latina e se apresentou, em 1942, 1944 e 1946, em São Paulo e no Rio de Janeiro.

Os artistas que deixaram a companhia para se instalar nesta parte do mundo estariam na origem das primeiras escolas de dança no Brasil e na América do Sul: Tatiana Leskowa, Nina Verchinina, Juliana Iana Lieva, Iarek Chabeleski, no Brasil; Tamara Grigorieva e Vladimir Irman, na Argentina; Dimitri Rostov, no Peru.

Nos anos 1950, sob a influência de Maria Olenewa e do tcheco Veltcheck, vários balés são montados com música dos compositores brasileiros Francisco Mignone, Dinorah de Carvalho, José Siqueiras, Camargo Guarnieri, Villa Lobos e outros. Foi durante esses anos e principalmente em torno do Conjunto Coreográfico Brasileiro que se formaram os melhores bailarinos brasileiros (Beatriz Costa, que foi para o New York City Ballet; Márcia Haydée, ex-diretora do Ballet de Stuttgart; Yelli Bittencourt, mestre de balé do Grand Théâtre de Genève), que os coreógrafos mais prestigiados vieram ao Brasil (Igor Hezov, Aurel Miloss, Leonid Massine, George Skibine) e que foi criado o que viria a ser o melhor grupo brasileiro, o Balé do IV Centenário, fundado em 1953, em São Paulo, pelo coreógrafo húngaro Aurel Milloss e a francesa Renée Grumiel, aluna de Kurt Jooss e Rudolf Laban, ambos de formação expressionista alemã.

Até os anos 1960, a temporada coreográfica brasileira permanecia rica e intensa. Uma companhia, como o Grand Ballet du Marquis de Cuevas, podia ficar até três semanas no Theatro Municipal do Rio de Janeiro com a casa cheia. E o público brasileiro podia apreciar as mais diversas criações: de George Balanchine, Paul Taylor, Doris Humprey, James Caton.

Hoje a situação é muito diferente, apesar da valorização da moeda brasileira desde 2003, que permite a vinda de grandes formações coreográficas internacionais. O Teatro Castro Alves, da Bahia, acolheu em 2010 o Ballet Imperial da Rússia, criado em 1994 por Maia Plisetzkaya, e a companhia de dança Sankai Juku do Japão, criada pelo coreógrafo Amagatsu Ushio em 1975.

Grupos coreográficos locais conseguem, em situações difíceis, patrocínios públicos oriundos do orçamento dos estados da Federação: Balé da Fundação do Theatro Municipal do Rio de Janeiro; Balé da Fundação do Teatro Guaíra, de Curitiba; Companhia de Dança do Palácio das Artes, de Belo Horizonte; Balé do Teatro Castro Alves, da Bahia.

As criações ou reprises provêm geralmente de duas instituições, que dispõem de uma central de produção: as fundações Teatro Guaíra, do Paraná, e Theatro Municipal do Rio de Janeiro. Alguns grupos coreográficos, patrocinados por empresas no âmbito das isenções fiscais autorizadas pela legislação, se distinguem: em São Paulo, o balé Stagium (de Marika Gidali, natural da Hungria), patrocinado pela Petrobras e pelo Instituto Camargo Correa; o balé Cisne Negro (de Helda Bittencourt), com patrocínio da Petrobras; em Belo Horizonte, o balé Corpo (de Rodrigo Pederneiras), patrocinado pela Petrobras; no Rio de Janeiro, o conjunto de Deborah Colker, com o apoio também da Petrobras.

No Nordeste, o único grupo estável e de qualidade é o corpo de balé do Teatro Castro Alves, subvencionado pelo estado da Bahia e ligado à Universidade da Bahia. O diretor artístico é o coreógrafo Paullo Fonseca. O balé passou por uma reformulação do seu estatuto em 2008.

Os festivais de dança permitem às companhias brasileiras se apresentar. Entre os mais importantes: o Festival de Dança de Joinville, em junho (28ª edição em 2010); o festival Solos de Dança, organizado pelo Instituto Cultural SESC de São Paulo, em março (11ª edição em 2010), sob a direção de Beatriz Radunsky; o Panorama Rio Arte de Dança, no Rio de Janeiro, uma iniciativa de Lia Rodrigues.

No Nordeste, dois eventos acontecem em outubro: a Bienal da Dança de Fortaleza (responsável: David Linhares), 7ª edição em 2010, e o Festival de Dança de Recife, 11ª edição em 2006, responsável: Arnaldo Siqueira). Essas iniciativas acolhem grupos estrangeiros, nos quais se distingue, com exclusividade, até hoje, a dança francesa e a alemã. Em Salvador acontece, desde 1977, uma manifestação eclética: a Oficina Nacional de Dança Contemporânea da Bahia, um evento coordenado desde a sua criação por Dulce de Aquino.

O Teatro Bolshoi criou uma escola em Joinville, no Sul do país, a única desse tipo fora da Rússia, e essa escola exerce uma influência importante na região Nordeste. No mês de janeiro de 2006, a escola realizou um teste de seleção para a outorga de bolsas em sua sede com 4 mil crianças da rede escolar da Bahia, entre 9 e 12 anos. Esse tipo de exercício ocorre em intervalos regulares em outros estados da região (Pernambuco, Paraíba, Maranhão). A coordenadora da escola é Sandra Ziemath. Com a participação de alunos oriundos do Nordeste que estão há sete anos estudando no Bolshoi de Joinville (SC), uma turnê foi realizada na região em 2010, com apresentações em Teresina (PI), Recife (PE), Natal (RN) e João Pessoa (PB). Uma aluna da escola, Mariana Gomes, da Bahia, faz parte hoje do Ballet Teatro Bolshoi de Moscou.

Vários programas sociais utilizam a dança como suporte: o programa Dançando para não dançar, de Thereza Aguilar, formada na Alemanha e em Cuba, realizado nas favelas do Rio de Janeiro desde 1995, com a ajuda do Balé Nacional de Cuba e da escola de dança berlinense Staatliche Ballet Schule e com financiamento da Petrobras; o projeto Transatlântico, do coreógrafo Peter Dietz, natural da Dinamarca, em três capitais do Nordeste (Recife, Salvador e Fortaleza), a partir de 2001, com a contribuição da companhia Paulo Ribeiro, de Portugal; a Edisca, Escola de Dança e Integração Social para a Criança e o Adolescente, grupo coreográfico com trezentos jovens adolescentes das populações pobres de Fortaleza, que recebe um financiamento da Fundação Ayrton Senna e do BNDES e realiza várias turnês no exterior. A Ópera de Paris ofereceu, em 2003, bolsas de três meses a cerca de 12 alunos da Edisca, quatro deles fazem hoje parte da escola de dança da Ópera de Paris. A Edisca se apresentou em novembro de 2002 em Paris, a convite da Unesco.

O LIVRO E A EDIÇÃO

O Brasil, país cuja cultura se exprime principalmente por meio da música, não tem tradição literária, como a Argentina ou a Colômbia. Em apenas um terço dos seus municípios há uma livraria. Segundo uma pesquisa da *Gazeta Mercantil* de 8 de novembro de 2005, o brasileiro lê menos de dois livros por ano (oito na França, cinco nos Estados Unidos); para cada quatro brasileiros de mais de 15 anos, três não leem nenhum livro. O mercado é constituído de aproximadamente 20 milhões de leitores (para 180 milhões de habitantes).

Nessas condições, a situação do livro e da edição na região Nordeste, onde a taxas de analfabetismo e de pobreza são as mais altas do país, parece particularmente precária, apesar de uma tradição original, a literatura popular ou literatura de cordel, que transmite as cantigas, os poemas e as histórias do povo nordestino pelo próprio povo, um pouco como a arte naïf em relação à arte.

No mês de dezembro de 2004, o governo federal isentou o livro e a edição de diversas taxas, medida que contribuiu para uma redução da ordem de 10% no preço do livro para os consumidores. No mês de maio de 2005, sob o incentivo de José Sarney, senador pelo Amapá, ex-presidente da República e líder político do Maranhão, foi criado um programa em favor da leitura: o BNDES Prolivro. Os editores acompanharam todo o processo, destinando para o fundo uma contribuição correspondente a 1% do preço de venda do livro. O Ministério da Cultura, com o apoio da Unesco, lançou em 2005 um vasto programa em favor da leitura, "Viva Leitura", com a abertura, entre 2005 e 2008, de 1.600 bibliotecas, das quais 600 em zonas rurais, privilegiando a região Nordeste.

Bienais internacionais do livro são organizadas em Salvador, Recife, Natal, João Pessoa, Fortaleza e Maceió, e associam, no caso das três primeiras, escritores estrangeiros. Porém, essas manifestações não têm o mesmo impacto que as bienais do Rio de Janeiro e, sobretudo, de São Paulo. Uma grande parte dos visitantes é de estudantes, em visitas organizadas pelos estabelecimentos de ensino.

O mercado editorial brasileiro é limitado. Dois terços dele dependem das encomendas escolares do governo federal. A produção editorial é análoga em volume a de um país como a Holanda, com 13 milhões de habitantes. O pequeno consumo per capita acarreta tiragens limitadas e encarece a produção. A maior parte das tiragens está hoje em torno de 3 mil exemplares, com exceção dos livros religiosos (*gospel*) que chegam a 30 mil exemplares. No Nordeste, um evento literário, o Fliporto, inspirado no festival de literatura de Paraty (RJ), que aconteceu há seis anos em Porto de Galinhas (PE), mudou-se em 2010 para Olinda. Organizado pelo escritor pernambucano Antônio Campos, da Academia Pernambucana de Letras, o evento reuniu cerca de 50 mil pessoas em novembro de 2010.

A geração atual de romancistas brasileiros é de qualidade (Antonio Torres, Milton Hatoum, João Silvério Trevisan, Mário Pontes, Contardo Calligaris, Raimundo Carrero, Raduan Nassar, Carlos Heitor Cony). Todos são traduzidos no exterior em vários idiomas, como o foram seus antecessores Lygia Fagundes Telles, Antonio Callado, João Ubaldo Ribeiro, Ignácio de Loyola Brandão, Clarice Lispector, Jorge Amado, José Sarney.

A promoção dos escritores e a difusão de suas obras são melhor asseguradas pelos poderes públicos brasileiros e a edição está hoje presente nos principais salões internacionais. O Brasil foi o país homenageado no 18º Salon du Livre de Paris e será o país convidado na Feira de Frankfurt em 2013. A concentração do capital na indústria do livro criou uma dependência em relação a grupos editoriais espanhóis, soberanos para decidir se um autor será publicado apenas em seu próprio país ou se ele pode alcançar o mercado latino-americano ou internacional. Como no passado, com exceção do fenômeno Paulo Coelho (cujo romance *O Zahir* vendeu 8 milhões de exemplares simultaneamente em 83 países), os escritores brasileiros são conhecidos no exterior graças essencialmente ao trabalho realizado por alguns agentes literários (Anne-Marie Metaillé, na França; Carmen Balcell, na Espanha; Thomas Colchie, nos Estados Unidos; Ray-Gude Martin, na Alemanha) ou editoras especializadas (Schveden-Schveiner na Alemanha, Rey Keenuy na Grã-Bretanha, Paula Litmilova na República Tcheca).

As afinidades locais em matéria de leitura são para os bestsellers americanos, quase sistematicamente traduzidos, para os romances esotéricos, para as narrativas históricas, principalmente sobre a Idade Média e a Antiguidade, para a crítica cinematográfica e para as ciências sociais e humanas, com uma menção especial para a psicanálise.

Nesse contexto pouco propício, a literatura e a cultura francesas ocupam, nos meios universitários e intelectuais do Nordeste, um lugar privilegiado, do qual procede, em larga medida, a influência da França na região. Nas melhores universidades do Nordeste (universidades federais públicas), há uma porcentagem importante de professores formados na França (10% do corpo docente da Universidade Federal de Pernambuco). Dos 48 doutorados brasileiros do professor Maffesoli, dois terços estão no Nordeste, inclusive, em 2006, a secretária estadual da Cultura do Ceará e o presidente da Fundação Cultural do estado da Bahia.

A continuidade dessa situação privilegiada, considerando as evoluções recentes — a entrada de grandes editoras espanholas na edição brasileira, a extensão do ensino da língua espanhola, hoje obrigatória como segunda língua do ciclo secundário, a orientação crescente das editoras universitárias para os autores norte-americanos, mesmo no campo das ciências sociais e humanas —, só poderá ser preservada se a França observar uma política dinâmica, coerente, estável e séria, reunindo editores, tradutores, escritores e universitários, política cujo custo anual excede claramente os recursos de que dispõe atualmente a cooperação bilateral fomentada pelo Ministério francês de Relações Exteriores nesse campo. Ela passa por uma mobilização dos escritores franceses, hoje reticentes, com certa razão, considerando as condições materiais pouco atraentes que lhes são oferecidas pelo governo francês para viajar ao Nordeste brasileiro. Exige, também, que seja valorizado o departamento de imprensa das representações consulares francesas no Brasil, fragmentado, sem ambição intelectual nem formação literária. Ela convida, enfim, a uma participação muito mais ativa da direção do livro do Ministério francês da Cultura. Não é normal que esse ministério fique à margem de uma ofensiva internacional desse tipo.

A COOPERAÇÃO INTERNACIONAL

INTRODUÇÃO

As prioridades da cooperação francesa em favor dos países da África e, em menor escala, por questões de soberania, das nações do Caribe e da Oceania, aos quais se destina a maior parte dos recursos, e as estruturas dessa cooperação não permitiram a continuidade das importantes ações realizadas no passado na região do semiárido e do Nordeste do Brasil.

Enquanto a cooperação científica desenvolveu-se consideravelmente, a ajuda técnica no meio rural dessa região declinou progressivamente, e essa diminuição fez parte de um movimento maior de enfraquecimento real da cooperação francesa, tal como no plano de ensino do francês, em razão de recursos em constante diminuição, o que contrasta com o dinamismo da cooperação realizada nessa região pelos principais países: Estados Unidos, Alemanha, Itália, Portugal e Japão.

Em relação à Grã-Bretanha e à Espanha, ainda sem uma presença real na região, existe atualmente uma retomada de influência através dos programas da União Europeia, principalmente os acadêmicos (Alban, Alpha), que lhes são muito favoráveis, e também por conta de iniciativas como o programa Ibermédia, ou a criação de uma Fundação Europa-América Latina-Caribe (EU-LAC), no molde da Fundação Anna Lindh para a região mediterrânea, criada durante a cúpula União Europeia-América Latina, em Madri, em maio de 2010. A esse respeito, a influência desses países no Nordeste vai muito além dos recursos limitados que eles destinam no contexto de sua cooperação bilateral. O governo espanhol prometeu investir, segundo *O Globo* de 7 de junho de 2010, 50 milhões de reais até o fim de 2011 em segurança alimentar e nutricional no semiárido do Nordeste, dos quais 19 milhões serão usados para a construção de 10 mil cisternas.

A cooperação desenvolvida pelos Estados Unidos é mais difícil de avaliar. Ela é importante quanto ao financiamento e aos intercâmbios comerciais (principal mercado de exportação) e é, sem dúvida, relativamente limitada em termos de influência por causa da memória ainda viva, principalmente nos meios intelectuais, universitários e artísticos, de políticas latino-americanas impopulares no passado e por causa, hoje, de uma política exterior que suscita a hostilidade da mídia e das principais autoridades, sem mencionar os litígios comerciais, em razão das subvenções norte-americanas em favor de cinco produtos agrícolas (milho, soja, algodão, trigo e arroz).

A agência do Canadá para o desenvolvimento inaugurou em 2005 um escritório regional em Recife e reorienta sua cooperação para o Nordeste, que deverá receber a metade do orçamento atualmente destinado ao Brasil (6 milhões de euros). Em 2006, um financiamento da ordem de 10 milhões de dólares foi destinado ao município de Salvador para um projeto de urbanização que favoreceu 350 mil habitantes. O Canadá recebeu, em 2005, o maior número de estudantes brasileiros, ultrapassando pela primeira vez os Estados Unidos.

A agência de cooperação internacional do Japão fomenta um programa ambicioso de ajuda e de financiamento na zona rural em quatro estados (Pernambuco, Paraíba, Bahia, Piauí), no setor de saneamento básico (31 milhões de dólares em 2005 para encanamento de água em 24 municípios rurais de Sergipe) e no setor de energia eólica no Ceará.

A China abriu câmaras de comércio e indústria no Maranhão (maio de 2004) e no Ceará (setembro de 2004) e deve abrir em breve um consulado em Recife para o Norte e Nordeste. É o país estrangeiro que recebeu, em 2005, o maior número de delegações do Nordeste, mas o interesse chinês pelo mercado brasileiro está limitado à salvaguarda e a garantia do fornecimento de matérias-primas (minério de ferro, principalmente). A concorrência que este país exerce, por outro lado, no setor têxtil e de produtos manufaturados determina estreitos limites sobre a influência que seu crescimento e sua estatura na cena internacional poderiam permitir.

A Rússia renovou seu interesse pela região depois de ter fornecido as turbinas da Central Hidrelétrica de Paulo Afonso, no rio São Francisco. Uma delegação de empresários do Nordeste foi a Moscou em junho de 2004 e um acordo de cooperação foi assinado na ocasião com a Federação de Comércio local e a Câmara de Comércio e da Indústria de Moscou. Uma missão comercial russa esteve em Recife no mês de novembro de 2004.

A cooperação com a França, Alemanha, Itália, Estados Unidos, Portugal e Cuba, bem como as relações com os países da Ásia e do Pacífico e também com a África serão estudadas nos capítulos seguintes.

INTRODUÇÃO
OS PRINCIPAIS PARCEIROS INTERNACIONAIS

A COOPERAÇÃO COM A ALEMANHA

Em sua cooperação com o Brasil, a Alemanha privilegia, hoje, uma abordagem ambiental e social e orienta suas prioridades para as regiões Norte e Nordeste, após ter favorecido por quarenta anos o Sul do país, sede de sua comunidade e de suas principais implantações industriais. Prova disso a reunião, pela primeira vez no Nordeste desde sua criação em 1973, da Comissão Mista Econômica Alemanha-Brasil, que aconteceu em Fortaleza entre 3 e 5 de julho de 2005.

A comissão mista

A reunião da comissão mista foi precedida por uma missão econômica composta por empresários dos principais estados do Nordeste à Alemanha. A missão participou, em Berlim, de um seminário sobre as perspectivas de investimentos no âmbito de projetos mistos (público/privado) nos setores das energias renováveis, da economia solidária, dos transportes e da formação profissional. Aproximadamente cem empresários participaram desse evento.

Os industriais alemães, cujos investimentos no Brasil aumentaram sensivelmente em 2009 (US$ 2,47 bilhões, contra US$ 1,3 bilhão em 2008), mencionaram, por ocasião da reunião, a insuficiência das infraestruturas portuárias brasileiras, os entraves burocráticos e o peso da carga fiscal. A Alemanha durante muito tempo foi o principal investidor estrangeiro no Brasil, mas perdeu essa posição no fim dos anos 1980, por causa da maior abertura do Brasil a investimentos estrangeiros e da prioridade alemã com a integridade da Alemanha oriental.

As prioridades

No âmbito regional, a cooperação alemã privilegia quatro setores:

- **As energias renováveis e alternativas (eólica, solar, a diesel orgânico)**

As iniciativas se situam dentro dos termos do acordo assinado em novembro de 2003, por ocasião da visita ao Brasil do presidente alemão. Este acordo previa um financiamento da ordem de 10,6 milhões de euros para projetos de energia alternativa nos estados do Norte e Nordeste que participam do Proinfa (Programa de Incentivo às Fontes Alternativas de Energia Elétrica).
A empresa Wobben (filial de Enercon, que assegura 42% da produção de energia eólica na Alemanha) dispõe de uma unidade de produção de aerogeradores que exporta 90% da produção. Ela explora um projeto piloto, iniciativa da Companhia Hidroelétrica do São Francisco (Chesf).
O grupo Fuhrlander anunciou, por ocasião dessa reunião, um programa de investimentos no Ceará da ordem de 130 milhões de dólares, com a colaboração do Banco do Nordeste. Cerca de vinte técnicos e engenheiros brasileiros vão à Alemanha, no âmbito desse programa, para formação. Três aerogeradores (com capacidade instalada de 31 mW, 57 mW e 16 mW) serão instalados em conjunto com a Eletrobras. Essa mesma empresa desenvolve dois parques no Rio Grande do Norte (100 mW e 50 mW).
A prefeitura de Fortaleza, a Mercedes-Benz, a Universidade Federal local (UFCE) e a secretaria da Ciência e da Tecnologia

do Ceará realizam, no âmbito de um protocolo de intenção assinado em Nuremberg, em fevereiro de 2005, por ocasião da BioFach, uma cooperação no setor de transporte urbano. A título de experiência, 12 ônibus são abastecidos com 20% de diesel orgânico. Uma experiência similar, a partir do metanol brasileiro, é feita paralelamente no município de Dortmund.
Por ocasião da visita, em abril de 2006, do diretor-geral da Agência Alemã (DED), Jurgen Wilhelm, uma orientação prioritária foi concedida à região Nordeste, principalmente com relação ao desenvolvimento do biodiesel (apoio a 2.800 famílias de Pernambuco para a fabricação do óleo de mamona).

- **Esgotos e saneamento básico**

A Alemanha participa do financiamento de diversas operações no Piauí para sanear 83 municípios rurais, depois da visita de especialistas alemães em novembro de 2003. O banco alemão (KWF) fez uma doação de 5 milhões de euros ao programa federal local Fome Zero, no âmbito das ações realizadas neste estado desde 1975, pela ONG alemã Kolping.
No Rio Grande do Norte, depois da visita a Frankfurt do governador, em abril de 2004, e nos termos de um financiamento da KFZ de 70 milhões de dólares, durante 20 anos, infraestruturas de base são realizadas favorecendo 135 mil habitantes dos bairros pobres.

- **Apoio às associações comunitárias**

O governo do Ceará criou, inspirando-se no exemplo da Alemanha, uma Secretaria de Desenvolvimento Regional e Rural com o objetivo de facilitar a realização de projetos comunitários. Foi com o apoio alemão que se desenvolveu, a partir de 1991, numa comunidade pobre da periferia de Fortaleza, a experiência do Banco Palma, instituição financeira popular que funciona como uma cooperativa de crédito, tida como exemplar pelo altermundialismo.

Com o apoio de uma organização católica alemã, Misereor, no início dos anos 1970, foram adquiridas terras em Sergipe para comunidades pobres, um projeto do arcebispo de Aracaju, monsenhor Luciano Cabral Duarte.

A Confederação Alemã das Cooperativas (DGRV) intervém no Nordeste desde 2003. Sediada em Recife, ela fornece assistência para a criação de cooperativas de crédito nos municípios de Pernambuco desprovidos de agência bancária. O microcrédito rural, pouco rentável, não suscita muito o interesse das grandes instituições bancárias (fora o Banco do Nordeste).

A região concentra 44% das cooperativas do país, quase todas nos estados do Piauí, de Pernambuco, do Ceará, da Bahia, segundo o Atlas da Economia Solidária, publicado pelo Ministério do Trabalho, em 27 de setembro de 2006.

- **A luta contra a desertificação**

A desertificação atinge um quarto da superfície dos estados de Sergipe, Pernambuco, Ceará e a metade da Paraíba, uma região rica em biodiversidade e densa em população.

Por ocasião da 1ª Conferência Sul-Americana sobre Desertificação, que aconteceu em Passaré (Ceará), em agosto de 2004, a agência de cooperação alemã GTZ se comprometeu a financiar o programa de ação brasileira de luta contra a desertificação com uma verba de 1,75 milhão de euros entre 2005 e 2007. A participação da GTZ no período entre 2002 e 2004, na luta contra a desertificação e a pobreza da região do semiárido é estimada em 15 milhões de euros.

Além da Alemanha, os Países Baixos e a Itália (cooperação empreendida pela região Emilia-Romagna) aportam colaborações financeiras às principais organizações não governamentais que lutam contra a desertificação no Nordeste.

- **As formações doutorais**

    Por iniciativa do Serviço de Intercâmbio Acadêmico Alemão (DAAD) e da Capes, as 11 universidades federais do Nordeste e as de Mato Grosso e do Norte (Amapá, Amazonas, Pará, Rondônia, Roraima) elaboram um projeto de integração em rede no nível das formações doutorais.

    Sete reitores das universidades do Nordeste foram convidados, em maio de 2004, à Alemanha pelo DAAD, com um representante da Capes, para visitar várias universidades (Bonn, Göttingen, Bremen, Berlim) e foram recebidos nos ministérios da Ciência e da Tecnologia e da Educação. Uma reunião complementar e ampla foi organizada pelo DAAD e pela Capes em Recife com o objetivo de proceder a uma avaliação das especializações e potencialidades de cada universidade federal do Norte e Nordeste, segundo critérios objetivos (número de doutores, trabalhos publicados etc.). Ao fim desse exercício, centros de referência foram identificados nas áreas, principalmente da saúde, do meio ambiente, da engenharia, das ciências da água e das ciências sociais.

    Esse programa permitirá um trabalho em rede: a Capes se responsabilizará pelas bolsas destinadas aos professores das universidades do Nordeste convidados a esses centros de excelência e o DAAD financiará a vinda de professores alemães para cada um dos centros de excelência identificados.

    Segundo o diretor do Serviço Alemão, Friedhelm Schwamborn, que acompanhou os reitores em sua visita à Alemanha e participou da reunião plenária em Recife, o DAAD desejaria reequilibrar a distribuição geográfica de seus financiamentos no Brasil, dos quais mais de dois terços se destinam aos estados do Sudeste (São Paulo, Rio de Janeiro, Minas Gerais, principalmente).

Segundo o reitor da Universidade Federal do Maranhão, Fernando Antonio Guimarães, a iniciativa alemã, que inteligentemente associou reitores em início de mandato (período de cinco anos), foi muito bem recebida pelas universidades federais, confrontadas com dificuldades financeiras crescentes. Esses polos de excelência poderiam ser oportunamente associados ao projeto de rede de laboratórios criado no âmbito da cooperação francesa.

* * *

A cooperação alemã no Nordeste procede de preocupações sociais e ecológicas (energias renováveis, proteção ao meio ambiente). Essa região não representa para a Alemanha um interesse econômico importante, com raras exceções, como a fábrica de pneus Continental, em Camaçari (Bahia), cujo investimento é estimado em 300 milhões de dólares. A região permanece marginal tanto no setor dos investimentos quanto no dos intercâmbios comerciais. Entretanto, o desenvolvimento do diesel orgânico e o das energias renováveis, sobretudo a eólica, para a qual a Alemanha é uma referência, suscitam, por parte da cooperação alemã, um interesse novo pela região Nordeste, zona geográfica prioritária das organizações não governamentais alemãs.

A COOPERAÇÃO COM A ITÁLIA

A cooperação bilateral não conta, no Nordeste, com uma comunidade italiana de imigração recente, ao contrário de São Paulo e dos estados do Sul (Rio Grande do Sul, Santa Catarina).

Estima-se em 25 milhões o número de brasileiros de origem italiana, imigração que influenciou profundamente os usos e costumes da população local e deu vários artistas ao Brasil (Dorival Caymmi, José Pancetti, Cândido Portinari, Alfredo Volpi, Victor Brecheret Enrico Bianco, Eliseu Visconti, Mario Zanini...). Muitas personalidades políticas brasileiras possuem hoje a nacionalidade italiana: José Serra, Eduardo e Marta Suplicy, Rubens Ricúpero, Delfim Netto, Itamar Franco, Antonio Palocci, Aluízio Mercadante. Até a esposa do presidente Lula da Silva e do cantor Gilberto Gil conseguiram a dupla nacionalidade.

A representação consular italiana estabelecida em Recife, cuja circunscrição inclui, além dos nove estados do Nordeste, os do Pará e da Amazônia, estima em 200 mil o número de descendentes de italianos que vivem na região, ou seja, 0,4% da população.

Religiosos e missionários

Muitos missionários e religiosos se estabeleceram na região durante os anos 1950 e 1960. Eram ligados à Companhia de Jesus e à Ordem dos Capuchinhos em sua maioria e, com frequência, estiveram envolvidos nos conflitos agrários. Vários deles foram expulsos ou tiveram de deixar o país na época da ditadura militar. Leonardo Boff, um dos mentores da Teologia da Libertação, frei Damião (1898-1997) e frei Betto, ex-conselheiro do presidente Lula, são descendentes de italianos.

Turismo

O fluxo turístico proveniente da Itália cresce, facilitado pelos investimentos italianos no setor de turismo no litoral, principalmente em Trancoso e Salvador (Bahia) e nos estados do Ceará e do Piauí (delta do Parnaíba, Parque Nacional da Serra das Confusões).

Apesar dos importantes investimentos na região no plano econômico, a cooperação italiana se concentra com prioridade na cooperação descentralizada, priorizando os grandes problemas sociais.

Um programa de atração de investimentos italianos em cultura, turismo, ações sociais, energias renováveis e desenvolvimento sustentável foi implantado em agosto de 2007 com as prefeituras de Bolonha e Nápoles. Uma missão cearense foi à Itália em outubro de 2007 com a prefeita de Fortaleza e a presidente da Fundação de Cultura, Esporte e Turismo. Convênios foram assinados com a prefeitura de Bolonha para programas culturais voltados à população jovem de baixa renda em Fortaleza. Em dezembro de 2007, a Câmara de Comércio de Milão organizou um encontro Brasil Nordeste-Itália, com a participação dos vice-governadores dos estados do Cerá e do Maranhão.

Investimentos

A Itália instalou em Recife, em maio de 2006, no seio da Federação das Indústrias de Pernambuco, uma câmara de comércio, de indústria e de agricultura por ocasião da visita de uma missão de empresários italianos.

Os principais investimentos atuais na região provêm do grupo Mossi e Ghisolfi, em Pernambuco, no complexo portuário do Suape, para uma usina de material plástico (da ordem de 1,2 bilhão de euros). Esse grupo possui duas usinas no Brasil compradas da Rhodia (Rhône Poulenc) em 2002, em Minas Gerais e em Pernambuco (Cabo de Santo Agostinho). A empresa Danielli participa da realização de uma usina siderúrgica no porto de Pecém (Ceará) com a firma coreana Dongvuk Steel e a companhia mineradora brasileira Vale, investimento avaliado em 450 milhões de dólares, para uma produção anual da ordem de 1,5 milhão de toneladas de aço, com a garantia da agência pública SACE (Servizi Assicuraviti del Commercio Estero) e a contribuição de um banco privado italiano. A Fiat anunciou um investimento de 3 bilhões de reais para uma fábrica no complexo industrial de Suape, com capacidade de produção de 200 mil veículos a partir de 2014.

Cooperação descentralizada

O 1º Fórum da Cooperação Descentralizada Itália-Brasil aconteceu em setembro de 2005, em Turim, copresidido por Marcelo Déda, na época prefeito de Aracaju (hoje governador reeleito de Sergipe), e por Sergio Chiamparino, prefeito de Turim, com a participação do secretário estadual da Bahia para a Luta contra a Pobreza e a presença de dois ministros brasileiros. Setores prioritários foram identificados nessa ocasião: a infância e a adolescência pobres, a organização do território, as biodiversidades, o direito das mulheres, a cooperação descentralizada.

As principais ações da cooperação descentralizada italiana são as seguintes:

- Criação de cooperativas de pequenos agricultores em Maragogi, Alagoas, com a contribuição da província autônoma de Trento e a ajuda europeia desde 2001, e no Piauí, favorecendo 11 comunidades rurais (um orçamento estimado em 2005 em 150 mil euros);

- Ajuda a organizações não governamentais na luta contra a desertificação do Nordeste, fomentada pela região Emilia-Romagna;

- Preservação da biodiversidade da Amazônia, na região do semiárido do Nordeste (caatinga), e do cerrado, com o Instituto Agronômico para Ultramar de Florença (Istituto Agronomico per l'Oltremare), o Ibama e a Embrapa;

- Programa de irrigação que favorece comunidades rurais da Bahia e do Piauí na região da serra dos Dois Irmãos, prevendo:

    — a construção em 2005/2006 de quinhentas cisternas domésticas para captação das chuvas, com o financiamento da cooperação descentralizada italiana da ordem de 300 mil euros, sendo que a execução do programa foi confiada à ONG toscana Ucidep;

    — A construção de 332 cisternas domésticas, com um financiamento da região toscana (dez províncias e 118 comunidades), a fundação italiana MPS e um fundo de pensões, chegando a 205.720 euros, sob a responsabilidade da ONG Corpe.

- Programa de formação profissional no setor têxtil em Sergipe e na indústria de calçados da Paraíba, com o auxílio da província de Milão, depois de uma missão no Nordeste da Agência para Relações Internacionais da cidade de Milão;

- Fornecimento de equipamentos de informática para a prefeitura de Teresina (Piauí) e comunidades escolares, com a participação da Fundação Torini, de Brescia, e o envio de dois voluntários italianos;

- Cooperação no setor da restauração de prédios antigos, com a cidade de Veneza e a contribuição da Caixa Econômica Federal, depois da missão em Recife de uma delegação italiana em maio de 2004. Ligados a esse projeto, setenta jovens brasileiros foram estagiar em Veneza.

Em agosto de 2008, uma missão de técnicos italianos visitou o Piauí e elaborou uma agenda de ações com prazo a ser cumprido atá 2011. O objetivo da cooperação Piauí-Itália é desenvolver projetos que incluam as cadeias produtivas da apicultura, cajucultura, biodiesel, além do setor do turismo, com a participação das províncias de Emilia-Romagna, Toscana, Marche e Umbria.

Cooperação bilateral

Nos meses de junho e outubro de 2004, o Ministério de Relações Exteriores da Itália aprovou o financiamento de três projetos no Brasil, totalizando 2,5 milhões de euros, dos quais 2 milhões na região Nordeste;

- Um financiamento de 844.474 euros para um centro de crianças e adolescentes em situação de risco, que a ONG italiana VSI mantém em Salvador (Bahia), no bairro insalubre de Novos Alagados, em favor de mil recém-nascidos, crianças e adolescentes;

- Um financiamento de 666.314 euros para a formação profissional de 75 educadores sociais (30-49 anos) e de mil jovens (15-25 anos) e a realização de uma rede de solidariedade em Salvador. O governo italiano deu continuidade a sua ajuda em favor do projeto Axé (120 mil euros por ano aproximadamente), que favorece 1.547 crianças e adolescentes, de 5 a 21 anos. Esse projeto social, de referência mundial, premiado em 2005 pelo Fundo das Nações Unidas para o Meio Ambiente, foi criado em 1990 em Salvador por iniciativa de um cidadão italiano de Florença, Cesare de Florio La Rocca, com a ajuda da União Europeia e da Fundação Kellog.

Até hoje, 13.200 crianças e adolescentes tiveram acesso a esse benefício social. O governo italiano efetuou, em dezembro de 2005, uma doação de 5 milhões de euros para o programa Viver Melhor, destinado, a partir de 2006, aos melhoramentos das infraestruturas de 28 cidades da Bahia, favorecendo 3 milhões de pessoas, cofinanciado pelo Banco Mundial (49,3 milhões de dólares) e pela Caixa Econômica Federal.

Deve-se acrescentar a esse papel muito vivo da cooperação italiana no Nordeste várias ações pontuais destacadas pela mídia local:

- O financiamento, em favor de pequenas empresas no Piauí, criado pelo Banco Ética, emanação do consórcio italiano Etimos, no setor do microcrédito, que favorece 20 mil famílias rurais;
- A implantação no Ceará, favorecendo empresas têxteis locais por iniciativa do Instituto Italiano para o Comércio Exterior, do modelo de consórcio criado pela Federação Italiana de Consórcios para a Exportação (Federexport), em 1974, na Itália.

* * *

O orçamento alocado aos projetos aprovados e financiados pelo governo italiano, em junho e outubro de 2004, no âmbito da cooperação técnica bilateral, da cooperação descentralizada e das organizações de solidariedade, ultrapassou em 2005/2006 os 2,5 milhões de euros para a região Nordeste, sem mencionar o aporte italiano por intermédio da União Europeia e das instituições multilaterais.

A COOPERAÇÃO COM PORTUGAL

As relações históricas e a comunidade linguística conferem a Portugal um lugar privilegiado na cooperação com o Brasil, país que ocupa uma posição especial no imaginário português.

"Se o Portugal é o passado do Brasil, o Brasil é o futuro do Portugal", observou o escritor Luís Filipe Castro Mendes. Apesar das relações antigas, a cooperação econômica com aquele país é relativamente recente (fim dos anos 1990). Em 1995, o Brasil ocupava a 21ª posição para os investimentos portugueses; em 2000, a 3ª posição. De 1998 a 2001, os investimentos de Portugal ultrapassaram 12 bilhões de euros, segundo o Banco do Portugal (15º lugar no ranking dos maiores investidores no Brasil). Em 2009, os investimentos portugueses somaram US$ 384 milhões (US$ 519 em 2008), menos de 1,5% dos investimentos estrangeiros. A retração foi resultado da crise internacional.

A região Nordeste recebe uma parte importante desses investimentos, da ordem de 4%. Portugal é o primeiro investidor estrangeiro na região. Uma câmara de comércio Brasil-Portugal está presente nos principais estados (Ceará, Pernambuco, Bahia). É o único país estrangeiro que mantém duas representações consulares no Nordeste (Recife e Salvador). É o primeiro emissor de turistas para a região, junto com os Estados Unidos. A companhia aérea portuguesa TAP, dirigida por um brasileiro, Fernando Pinto, é a única que opera voos regulares diários, ou quase diários, para as principais cidades da região (Natal, Fortaleza, Recife, Salvador).

Os principais investimentos se referem ao setor de energia, depois da privatização da companhia de energia do Ceará, adquirida pelo consórcio Distriluz (Endesa+Eletricidade do Portugal), de telefonia (Portugal Telecom), de construção civil, de hotelaria e de turismo (grupos Pestana, Catarino Espírito Santo). Estima-se em quase 100 mil os membros da comunidade portuguesa residentes na região. Em sua aproximação com o Nordeste, Portugal se beneficiou dessa importante comunidade.

A população brasileira em Portugal em residência legal (137 mil) forma a maior comunidade estrangeira naquele país, representando cerca de 1% da população. O montante das remessas enviadas ao Brasil passaram de 8 milhões de euros em 1999 para mais de 269 milhões em 2005. Entretanto, o governo português se confronta com um problema crescente em suas relações com a região no plano da imigração, mantido por seus acordos com a União Europeia, embora inclinado a privilegiar a imigração brasileira por causa do desenvolvimento econômico, do qual se beneficiou desde sua entrada na União, em 1986.

As fundações Calouste Gulbenkian e Espírito Santo puseram em prática ações de cooperação com os principais estados da região, principalmente nas áreas de edição de obras de arte e de restauração dos edifícios coloniais portugueses, que as autoridades locais agora se preocupam em preservar.

A comunidade linguística facilitou a cooperação universitária e uma melhor difusão de autores da África lusófona no Brasil. A criação da Comunidade dos Países de Língua Portuguesa (CPLP), em 1996, formada por oito estados, por iniciativa do Brasil, e a inauguração em São Paulo do Museu da Língua Portuguesa em 2006, com a presença da ministra da Cultura de Portugal e do ministro de Relações Exteriores de Guinée-Bissau, testemunham a situação privilegiada de Portugal.

No mês de outubro de 2006, uma editora foi criada no Brasil, por iniciativa do escritor angolano José Eduardo Agualusa (Língua Geral), especializada em autores lusófonos, principalmente portugueses. A literatura africana de expressão lusófona começa a ser melhor conhecida no Brasil graças ao importante trabalho das editoras portuguesas e brasileiras. O Fórum das Letras realizado em

Ouro Preto (MG), promovido pela Universidade Fedral de Ouro Preto em novembro de 2010 (responsável: professora Guiomar de Grammont), teve a África lusófona como tema. Foram convidados escritores de Angola, Moçambique, Guiné-Bissau, Cabo Verde e São Tomé e Príncipe. Numa entrevista a *O Globo* do dia 6 de novembro de 2010, o escritor angolano, Luandino Vieira afirmou não gostar do termo "lusofonia" e declarou que "se vai existir comunidades dos países de língua portuguesa e se ela for assumida inteiramente por seus componentes, o Brasil será o líder".

A COOPERAÇÃO COM OS ESTADOS UNIDOS

Os Estados Unidos continuam sendo o principal interlocutor dos estados do Nordeste do Brasil. É o primeiro importador da região, assegurando entre a terça e quarta parte dos intercâmbios comerciais de cada um dos estados. É o principal parceiro das indústrias e dos centros de pesquisa e, ainda, o primeiro emissor de turistas, apesar de linhas aéreas insuficientes.

A memória da ditadura e o papel dos Estados Unidos na América Latina alimentaram, na realidade, um ceticismo por parte dos artistas e dos meios intelectuais em relação a Washington e uma aberta hostilidade dos principais movimentos agrários (Movimento dos Trabalhadores Sem-Terra, principalmente), que contrastam com a atração que continua a exercer nas classes médias locais o acesso ao mercado de trabalho norte-americano e, nos estudantes oriundos da burguesia local, o acesso às universidades.

Os Estados Unidos são polos tão atraentes para jovens cientistas estrangeiros que esse aporte exterior é um componente por si só do modelo americano de pesquisa: 35% dos bolsistas brasileiros do CNPq (Conselho Nacional de Desenvolvimento Científico e Tecnológico) estão nos Estados Unidos para fazer doutorados e pesquisas. A Universidade de Harvard abriu um escritório de representação em São Paulo, em junho de 2006, e a Universidade de Yale criou, desde 2005, um programa ambicioso de bolsas em favor de estudantes brasileiros por ela selecionados. Os serviços consulares norte-americanos no Brasil entregaram 22 mil vistos de estudante em 2005, dos quais 8.500 pelo consulado de Recife, competente para o conjunto do Nordeste. Aproximadamente 60 mil estudantes brasileiros foram estudar no exterior em 2005. O Canadá recebeu o número mais elevado desse contingente, ultrapassando os Estados Unidos pela primeira vez. Isso se deve, em parte, a uma maior facilidade para a obtenção do visto (centralizada na representação consular canadense de São Paulo, sem exige o comparecimento do candidato), menos rigidez e menos burocracia.

A importância das intervenções do Banco Mundial e do Banco Interamericano de Desenvolvimento na região e o ativismo das fundações norte-americanas nos campos de ajuda ao desenvolvimento e de cooperação em educação, como a iniciativa da Agência Americana para o Desenvolvimento Internacional (US Aid), temperaram um discurso crítico, herdado da época da ditadura militar, e que se renovou por ocasião da crise iraquiana, que revelou os abusos e os riscos do unilateralismo, e recentemente por ocasião da instalação de bases militares na Colômbia.

Os Estados Unidos sentem, embora não o admitam, toda a complexidade da dialética entre o prestígio, a influência e o poder.

A Fundação Kellog investiu em cinco estados do Nordeste (Bahia, Pernambuco, Ceará, Maranhão e Rio Grande do Norte) entre 1999 e 2010, no programa Conjuntos Integrados de Projetos, ações sociais para o desenvolvimento focalizadas na juventude. Foram investidos US$ 22 milhões, dois terços do orçamento para o Brasil. A fundação americana conseguiu mobilizar nesse período US$ 7,6 milhões oriundos de empresas, fundações e instituições regionais. Em 2008 a Kellog iniciou um programa (Projeto Raízes da África) para a promoção da equidade racial como forma de inclusão social, através da criação de um mecanismo sustentável de captação e aplicação de recursos, em conjunto com as organizações do Movimento Negro e o Centro de Estudos Afro-Orientais da Universidade Federal da Bahia. Em 2009, foi realizado o mapeamento de políticas, organizações e lideranças negras do Nordeste.

A Fundação Ford dirigiu uma atenção prioritária à economia agrícola e às ciências sociais rurais do Nordeste, através da Universidade Federal do Ceará (8,7 milhões de dólares corrigidos de 1960 a 2001), e às ciências da educação, por meio das universidades federais da Bahia e de Pernambuco (4,1 milhões de dólares corrigidos em 2001). A Fundação Ford criou, com a Comissão Fullbright, um programa especial, chamado Ford Foundation International Fellowship, bolsa de um ano para seis estudantes brasileiros a cada ano, com prioridade para a região Nordeste (a Fundação Carlos Chagas coordena o programa).

A Agência para Desenvolvimento Internacional (US Aid) fomenta vários programas na região do Nordeste:

- Pommar, Prevenção Orientada a Meninos e Meninas em Alto Risco, programa que favorece 60 mil crianças e adolescentes nas cidades de Recife, Fortaleza e Salvador. Através dele, a US Aid destinou 11 milhões de dólares a diversas ONGs locais (o programa é coordenado pela ONG Partners of the Americas, cuja sede fica em Recife, responsável: Stuart Beehler) em dez anos;

- Enter Jovem, programa de apoio à formação de 500 jovens por ano em Salvador (Bahia), ao desenvolvimento de energias renováveis (energia solar, biodiesel) e à agricultura orgânica no Ceará, ligado ao instituto local de desenvolvimento das energias renováveis (IERs); 3,5 milhões de dólares são destinados a esse programa;

- TIP (Trafficking in Persons), contra a prostituição e em favor da infância vítima de violência nos estados da Paraíba e da Bahia, com a ONG Partners of the Americas;

- Educar, em favor da proteção da infância, sobretudo a fim de evitar o trabalho de crianças, e para a formação de educadores e de formadores: 5 milhões de dólares foram alocados em quatro anos (2005-2009). A coordenação local desse programa é da responsabilidade da ONG Serviço de Tecnologias Alternativas (Serta).

A Fundação Bill e Melinda Gates financia a luta contra o vírus da Aids com o governo brasileiro, ao qual rendeu homenagem por sua política (*Gates award for global health*), a campanha contra a amaurose dos rios, e apoia o crescimento do crédito rural no Nordeste.

A COOPERAÇÃO COM CUBA

A qualidade das relações mantidas com Cuba pela classe artística brasileira, pelos políticos de esquerda e pelos movimentos agrários, reminiscências dos tempos de repressão e de exílio, contrasta no Nordeste, como no resto do Brasil, com as reticências abertamente manifestadas pelas classes conservadoras, geralmente oriundas da oligarquia fundiária, e pela mídia local, em relação à cooperação cubana. Essa cooperação, que conta de forma crescente com a ajuda da Venezuela, dirige-se, na região, às seguintes áreas:

Alfabetização

O governo cubano criou com as autoridades do Piauí um projeto em favor de três municípios por meio do programa Escola Ideal. O método cubano de alfabetização para adultos *(Yo, si puedo)*, premiado pela Unesco, é utilizado a título experimental em três municípios pobres do estado do Piauí, onde a taxa de analfabetismo da população com mais de 25 anos é superior a 50%, no contexto de um acordo assinado pelo ministro da Educação e o governo cubano em setembro de 2003. Os documentos audiovisuais foram gravados em Cuba por artistas brasileiros. O programa é coordenado por um professor cubano no Piauí. A prefeita de Fortaleza, Luizianne Lins (PT), anunciou em setembro de 2009 um programa de alfabetização popular inspirado no modelo cubano.

Vários dirigentes do Partido dos Trabalhadores mantêm elos estreitos com Cuba que datam de seu exílio nesse país durante a ditadura. O partido oferece a cada ano, segundo *O Estado de S. Paulo* de 31 de março de 2005, em torno de dez bolsas de estudo em Cuba para jovens brasileiros desfavorecidos.

Nas escolas do Movimento dos Sem-Terra de Pernambuco observa-se uma referência permanente a Cuba e o sonho de todos os jovens trabalhadores do movimento é ir estudar naquele país. Essa possibilidade é real desde a extensão dos auxílios oferecidos pelo governo cubano depois da 14ª sessão anual do acordo Brasil-Cuba em Recife, em junho de 2006. Participou, para a área de saúde, Aleida Guevara, filha de Che, a quem o Movimento dos Trabalhadores Sem-Terra reservou uma homenagem especial.

Medicina

O governo cubano ofereceu cem bolsas para estudantes brasileiros pobres que completaram o segundo ciclo da Escola Latino-Americana de Medicina — ELAM, criada em 1999, cuja sede fica em Havana.

Aproximadamente 600 estudantes brasileiros estudariam atualmente nesse estabelecimento, segundo uma declaração do ministro brasileiro da Educação, em março de 2005, em Havana, durante encontros pedagógicos. A primeira turma formada, composta de 1.610 médicos vindos de 28 países latino-americanos, é de 2005, sendo a maioria originária dos meios rurais. Por ocasião dessa formatura, a qual assistiu o presidente Hugo Chávez — provavelmente na origem do financiamento dessa instituição —, Fidel Castro anunciou que o objetivo até 2015 era a formação de 100 mil médicos no continente. O Conselho Federal de Medicina brasileiro é o grande opositor da legalização do diploma cubano e faz campanha contra a sua revalidação. Apenas 10% dos 300 brasileiros formados na ELAM de Cuba conseguiram legalizar sua situação e estão exercendo a profissão. Os alunos brasileiros bolsistas do governo cubano são selecionados por movimentos sociais e partidos políticos.

Estima-se em mil o número de médicos cubanos exercendo a profissão no Brasil, principalmente nas cidades do interior do Nordeste, onde o déficit é crônico. No estado de Pernambuco, conta-se um médico para 8 mil habitantes, segundo o *Jornal do Commercio,* de 7 de maio de 2004, enquanto a proporção estabelecida pela Organização Mundial de Saúde é de um para mil (um para quatrocentos em Cuba). Um número importante desses médicos cubanos trabalha nos movimentos agrários (MST, sobretudo).

A cooperação na área médica com Cuba é antiga na região. Em 1982, o atual senador do Rio Grande do Norte, José Agripino Maia (DEM), na época governador, instaurou um programa de medicina familiar no estado com a ajuda de médicos cubanos. A taxa de mortalidade infantil no Nordeste, em 2007, foi de 27,2 para cada mil crianças nascidas vivas; em Cuba, era de seis por mil.

Essa cooperação não se desenvolve sem dificuldades. Ela se deparou com a ausência de acordo quanto à equivalência dos diplomas e, por iniciativa do Conselho Regional de Medicina, a Justiça decretou, em abril de 2005, no estado de Tocantins, a expulsão de 93 médicos cubanos. Eles trabalhavam para um programa de saúde familiar que estava sendo realizado desde 1997. O convite feito a sessenta camponeses pobres do Piauí com catarata, para receberem tratamento gratuito em Havana (Cuba havia fretado um voo especial na ocasião), foi vivamente criticado pelo Conselho Federal de Medicina do Brasil. Essa iniciativa se inscreve no projeto misto Cuba-Venezuela para oferecer tratamento gratuito a 600 mil latino-americanos em 2006 e a 6 milhões em 2016. Haveria, atualmente, 2.600 médicos cubanos na América Latina e na América Central, dos quais aproximadamente seiscentos na Bolívia.

Na visita ao Ceará, em março de 2005, de uma delegação cubana, os responsáveis da empresa Cubanacan, que produz a vacina contra a meningite B, expressaram seu desejo de assinar, com as principais universidades federais da região, acordos de cooperação para pesquisa análogos ao assinado com a Universidade Federal do Rio de Janeiro. Uma cooperação em biotecnologia é estudada com a Universidade Federal de Pernambuco.

Em dezembro de 2010, o governo cubano, por meio da empresa Heber Biotec, firmou um acordo com o laboratório farmacêutico público brasileiro EMS para a formação de uma empresa mista para a produção de remédios a partir da tecnologia e patentes desenvolvidas pelo Centro de Engenharia Genética e Biotecnologia de Cuba. Um investimento da parte da EMS de US$ 100 milhões.

Cooperação artística

É, sem dúvida, a área mais fecunda e duradoura da cooperação bilateral. A aproximação Cuba-Brasil aconteceu no final da década de 1970, começo dos anos 1980, através de um intercâmbio iniciado por Chico Buarque e Pablo Milanés. Depois, músicos cubanos se instalaram no Brasil e muitos artistas brasileiros estudaram em Cuba. Em torno de sessenta cineastas brasileiros, vários originários do Nordeste, se formaram em Cuba, na Escuela Internacional de San Antonio de los Baños e no Instituto Cubano del Arte e Industria Cinematográficos. O Festival Internacional del Nuevo Cine LatinoAmericano (32ª edição em 2010), que reserva um amplo espaço aos longas-metragens e aos documentários do Brasil, é uma manifestação que atrai a cada ano numerosos cineastas e produtores brasileiros. O roteirista e cineasta Orlando Senna, da Bahia, que foi secretário de Audiovisual do ministro Gilberto Gil, na Cultura, de 2003 a 2007, era professor na escola de cinema de Cuba.

No setor do livro e da edição, as relações são igualmente antigas, apesar do obstáculo linguístico. Mais de oitenta editoras brasileiras estavam presentes na Feira Internacional do Livro de Havana, em fevereiro de 2005, na qual o Brasil foi o convidado de honra.

É sintomático que 13 professores da Universidade Federal do Ceará (UFCE) tenham traduzido, em 2006, a obra de José Martí, *La Edad de Oro*, e que o município rural de Quixadá tenha comprado a primeira edição para distribuir nas escolas. A *Casa de las Américas* concedeu seu prêmio literário de 2006 a Ricardo Figueira, militante da Comissão Pastoral da Terra. Em 2005, 29 reitores de universidades federais foram a Cuba e, em 2006, em contrapartida, 25 reitores cubanos vieram ao Brasil.

Segundo a *Gazeta Mercantil* de 31 de janeiro de 2005, mais de um milhão de cubanos estudam o português do Brasil em Cuba.

Enfim, no campo da dança, a cooperação é antiga e de qualidade. O Ballet Nacional de Cuba oferece regularmente bolsas a bailarinos brasileiros e fomenta ações de formação e ateliês nos bairros pobres das periferias urbanas. Em maio de 2006, o balé, sob a direção de Alicia Alonso, apresentou-se em Maceió (Alagoas), Recife (Pernambuco) e Aracaju (Sergipe). Cubaballet é o nome do curso de intercâmbio cultural realizado pelo Centro Pró danza de Cuba, dirigido por Laura Alonso, filha de Alicia. São atividades que promovem a difusão do método cubano de balé clássico. O evento se realiza todo ano em janeiro, em São Paulo, no Espaço Cultural Eldorado. O representante no Brasil de Cubaballet é o produtor Rui Setta.

As manifestações de solidariedade a Cuba são frequentes na classe artística e nos meios universitários. No mês de junho de 2004, foi realizada em Salvador a 12ª Convenção Nacional de Solidariedade a Cuba, uma iniciativa da Fundação José Martí, na Universidade do Estado da Bahia. Artistas e produtores cubanos residentes no Brasil estão presentes em várias instituições e vários festivais. Amaury Wilson é apresentador da TV Cultura; o artista plástico Alexis Iglesias, no Brasil desde 1993, fundou a Escola Livre de Arte Havana, em São Paulo, em 2003; o cineasta Santiago Alvarez foi homenageado no Afro Film Festival, na Bahia, em 2010; a bailarina Sahylly Prasmanes é professora e coreógrafa no Centro de Artes Madeleine Rosay, no Rio de Janeiro; o compositor e músico Rodolfo de Athayde é radicado no Brasil, assim como o pianista Yaniel Matos; a ex-bailarina clássica Noemi Crosas é hoje produtora cultural no Brasil; Elena Herrera, diretora artística e regente da Ópera de Cuba, é diretora e regente titular da Orquestra Sinfônica da Paraíba etc.

As autoridades regionais e as mídias locais ficam, por vezes, incomodadas com ações um tanto invasivas da cooperação cubana e venezuelana na região, uma reação que mistura admiração real pelas conquistas sociais da revolução cubana; solidariedade inegável em relação a um país que é objeto de ostracismo e embargo por parte da primeira potência econômica mundial; ceticismo abertamente expresso contra a repressão e a institucionalização da ditadura e irritações crescentes contra uma interferência e uma ingerência julgadas excessivas no seio dos movimentos agrários da região e das populações rurais.

A COOPERAÇÃO COM A FRANÇA

Considerando os recursos que a França destina à sua cooperação externa (cultural, científica, técnica, universitária e educativa), o Brasil não representa um parceiro prioritário. Ele deve se situar hoje entre o 30º e o 40º lugar entre os seus parceiros internacionais, recebendo menos de 1% dos recursos geograficamente destinados à cooperação internacional pelo Ministério francês de Relações Exteriores e pela Agência Francesa para o Ensino no Exterior. A parte do Brasil na cooperação francesa seria ainda mais reduzida se fossem contabilizados os recursos complementares dos órgãos de pesquisa franceses, particularmente presentes na África; os empréstimos não reembolsados pela Caixa Central de Cooperação Econômica concedidos aos países africanos de língua francesa, principalmente os financiamentos da Agence Française pour le Développement; e o aporte francês na cooperação internacional realizada pela União Europeia (a contribuição francesa corresponde a 24,3% do Fundo Europeu de Desenvolvimento, que não beneficia o Brasil, e financia ações de cooperação em setenta países da África, do Caribe e do Pacífico).

Entretanto, o Brasil ocupa um lugar notável na cooperação francesa, por causa das relações privilegiadas herdadas de uma época em que a França era referência para as elites brasileiras.

Relações privilegiadas

A França exerceu uma influência determinante no processo de institucionalização das ciências no Brasil, como atestam o papel do positivismo e das teorias evolucionistas, a participação dos cientistas franceses na criação das principais instituições brasileiras de ciências biomédicas (segundo o modelo do Instituto Pasteur), de pesquisa física, de química aplicada, das grandes universidades (São Paulo, Rio de Janeiro), a presença de arquitetos franceses nas principais cidades (Le Corbusier, Montigny, Glaziou, Gire, no Rio de Janeiro; Vauthiers, em Recife; Pillon, Guilbert, em São Paulo; Guiton, Garcin, em Salvador).

Até a Segunda Guerra Mundial, a língua francesa era o segundo idioma da maioria dos intelectuais brasileiros e, frequentemente, o de sua escolaridade. Muitos artistas brasileiros se formaram na França, na École Supérieure des Beaux-Arts (Elizeu Visconti, Flavio Shiró, Saint-Clair Cemin, Domingos de Toledo Piza...), na Académie de la Grande Chaumière (Inimá José de Paula, Milton Dacosta, Antonio Bandeira, Bruno Giorgi, Quirino Campofiorito etc.), na Académie Julian (Georgina de Albuquerque, Ismael Nery, Nicolina Vaz de Assis, Tarsila do Amaral etc.) O Prêmio de Viagem à Europa foi, durante a Primeira República, a mais importante recompensa que um aluno da Escola Nacional de Belas-Artes podia ambicionar. Consistia basicamente em uma pensão de cinco anos. Vários artistas brasileiros têm, ou tinham, ateliês em Paris: o pintor baiano Emmanuel Zamor (1840-1917), o pintor cearense Antônio Bandeira (1922-1967), o desenhista pernambucano Carlos Scliar (1920-2001), Milton Dacosta (1915-1988), Cícero Dias (1908-2009), Juarez Machado, Sérgio Ferro, o escultor cearense Sérvulo Esmeraldo etc. O pintor e poeta pernambucano Vicente do Rego Monteiro (1899-1970) escreveu toda a sua poesia em francês. Ao longo da sua vida, oscilou em extensas temporadas entre Recife e Paris e, assim, foi um divulgador apaixonado das duas culturas. Para os cientistas brasileiros, o francês constituía o elemento de integração à comunidade científica mundial. A maior parte dos trabalhos científicos estrangeiros só era conhecida no Brasil através da tradução francesa. As coleções da biblioteca da Faculdade de Medicina da Bahia, a primeira do gênero no Brasil

(1808), são compostas por obras essencialmente francesas. É bastante sintomático que o fundador do Liceu Franco-Brasileiro de São Paulo, professor na Escola Politécnica desta cidade, tenha sido ex-aluno da École des Ponts et Chaussées de Paris.

A França, que teve um papel importante na emancipação intelectual das elites brasileiras com relação à tutela portuguesa e na formação de uma consciência política nacional, conserva uma influência real no plano político pela importância dos princípios democráticos que inspiram sua diplomacia na América Latina (direitos humanos principalmente, o que lhe valeu ser a terra de asilo de vários artistas, intelectuais, políticos e cientistas brasileiros). Também pela importância de suas posições no diálogo multilateral, sua determinação em favor do respeito ao Direito Internacional, sua militância pela salvaguarda da diversidade cultural, sua iniciativa em favor da proteção da biodiversidade e as prioridades concedidas aos mecanismos inovadores de financiamentos internacionais para a saúde pública nos países pobres.

É claro que a influência da França, ou pelo menos seu prestígio, se situa bem além do nível, relativamente baixo e em constante diminuição, dos recursos financeiros que destina à cooperação bilateral.

O ensino do francês em declínio

A situação do ensino do francês na região Nordeste, com relativa reserva para o estado da Bahia, não é satisfatória em razão da diminuição concomitante dos recursos destinados pela cooperação francesa a esse ensino e dos resultados cada vez mais medíocres observados ao longo dos vinte últimos anos.

Em 1980, havia um leitor francês em cada uma das oito universidades federais do Nordeste; hoje, nenhum. Em 1990, as Alianças Francesas da região contabilizavam 3.500 alunos. Em 2006, havia aproximadamente 2.300, uma redução da ordem de 30%, apesar de um forte crescimento demográfico. Na rede escolar, 23.500 alunos estudam a língua francesa, sendo a metade deles na Bahia, ou seja, 10% do número de estudantes de francês no Brasil.

As Alianças Francesas, verdadeiras embaixadas culturais no passado, são deixadas hoje à deriva em várias capitais regionais (Maceió, Aracaju, São Luís) e subsistem apenas graças à ação benevolente de brasileiros francófilos. A rede de Alianças Francesas no Nordeste mereceria um esforço maior dos poderes públicos franceses, de acordo com um programa descentralizado, que deveria fazer dessas escolas centros de excelência para o ensino do francês e para a formação contínua de professores.

No ensino superior e universitário, 5 mil estudantes seguem cursos de francês, ou seja, 1% dos alunos inscritos nessa região. Ainda deve-se observar que menos de 7% dos jovens de 18 a 24 anos estão inscritos no ensino superior no Nordeste.

O declínio do idioma francês tende a se acentuar apesar de as disposições favoráveis à França por parte das principais autoridades educativas, algumas fluentes em francês por sua formação na França (caso da secretária municipal da Educação de Recife em 2006), por causa das prioridades de base do sistema educativo local (alfabetização, evasão escolar), falta de recursos e de legislação favorável à língua espanhola, cada vez mais valorizada.

Entretanto, essa evolução não é em si tão problemática: constata-se, de fato, que 90% dos ex-bolsistas brasileiros diplomados doutores na França só aprenderam a língua francesa por causa de sua estadia no país. Há, então, uma separação quase hermética entre o ensino do francês nas Alianças e nas escolas, de um lado, e a cooperação universitária, científica e técnica, de outro. O professor Maffesoli, que tem no Brasil 45 doutores, dois terços dos quais no Nordeste, observa que a maioria de seus alunos não entendia o francês ao chegar à França. Essa observação aplica-se também aos bolsistas dos serviços econômicos das repartições consulares francesas no Brasil.

É, portanto, fundamental que a cooperação francesa consiga pôr em prática uma política mais ampla de intercâmbios universitários (bolsas, programas de pesquisa, convites, professores em residência, coedição etc.) e recenseie os antigos bolsistas e doutores formados na França para juntá-los numa associação regular dinâmica, pois, com exceção dos bolsistas da cooperação econômica, pouco se sabe das suas atividades após o retorno ao Brasil. Essa orientação deveria ser prioritária em relação a uma ilusão, levando-se em conta os recursos atuais da cooperação francesa e a situação precária desse ensino nas escolas públicas da região. Ela deve ser claramente explicada ao lobby principal, que são as associações de professores de francês (cerca de 150 no Nordeste), a fim de que esse corpo docente, dedicado aos interesses franceses, porém envelhecendo (não houve recrutamento ao longo dos vinte últimos anos, salvo em 2005, com dez professores em Pernambuco), não interprete erradamente essa nova política.

A esse respeito, os dois adidos de cooperação do francês no Nordeste, com residência em Recife e Salvador, poderiam ser oportunamente substituídos por um leitor regional de alto nível, que seria encarregado de acompanhar e dinamizar, nos três mais importantes estabelecimentos de ensino superior da região (as universidades federais de Pernambuco, Bahia e Ceará), o ensino da língua francesa conforme os termos de acordos interuniversitários, de programas bilaterais de cooperação (Brafitec, Brafagri), de redes (bolsas Eiffel, Lavoisier, Hermes), programas acadêmicos europeus (Alpha e Alban) e de acordos institucionais (CNRs-CNPq, Capes-Cofecub, Colégio Doutoral). As Alianças Francesas assegurariam, a partir daí, como faz a Aliança de João Pessoa, por meio de acordos com as autoridades locais, o ensino do francês em alguns estabelecimentos de excelência do ciclo secundário, evitando o ensino teórico atual, quando existe, em algumas instituições escolares com salas de aula sobrecarregadas e equipamentos arcaicos.

O consulado da França em Recife, competente para todo o Nordeste até 1º de setembro de 2004 (data em que o essencial de suas atribuições consulares foi transferido para a embaixada em Brasília), entregava anualmente 220/230 vistos para estudantes da região, um número que correspondia a quatro quintos dos que eram entregues pelo consulado da França no Rio de Janeiro e a um terço dos disponibilizados por São Paulo. Para todo o Brasil, em 2005, 1.742 vistos de estudante foram fornecidos pelos serviços consulares franceses, um número pequeno se comparado aos vistos entregues pelas representações locais dos Estados Unidos (22 mil) e com o número total de estudantes brasileiros que foram ao exterior para estudar nesse ano (em torno de 60 mil estudantes). Hoje, a França recebe 13,5% dos bolsistas brasileiros do CNPq (Conselho Nacional de Desenvolvimento Científico e Tecnológico) enviados ao exterior para fazer doutorado e pesquisa.

A promoção da cooperação universitária francesa na região foi confiada ao operador Edufrance, que abriu representações em Recife e Salvador. Uma escola bilíngue funciona em Natal desde 1998 e reúne 44 alunos em tempo integral. Seu ciclo escolar é reconhecido pelo Ministério francês da Educação Nacional até o segundo grau. Porém, essa escola está numa encruzilhada. Para aumentar seus efetivos e desenvolver seu campo de ação, ela deve ampliar seu espaço, pois a exiguidade das atuais instalações, adquiridas através de uma subvenção do Senado francês, não lhe permite fazê-lo. É a única escola desse tipo na região do Nordeste desde o fechamento da Escola Francesa de Maceió, em 1978, e da de Recife, em 1992.

A cooperação universitária

Os polos universitários franceses especializados em América Latina mantiveram relações permanentes com as principais universidades federais do Nordeste e com a Fundação Joaquim Nabuco, estabelecida em Recife, hoje dirigida pelo engenheiro-agrônomo Fernando José Freire. São eles o Institut des Hautes Études de l'Amérique Latine, então dirigido por Pierre Monbeig; a VI sessão da École Pratique des Hautes Études, que se tornaria a EHESS

(École Pratique des Hautes Études en Sciences Sociales); e a Maison des Sciences de l'Homme, criada por Fernand Braudel (Toulouse, Strasbourg, Grenoble).

A cooperação Capes-Cofecub, Coordenação de Aperfeiçoamento de Pessoas de Nível Superior e Comité Français d'Evaluation de la Coopération Universitaire avec le Brésil, era, na sua origem em 1978, destinada essencialmente às universidades do Nordeste. Em 2006, dos 122 projetos contabilizados, menos de 10% se referem ao Nordeste, associando quatro universidades federais: Pernambuco (Medicina, Física, Matemática, Química, Farmácia); Bahia (Urbanismo, Engenharia do etanol); Paraíba (Ciências Sociais); Alagoas (Química).

A cooperação franco-brasileira nessa região teve também o apoio das redes ligadas à Maison des Sciences de l'Homme e à comunidade científica brasileira, agrupada na Sociedade Brasileira para o Progresso da Ciência (SBPC).

Uma cooperação intensa com o Nordeste no passado

Os projetos científicos elaborados pelas comunidades dos dois países têm uma tradição, uma gestão e objetivos que lhes são próprios e são amplamente cofinanciados pela parte brasileira. A partir do momento em que três quartos da pesquisa científica brasileira estão fora da região Nordeste, é lógico que a cooperação francesa privilegie os parceiros do centro-sul do país.

Durante a reunião em Paris, no mês de janeiro de 1989, do VII grupo misto franco-brasileiro de cooperação científica e técnica, a ação francesa para o Brasil foi reorientada segundo três eixos prioritários: uma coprodução científica avaliável, pesquisas em ciências humanas e sociais mais aprofundadas, projetos de codesenvolvimento no domínio das inovações tecnológicas suscetíveis a servir de base a futuras cooperações industriais.

Constatou-se que a cooperação técnica inspirada na ajuda ao desenvolvimento não era realista, levando-se em conta a importância dos problemas locais, sobretudo no Nordeste, e a diminuição constante dos recursos públicos franceses destinados a essa cooperação. A ajuda ao desenvolvimento deveria poder recorrer mais amplamente aos financiamentos multilaterais.

É a reorientação das prioridades francesas no Brasil que explica a diminuição da cooperação no Nordeste, mais sentida ainda pelas autoridades locais, na medida em que não foi apoiada, como no centro-sul, por uma cooperação industrial, uma vez que a França realizou pouquíssimos investimentos naquela região.

Em 1985, contabilizavam-se mais de vinte peritos franceses no Nordeste brasileiro e oito professores franceses nas universidades federais; em 2006, um único, disponibilizado pelo Centre Français de Coopération Internationale en Recherche Agronomique (CIRAD), em Petrolina, no Instituto do Semiárido da Embrapa.

Hoje, vários países (Alemanha, Itália, Países Baixos, Canadá) privilegiam, no contexto de cooperações bilaterais e descentralizadas, a problemática social nordestina.

Os grandes eixos da cooperação francesa na região são — ou foram — os seguintes:

- **O semiárido e o desenvolvimento rural**

    Os processos de desertificação na região do semiárido brasileiro foram estudados nos anos 1970 por peritos franceses do CIRAD: salinização dos solos; evaporação intensa desmatamento avanço da fronteira agrícola, particularmente do algodão, nos estados da Paraíba e do Rio Grande do Norte. O Fonds Français pour l'Environnement Mondial (FFEM) e a Agence Française de Développement (AFD) não intervêm na região.

Esse setor da cooperação foi muito importante no passado no Nordeste. Hoje, apenas algumas organizações não governamentais e o CIRAD são ativos nessa área. Ao longo dos anos 1980, vários projetos foram desenvolvidos na região do semiárido: nos setores da irrigação, com a contribuição da Embrapa, do IRD (ORSTOM) e do CIRAD; da mecanização adaptada (Embrater-CIRAD); da produção de arroz (Embrapa-CIRAD); de caprinos leiteiros, com dois peritos franceses; e cooperativas de agricultura familiar. Um programa de intercâmbios científicos foi criado em 1986 para os problemas comuns ao Sahel africano e ao Nordeste brasileiro, com a participação do CIRAD, do IRD, da Universidade Federal de Pernambuco, da Embrapa e da Fundação Joaquim Nabuco. Um programa de educação rural, com a contribuição das Maisons Familiales Rurales, foi instituído no início dos anos 1980 nos estados da Bahia e de Pernambuco.

Um banco de dados hidrológicos para o Nordeste foi desenvolvido pela Sudene graças à cooperação francesa. Com a Universidade Federal da Bahia, o IRD deu início a uma cooperação no campo das ciências do solo com seis pesquisadores franceses. Um projeto IRD-CNPq, chamado Climat de l'Atlantique Tropical et Impact sur le Nord-Est (CATIN) abordou diversas temáticas próximas das atividades ligadas aos impactos climáticos (recursos hídricos, saúde, agricultura). Com a Universidade Federal Rural de Pernambuco e o Instituto Francês de Estudos Marinhos — IFREMER —, o IRD colaborou em estudos sobre o crescimento de certas espécies litorâneas, importantes para a economia rural. Enfim, o Centre National de la Recherche Scientifique (CNRS) e a Universidade Federal da Bahia desenvolveram pesquisas sobre o sincretismo religioso e as identidades sociais África-Brasil.

- **A cooperação médica**

    Com muito sucesso no campo da hemoterapia, essa cooperação começou em 1962, na Universidade Federal de Pernambuco (UFPE), com Luís Gonzaga dos Santos, fundador do centro local de transfusão sanguínea (Hemope), e está na origem da criação do programa brasileiro do sangue e dos hemoderivados (Pró-Sangue).
    O governo francês forneceu, ao longo dos anos 1960, os equipamentos do serviço de hematologia e de hemoterapia do hospital da Faculdade de Medicina de Pernambuco. A construção do Hemope começou em 1995 e teve um papel essencial no desenvolvimento da hemoterapia no Nordeste e, depois, no plano nacional.
    Existe uma parceria de pesquisadores franceses e brasileiros no campo da pesquisa de vacinas contra a Aids entre o laboratório Keizo Asami (LIKA), da Universidade Federal de Pernambuco; o serviço de cancerologia do Hospital Georges Pompidou, em Paris (professor Jean Marie Andrieu); e o Instituto Nacional da Saúde e da Pesquisa Médica de Marselha (professor Jean Claude Chermann).

- **As energias renováveis**

    De 1981 a 1987, uma cooperação nesse setor foi desenvolvida com a secretaria de Transportes e Energia de Pernambuco, em que havia um perito francês contribuindo com o Programme Français Interdisciplinaire de Recherche sur les Sources de l'Énergie et les Matières Premières (Programa Francês Interdisciplinar de Pesquisa sobre as Fontes de Energia e Matérias-Primas — PIRSEN). Hoje, existe uma colaboração na Universidade Federal da Bahia no campo do biodiesel.

- **A arqueologia e a paleontologia**

A cooperação com o Museu Nacional de História Natural de Paris data dos anos 1950, com a criação, por Paulo Duarte, jovem estagiário brasileiro, e Paul Rivet, de um centro de estudos, origem da criação do Instituto de Pré-História da Universidade de São Paulo, em 1963. A pré-história brasileira é muito diferente da francesa do ponto de vista dos meios naturais e dos dados arqueológicos.
Missões multidisciplinares francesas ajudaram na realização do Departamento de Estudos Arqueológicos na Universidade Federal do Vale do São Francisco e na constituição da Fundação do Homem Americano (FUNDHAM) no rico sítio arqueológico da Serra da Capivara, no estado do Piauí.

ANEXO 11

PROFESSORES NAS UNIVERSIDADES FEDERAIS DO NORDESTE EM ATIVIDADE EM MESTRADO OU DOUTORADO NA FRANÇA (2004)

Universidade Federal de Pernambuco (UFPE)	156
Universidade Federal da Bahia (UFBA)	35
Universidade Federal da Paraíba (UFPB)	44
Universidade Federal do Maranhão (UFMA)	12
Universidade Federal do Ceará (UFCE)	77
Universidade Federal do Rio Grande do Norte (UFRN)	80

ANEXO 12

O ENSINO DO FRANCÊS NAS ESCOLAS SUPERIORES DO NORDESTE DO BRASIL (2004)

Pernambuco (205)		
Universidade Federal (UFPE)	40	4
Centro de Línguas da Universidade Federal	150	7
Faculdade de Teologia	15	1
Paraíba (836)		
Universidade Federal (UFPB)	186	6
Centro de Línguas da Universidade Federal	150	3
Centro de Ensino Técnico (Cefet)	500	1
Rio Grande do Norte (583)		
Universidade Federal (UFRN)	55	3
Centro de Línguas da Universidade Federal	45	2
Centro de Ensino Técnico (Cefet)	483	2
Ceará (1846)		
Universidade Federal (UFCE)	20	2
Centro de Línguas da Universidade Federal	1300	11
Universidade do Estado (UECE)	87	2
Centro de Línguas da Universidade Estadual	314	4
Centro de Ensino Técnico (Cefet)	125	2
Maranhão (150)		
Universidade Federal (UFMA)	60	2
Centro de Línguas da Universidade Federal	90	2
Piauí (393)		
Universidade Federal (UFPI)	113	3
Centro de Línguas da Universidade Federal	280	7
Bahia (827)		
Universidade Federal (UFBA)	17	1
Centro de Línguas da Universidade Federal	280	5
Centro de Ensino Técnico (Cefet)	110	2
Universidade Católica	420	3
Sergipe (521)		
Universidade Federal (UFSE)	248	8
Centro de Ensino Técnico (Cefet)	273	2
Alagoas (233)		
Universidade Federal (UFAL)	08	5
Centro de Ensino Técnico (Cefet)	115	1
TOTAL	**5.684**	**91**

OBS.: Estudantes e professores.

ANEXO 13

ALIANÇAS FRANCESAS NO NORDESTE (2004)

ESTADO/CIDADE	ALUNOS	PROFESSORES
ALAGOAS/Maceió	69	6
SERGIPE/Aracaju	146	7
RIO GRANDE DO NORTE/Natal	300	10
CEARÁ /Fortaleza	261	9
/Juazeiro do Norte	30	1
PARAÍBA/João Pessoa/Campina Grande	819	17
MARANHÃO/São Luís	302	8
BAHIA/Salvador	450	6
TOTAL NORDESTE Cerca de 10% dos efetivos registrados no Brasil	**2.377**	**64**

ANEXO 14

ENSINO DO FRANCÊS NA REDE ESCOLAR DO NORDESTE (REDE PÚBLICA E PRIVADA) — 2004

ESTADOS	ALUNOS	PROFESSORES
PIAUÍ	3.410	5
RIO GRANDE DO NORTE	125	1
CEARÁ	397	7
PARAÍBA	460*	1
MARANHÃO	740	4
BAHIA	12.800	66
SERGIPE	4.545**	27
ALAGOAS	1.340**	9
TOTAL NORDESTE Menos de 5% dos efetivos registrados no Brasil	23.897	121

* Quatrocentos alunos da rede escolar estudam no âmbito de acordos com a Aliança Francesa.

** Os números comunicados pelos estados de Sergipe e de Alagoas pelo adido para a cooperação francesa em residência em Salvador parecem exagerados.

A COOPERAÇÃO DESCENTRALIZADA FRANÇA-BRASIL

As principais ações realizadas no Nordeste no âmbito da cooperação descentralizada entre regiões e municípios são recentes, uma vez que essa colaboração não conseguiu, no passado, assegurar a perenidade de suas ações e a renovação de seus acordos por falta, provavelmente, de uma integração econômica verdadeira e de interesses comerciais partilhados.

Existe uma cooperação associativa entre diferentes parceiros franceses e europeus, com ajuda financeira eventual do Ministério francês de Relações Exteriores e da União Europeia, através de organizações de solidariedade internacionais particularmente ativas nessa região, que conta com os estados mais pobres do Brasil e com taxas de violência das mais altas no mundo.

As elites políticas locais têm um interesse real nessa cooperação em razão de sua proximidade, de sua visibilidade e das temáticas urbanas comuns às quais são confrontadas.

Uma cooperação recente

Atualmente, os principais parceiros são os seguintes:

- **Bahia-Département da Charente-Maritime**

Uma convenção econômica, cultural e científica foi assinada em Salvador, em outubro de 2003, entre o Conseil Général de la Charente-Maritime e o governo do estado da Bahia. Um acordo tripartite, de caráter cultural, também foi consignado nessa oportunidade entre a Fundação Cultural do estado, a Aliança Francesa de Salvador e o Conseil Général. Esses acordos procedem de contatos estabelecidos por ocasião da primeira travessia marítima (mini-transat) La Rochelle/Salvador realizada em 2001. O governador da Bahia foi a La Rochelle chefiando uma importante delegação em novembro de 2003.

Os seguintes setores estão envolvidos:

— **Náutico**: Uma escola de vela destinada à formação de aproximadamente cinquenta crianças e um centro de mergulho de vocação profissional (doação pretendida de dez barcos, uma grua, equipamentos especializados e intercâmbio de monitores). Uma oficina naval para veleiros, com a ajuda de empresas francesas, está em estudo.

— **Universitário**: Intercâmbio de professores e alunos entre a Universidade Estadual de Ilhéus (a opção Langues Etrangères Appliquées começou a funcionar em abril de 2002) e a Université de la Rochelle, cuja faculdade de engenharia, associada depois da visita do reitor desta universidade a Ilhéus, já está em atividade. Intercâmbios entre o Conservatoire du Littoral e a Universidade Federal da Bahia, na área de biologia marinha, estão sendo estudados.

— **Turístico**: Os contatos estabelecidos entre as empresas Alpes Océan e Atlantic Yacht Agency e as agências de turismo locais permitiram o estudo de novas opções para um turismo cultural de elite que serão oferecidas a uma clientela europeia;

— **Cultural**: Turnês artísticas são organizadas, privilegiando o palco do teatro da Aliança Francesa de Salvador, um palco, aliás, sem grande prestígio local.

— **Econômico**: A Câmara do Comércio e da Indústria de La Rochelle e o órgão de promoção dos investimentos do estado da Bahia (Promo) definiram parcerias de terceirização industrial (no setor, principalmente, de plásticos). Dez estudantes de La Rochelle fazem um estágio nas pequenas e médias empresas locais. O vice-presidente do Conseil Général de la Charente-Maritime esteve em Salvador em novembro de 2005 chefiando uma delegação de empresários. Contatos complementares foram feitos por ocasião da travessia Jacques Vabre Le Havre/Salvador. O prefeito do Le Havre, Antoine Rufenach, também esteve presente em Salvador nessa data e foi recebido pelo governador do estado.

- **Recife-Nantes**

Um acordo de cooperação foi assinado em agosto de 2003 entre os dois municípios. O ex-prefeito de Recife, João Paulo Lima e Silva (2000-2008), eleito deputado federal em 2010, é francófilo. Seu filho, que fez doutorado na França, casou-se com uma francesa. E ele mesmo se matriculou na Aliança Francesa de Recife.
As principais ações se referem ao setor cultural. Exposições são realizadas em ambos os municípios (coleções dos respectivos museus, exposições temáticas sobre as problemáticas urbanas); seminários são organizados conjuntamente (de economia social e sobre direitos humanos, em Nantes; sobre as identidades portuárias, em Recife). Um trabalho bilíngue foi realizado em comum sobre políticas públicas e economia solidária. Intercâmbios aconteceram entre a Orquestra Sinfônica de Recife e a Orchestre National des Pays de la Loire. Um curso sobre formatação de projetos de longas-metragems voltado para o mercado internacional foi organizado na Fundação Joaquim Nabuco por especialis-

tas franceses e uma mostra do festival de cinema de Nantes (Festival des Trois Continents) aconteceu em Recife em 2006. A coletânea bilíngue de poesias *Um olhar transatlântico*, fruto de acordo de cooperação Recife-Nantes, está na origem da Recitata, recital de poesia utilizando a tradição oral da literatura pernambucana, que alcançou em 2010 a sua quinta edição. No campo da economia solidária, ações sociais nos meios desfavorecidos são financiadas pela comunidade urbana de Nantes, com a contribuição da ONG Frères des Hommes.

A pedido do prefeito de Recife, Nantes estuda a realização de uma cooperação no setor da água, no âmbito da economia solidária, facilitada pela adoção da nova legislação francesa (lei Oudin), relativa à cooperação internacional das coletividades e das agências de água. Nantes poderia, além disso, associar o porto autônomo de Saint-Nazaire ao projeto de instalação de um canteiro naval do grupo Camargo Corrêa com o consórcio japonês Mitsui.

- **Ceará-Département du Rhône**

    Este acordo de cooperação nas áreas de cultura e de turismo entre o estado do Ceará e o Conseil Général du Rhône foi assinado em março de 2005, por iniciativa da então secretária estadual de Cultura, Claudia Leitão, francófona e francófila, que esteve em Lyon pelo Programa Courants du Monde. Nesse contexto, aconteceu em Fortaleza um seminário internacional sobre as ações culturais, para o qual foi convidado o vice-presidente do Conseil Général du Rhône. No mês de dezembro de 2005, o governo do Ceará organizou, em Lyon, uma exposição e o lançamento de um livro bilíngue sobre uma lenda indígena local (*Iracema*).

- **Alagoas-Conseil Régional d'Aquitaine**

Uma parceria técnica no setor da criação de bovinos existe desde março de 2004, acompanhando a implantação da Blonde d'Aquitaine, raça bovina que se adapta ao clima tropical.

- **Maranhão-Municipalité de Saint-Malo et Département d'Ille-et-Vilaine**

Desde 2001, por iniciativa da Aliança Francesa de São Luís, a cooperação descentralizada se inscreve no contexto histórico singular das relações entre o Brasil e a França. Franceses estão na origem da fundação da capital do Maranhão e da efêmera France Équinoxiale. A Assembleia Legislativa votou, em março de 1997, uma lei que declara cidadão de honra do Maranhão todos os habitantes das cidades bretãs de Saint-Malo e Cancale.
Os intercâmbios de delegações são regulares: o governador do Maranhão foi a Saint-Malo em 2004; seminários e conferências no setor de turismo foram realizados; estágios foram oferecidos a estudantes no Office de Tourisme de Saint-Malo; houve intercâmbio de professores e alunos entre o Lycée Jeanne d'Arc de Rennes (seção Turismo) e a universidade particular Uniceuma.

A cooperação associativa institucional

Muitas instituições e coletividades francesas se associaram financeiramente às atividades de organizações de solidariedade, sobretudo nos setores da ajuda humanitária, da ajuda ao desenvolvimento, da defesa dos direitos humanos, da inserção e da reinserção social.
Na região, distinguem-se:

— O Conseil Général du Val de Marne, a Société Civile de la Région de Cognac e o Conseil Général du Jura em favor dos centros de atividades Amar (Amigos do Movimento de Adolescência em Situação de Risco), desenvolvido em Salvador (Bahia) por um francês, Pierre Demoulière, ex-padre operário. Os centros são ligados à associação Aimer (Ajuda e Informação para o Mundo das Crianças de Rua), cuja sede fica em Paris;

— A prefeitura de Nantes (ver acima), no contexto de uma ação social num bairro pobre de Recife (Pernambuco), desenvolvida por Frères des Hommes e pela organização local Etapas, que ajuda o Movimento dos Trabalhadores Sem-Terra (MST) no Ceará e em Pernambuco;

— A prefeitura de Cergy-Pontoise, através de assistência a jovens desfavorecidos de Fortaleza (Ceará), iniciada pela Fondation France-Libertés;

— O Conseil Général du Nord cofinanciou um projeto da associação Essor contra a subnutrição infantil em São Luís (Maranhão) entre 2003 e 2005 em favor de 150 crianças;

— O Senado francês, através da ação um pouco mística de Points-Coeur, em Salvador (Bahia), uma iniciativa de Philippe Marigny, senador e prefeito de Compiègne. Dez jovens voluntários franceses estão, para esse fim, em Salvador por um período de 14 meses, sob a responsabilidade de dois religiosos, Gaétan Joire e Paul Crocha.

As elites políticas locais são muito ligadas à cooperação descentralizada realizada pelas regiões, departamentos e municípios franceses. Essa cooperação de proximidade é, do ponto de vista político e diplomático, em termos de influência, particularmente interessante, apesar de orçamentos e contribuições financeiras limitados. Os governadores e os prefeitos das capitais regionais interessadas estiveram na França ao longo dos três últimos anos por conta dessa ajuda, solicitada em 2006 pelos prefeitos de São Luís (Maranhão) e de Aracaju (Sergipe).

As reuniões para a cooperação descentralizada França-Brasil, em Marselha, no mês de abril de 2006, por iniciativa da região Provence-Alpes-Côte-d'Azur, confirmaram o interesse da mídia e das autoridades. Mas a cooperação hoje não tem no Nordeste a densidade da realizada, por exemplo, pela Provence-Côte d'Azur com os estados de São Paulo e do Rio de Janeiro.

A proposta francesa de criar um fundo bilateral da ordem de 200 mil euros a fim de desenvolver a ação descentralizada é uma proposta que mereceria reflexão e debate mais amplos do que a decisão apressada que a inspirou, no contexto da visita do presidente da República francesa a Brasília em 24 e 25 de maio de 2006. Um instrumento como esse não deixará de impor suas prioridades, suscitará arbitragens difíceis e procurará inserir a ajuda descentralizada no âmbito da cooperação bilateral institucional, sobretudo sob a tutela centralizadora da Agência Brasileira de Cooperação (Itamaraty), ameaçando desfigurar em pouco tempo seu caráter de proximidade e de solidariedade, particularmente importante para as autoridades e as coletividades regionais francesas e brasileiras.

AS ORGANIZAÇÕES DE SOLIDARIEDADE FRANCESAS E EUROPEIAS

Salvo a Amazônia, a região Nordeste do Brasil é, provavelmente, junto com a Bolívia, a região que mais interessa às organizações de solidariedade internacionais. Por razões ligadas principalmente à estrutura de suas intervenções e suas prioridades, sobretudo para com a África (zona de solidariedade prioritária, que exclui o Brasil, considerado como país emergente, em condições de dominar suas desigualdades regionais), a França não destina aportes financeiros importantes, como Alemanha, Canadá, Holanda, Itália e Japão, no setor ou no âmbito de organizações de solidariedade internacionais nessa região.

Essas organizações se reuniram no Brasil numa coordenação nacional, a Abong. Elas estão, hoje, integradas em redes internacionais e tentam parecer verdadeiros parceiros dos poderes públicos, um objetivo às vezes difícil de ser atingido em certos municípios rurais desfavorecidos, dominados por uma oligarquia conservadora que interpreta mal a ajuda social de origem estrangeira. De modo geral, essas organizações rejeitam uma abordagem excessivamente "assistencialista" (como os programas sociais federais Fome Zero, Bolsa Família) e preconizam uma modificação das políticas públicas e dos modelos de desenvolvimento em favor das populações desfavorecidas.

O Fórum Mundial de Porto Alegre foi, desde fevereiro de 2001, o espaço privilegiado dessas organizações para abordar, com os diversos componentes da sociedade civil internacional, os contextos sociais globais no âmbito do altermundialismo.

A maioria das oitocentas organizações não governamentais registradas no Brasil é financiada pela ajuda estrangeira, 80%, europeia, sendo a Alemanha o principal doador. Ao longo dos anos 2002 e 2003, o auxílio das agências do Velho Continente para o Nordeste permaneceu relativamente estável, enquanto foi sensivelmente reduzido nas regiões Sul e Sudeste do país, privilegiando África e Ásia. Mas elas enfrentam hoje dificuldades para se manter. Pesquisa da Associação Abong revela que 90% das suas afiliadas sofreram uma diminuição de mais de 30% dos seus recursos entre 2004 e 2008. Essa situação prossegue, decorrendo em parte da retirada da cooperação internacional, que exercia até então um papel preponderante no financiamento. Diante dos progressos do Brasil emergente, capaz de financiar suas políticas sociais, e por causa da valorização da moeda brasileira (+ 102% em relação ao dólar entre 2002 e 2010), as agências internacionais deslocaram-se para outras áreas mais pobres do mundo. A ausência de uma legislação que possa ampliar o conceito de interesse público e regular o acesso aos fundos públicos reduziu o papel das ONGs à execução de políticas governamentais, não raro com desvio de recursos por causa de organizações fictícias que acabam manchando a imagem de organizações sérias comprometidas com a transformação social e o progresso. O que seria da dinâmica social e política atual da Bahia se não fossem as ações de ONGs, como o Gapa-BA (Grupo de Apoio à Prevenção à Aids), no combate ao HIV/Aids; o SASOP (Serviço de Assessoria a Organizações Populares), no campo da seguridade alimentar; o Instituto Steve Biko, no acesso da população negra a universidades; o CECUP (Centro de Educação e Cultura), em favor dos direitos da criança e do adolescente; o GAMBA (Grupo Ambientalista da Bahia), na promoção de um meio ambiente sustentável; a Associação dos Advogados dos Trabalhadores Rurais, na assessoria aos movimentos do campo; a Vida Brasil, em torno dos direitos das pessoas com necessidades especiais? Se não houvesse ações generosas e corajosas de cidadãos, como Bernadette Marchand, na periferia de Salvador, e Sérgio Habib, em Trancoso, nos campos da educação e da saúde públicas? No Nordeste já existe uma larga tradição de doação e de trabalho voluntário. Mas ela se concentra nas organizações da Igreja e na área de assistência social. O vínculo mais importante nessas relações é o religioso, e não o político. Iniciativas nordestinas que se enquadram nos conceitos de responsabilidade social empresarial e de investimento social privado começam a aparecer na região, paralelamente a uma participação maior do Estado. No campo da responsabilidade social empresarial e do investimento social privado, a região Nordeste ainda apresenta valores baixos. Dos 110 associados do Grupo de Institutos, Fundações e Empresas (Gife) em 2008, apenas sete tinham sede no Nordeste: o Instituto Sol e as fundações Odebrecht, José Silveira e Clemente Mariani, na Bahia; o grupo Brasilcred e as fundações Ana Lima e Demócrito Rocha, no Ceará. Segundo o estudo "A iniciativa privada e o espírito público", realizado em 2005 pelo Instituto de Pesquisa Econômica Aplicada, o valor dos recursos disponibilizados para doações, feitas por empresas nordestinas, representava, em 2003, 505 milhões de reais, o que era equivalente a 0,24% do PIB da região Nordeste (3,1 bilhões de reais na região Sudeste nesse mesmo período).

Organizações não governamentais, fomentadas por cidadãos franceses procedentes geralmente da Igreja (o Secours Catholique intervém com fundos próprios em quatro estados do Nordeste), estão na origem de uma cooperação civil descentralizada e solidária europeia, com ou sem a contribuição da União Europeia. Esta última, dentro de um orçamento anual para o Brasil relativamente modesto (10 milhões de euros em 2006), intervém principalmente no plano bilateral em dois campos: a preservação da biodiversidade amazônica (30% do orçamento) e a promoção de intercâmbios universitários (50% do orçamento), complemento dos programas regionais para a América Latina (Alfa e Alban).

Pode-se mencionar na região:

No âmbito de uma aproximação europeia

— Unión Madrileña de Cooperativas Asociadas (Espanha) e Cooperativa Social-Cipsi (Itália): dois projetos sociais no Ceará e em Pernambuco desenvolvidos pela associação Frères des Hommes. Em 2009, este grupo financiou, com a participação do canal Vive da TV venezuelana, a formação durante 12 meses de 23 líderes do Movimento Sem-Terra em técnicas de informações e comunicações;

— Disop (Bélgica), Il Canale (Itália) e a cooperação alemã intervêm desde 1997 num projeto comunitário de desenvolvimento em Pintadas, município a cerca de 250 quilômetros a oeste de Salvador, na região do semiárido, em parceria com o grupo Tiers-Monde de Clamart (GTMC), membro da Federação dos Povos Solidários, à qual se associam Maisons Familiales Rurales, com um cofinanciamento da União Europeia e do Ministério francês de Relações Exteriores;

— Cordaid (Holanda), Manos Unidas (Espanha) e Misereor (Alemanha) cofinanciam ações de qualidade em favor de deficientes físicos através da associação Vida Brasil, criada por iniciativa da Handicap International, fomentadas na Bahia e no Ceará por dois franceses, Damien Hazar e Patrick Oliveira. Esta foi objeto de uma ajuda da União Europeia (2000-2002), mas o auxílio para o exercício de 2006 foi suspenso pelo Ministério francês de Relações Exteriores;

— Ágata Esmeralda (Itália) e Instituto Bem Viver (Holanda) cofinanciam a associação Criança e Família, no âmbito de ações sociais desenvolvidas no bairro insalubre de Alto de Santa Terezinha, perto de Salvador (centro de saúde destinado a quatrocentas crianças, escola, creche, ateliês profissionais), com o auxílio financeiro da filial local da EDF (Citéluz) e da Citroën (Sergio Habib), da Maison de Sagesse, estabelecida em Chalon Saint Mars, e da Pélican, associação humanitária de Rennes, com um orçamento anual de 100 mil euros. Essa associação é de responsabilidade da francesa Bernadette Marchand (*criançafamilia@globo.com*);

— Chiesa Evangelica Valdese (Itália) presta assistência a um centro de educação popular e de proteção da infância e colabora com ações em favor da proteção ao meio ambiente, fomentadas pela associação Asproma, num bairro insalubre na periferia de Caruaru (PE). Sob a responsabilidade de quatro religiosas (francesa, italiana, espanhola, brasileira), conta com a ajuda de uma faculdade católica local e da associação Catholic Relief Services;

— Oxfam (Grã-Bretanha), que dispõe em Recife de uma representação no Brasil e intervém com recursos importantes nas áreas social, de educação, de agricultura familiar (Programas Meios de Vida Sustentáveis) no Maranhão, no Ceará e no Rio Grande do Norte, com parceiros locais. A Oxfam financiou, em outubro de 2010, em Recife, um seminário sobre mudanças climáticas e desastres no Nordeste;

— O Secours Catholique atua em Recife numa ONG local (Dargé Malungo 88), com contribuições da Itália, Holanda e Escandinávia, em favor de uma centena de crianças e de adolescentes no âmbito de um projeto de caráter cultural, com 10 mil euros por ano, dos quais ele assegura a terça parte do financiamento. Com a ajuda da Itália, também contribui financeiramente com dois terços de um envelope de 40 mil euros, em três anos (2006-2008), no contexto do projeto Pé no chão, para formação de jovens em situação de risco nas artes do circo e do teatro. Em Fortaleza, o Secours Catholique assegura um quinto do financiamento de um projeto, durante quatro anos, estimado em 523 mil euros, no setor de irrigação e esgotos, com contribuições financeiras complementares das filiais alemã, espanhola e italiana da Cáritas. A Cáritas Alemanha está presente, também, no estado do Piauí através de um programa específico contra a desertificação;

— A ONG suíça Floridom intervém em Pernambuco desde 2004, na construção de casas populares em favor de 2 mil famílias, com um aporte de 750 mil euros;

— A ONG austríaca Horizont 3000, com o auxílio do banco espanhol Santander e da Petrobras, fomenta um programa de construção de cisternas no estado do Piauí.

A União Europeia financiou um projeto de ajuda social em favor de famílias desfavorecidas de Fortaleza (Ceará), desenvolvido pela Acroterre em parceria com a ONG SOS ATM, à qual o Ministério francês de Relações Exteriores trouxe um cofinanciamento em 2001 e 2002 da ordem de 200 mil euros, interrompido em 2003 e objeto de litígio.

No âmbito de uma aproximação francesa

Das organizações não governamentais que atuam na região, as mais importantes, além do Secours Catholique, são:

- Essor, que intervém em vários estados da região sobre temáticas sociais diferentes:
  — no Maranhão e no Ceará, contra a violência urbana e a exclusão social. No Maranhão, o projeto recebe um cofinanciamento da empresa norte-americana Alcoa.

— na Paraíba, no setor da saúde pública e da prevenção da Aids.

Essa associação atua também fora da região, sobretudo na Amazônia, onde realizou, entre 2002 e 2005, com o auxílio da empresa Suez, um projeto de acompanhamento social em Manaus em favor de 5 mil famílias pobres (*www.essor-ong. org; essor@nordnet.fr*);

- Frères des Hommes, cuja ação em Recife em favor da formação e inserção profissional de jovens em situação de risco data de 1987. A associação está presente também no Ceará, com a ONG local Ceará Periferia. O Movimento dos Trabalhadores Sem-Terra é um antigo parceiro da Frères des Hommes. A colaboração data dos anos 1970, sobretudo no campo das formações técnicas (*www.france-gdh.org*);

- Amar, uma associação desenvolvida por um ex-padre operário católico francês, que intervém principalmente em Salvador (BA), com um cofinanciamento dos Conseils Généraux du Val de Marne et du Jura em favor de jovens sem apoio familiar, junto com a ONG francesa Aimer (responsável: Pierre de Moulière — *pierredemou@hotmail.com*);

- Points-Coeur, movimento místico de origem trapista, composto por voluntários vindos da França para uma estadia de 14 meses sob a responsabilidade de dois capelães franceses. A associação dispõe, próximo a Salvador, de uma fazenda, local de recolhimento e de atividades rurais e artesanais, e, numa periferia pobre, de uma casa de difusão local. Hoje, 12 voluntários franceses trabalham na associação, que pertence à rede Points-Coeur, criada em 1990 na França pelo reverendo Thierry de Roucy (responsável: Gaetan Joire — *www.pointscoeurs. org.br; pcoracao@pointscoeurs.org*);

- Pierre Gilly desenvolve há anos, com a ajuda da representação consular francesa em Recife, ações em Pernambuco, Bahia e Alagoas em favor de cooperativas rurais e da agricultura familiar (*pfgilly@hotmail.com*);

- Terre des Hommes: a associação mantém um centro social em Recife em favor de cerca de cem crianças e adolescentes em situação de risco, em parceria com a ONG local Centro de Atendimento a Meninos e a Meninas, com um orçamento anual da ordem de 100 mil euros. A organização realiza um festival de música anual na ilha de Itamaracá, que associa conjuntos africanos e europeus sob o signo da tolerância;

- Médecins du Monde: um cofinanciamento da ordem de 60 mil euros foi concedido a essa associação pelo Ministério francês de Relações Exteriores para a formação de agentes de saúde nas populações de camponeses sem-terra no estado do Ceará.

É preciso acrescentar a essas associações entidades de direito locais, sem relação com uma ONG francesa, que foram criadas e são dirigidas por cidadãos franceses, tais como:

- A ONG Partenaires apoiou, de novembro de 2002 a fevereiro de 2004, um projeto de desenvolvimento integrado das comunidades camponesas de Mirandiba, no sertão de Pernambuco, com a associação local Conviver, com um aporte da ordem de 20 mil euros por ano: apoio ao cultivo de legumes, irrigação para agricultura familiar (responsável: Christian Raymond — *raymondpart5@yahoo.fr*);

- O centro Arche de Noé, dirigido desde 1973 por uma ex-religiosa francesa, Colette Catta, criou, com a ajuda da associação belga Frères de l'Espérance, na localidade isolada de Juçaral, a cerca de 100 km de Recife, uma creche e uma escola primária, que hoje reúnem em torno de 250 crianças, e um centro de ajuda a adolescentes em situação de risco. Nessa região de canaviais, onde só existe como emprego o corte da cana (três toneladas por dia por cortador, a R$ 3,50/tonelada), as crianças ficavam presas o dia inteiro em casas com janelas fechadas à espera do retorno de seus pais. Colette Catta foi agraciada com a Ordem da Legião de Honra pelo governo francês em 2005;

- A ONG Caminho das Crianças Brasileiras, mantida por três cidadãos franceses em parceria com a Igreja Brasileira (Pastoral do Menor), desenvolve desde 2001 um trabalho social e cultural no estado do Piauí, na periferia da capital, Teresina, com jovens adolescentes em situação de risco. Essa atividade social recebe o apoio da associação francesa Yakajouer;

- A ONG Handicap International mantém duas filiais no Nordeste ligadas à associação Vida Brasil, e hoje autônomas. São dirigidas por dois franceses, em Salvador e em Fortaleza, que desenvolvem uma ação modelo para deficientes físicos (responsáveis: Damien Hazard — *damien@vidabrasil.org.br*; Patrick Oliveira — *patrick@vidabrasil.org.br*). Em Pernambuco desde 1999, a Associação para a Ajuda das Crianças Surdas do Mundo traz uma ajuda complementar, através de doação de aparelhos auditivos, a aproximadamente 140 deficientes (responsáveis: Marie Therese Eycheme e Christine Dagain).

A situação dos deficientes físicos nessa região é mais crítica do que no resto do Brasil, em razão do duplo efeito da pobreza e da violência.

O IBGE, numa pesquisa feita em 2000, calcula em 18% a parte da população deficiente nos estados da Paraíba, Bahia e Pernambuco. Segundo a Coordenação Nacional para a Integração da Pessoa Portadora de Deficiência (Corde), citada pelo jornal *A Tarde* de 24 de abril de 2005, haveria 24,5 milhões de deficientes no Brasil (físico, mental, auditivo, visual), ou seja, 14% da população.

O presidente do Conselho Estadual da Pessoa com Deficiência, Marcus Montenegro, observa que, no Ceará, 96% dos deficientes não têm recursos: de 30 mil crianças com necessidade de uma cadeira de rodas, apenas um terço a possui. De acordo com a Comissão de Acessibilidade de Salvador (Cocas), 45% da população deficiente não terminou o ciclo primário. Para a Unicef, 40% das crianças fora da escola nessa região são deficientes.

A situação se agrava com o crescimento da violência na sociedade nordestina. A metade dos pacientes hospitalizados em 2004 na Associação Brasileira Beneficente de Reabilitação (ABBR) é vítima de lesões por armas de fogo, sendo 70% na faixa etária entre 20 e 40 anos. A Conferência Nacional dos Bispos do Brasil (CNBB) escolheu a deficiência física como tema de sua campanha da fraternidade em 2006.

É incompreensível a suspensão da ajuda concedida a essas organizações em 2006 pelo Ministério francês de Relações Exteriores, enquanto era promulgada na França a "lei para a igualdade dos direitos e das oportunidades, a participação e a cidadania das pessoas deficientes", por iniciativa de Marie-Anne Montchamp, secretária de Estado para pessoas deficientes.

* * *

A cooperação social desenvolvida pelas organizações não governamentais é hoje mais bem compreendida e acolhida pelos responsáveis políticos fora das zonas rurais, e melhor integrada nos programas sociais do governo federal: Peti (para o emprego de jovens), Sentinela (contra a prostituição de menores), Bolsa Família (auxílio fixo mensal a famílias desfavorecidas), Agente Jovem, em favor de adolescentes entre 15 e 17 anos em situação de risco.

Muitas empresas apadrinham projetos de caráter social na região e uma solidariedade por vezes informal existe, a exemplo das intervenções anuais em clínicas de Pernambuco de cirurgiões e médicos franceses no âmbito da Mission Humanitaire Française e da Fundação Chaîne de l'Espoir.

Essa cooperação em favor das populações rurais e urbanas desamparadas confrontadas a taxas de homicídios altas, desenvolvida por cidadãos franceses, mereceria uma ajuda maior por parte das empresas francesas e europeias instaladas na região centro-sul do Brasil.

AS RELAÇÕES COM A REGIÃO DA ÁSIA E DO PACÍFICO

A defesa de seus interesses na cena internacional e o estabelecimento de uma política estrangeira autônoma são fenômenos recentes na diplomacia brasileira. A emergência do Brasil, como um ator influente, embora intermediário, é concomitante ao desenvolvimento de parcerias econômicas com dois dos mais importantes países da Ásia e do mundo em desenvolvimento, Índia e China, parcerias que se inscrevem no contexto de aproximações multilaterais solidárias (Seattle, Doha).

Essa cooperação Sul-Sul é utilizada pelo Brasil nos foros internacionais (G7, G15, G20 e mais recentemente G3) contra os países do Norte, a fim de obter, senão vantagens comerciais, pelo menos a instauração de intercâmbios considerados equitativos.

O Brasil percebe a China como um parceiro essencial na gênese de seu estatuto de potência global, num mundo que ele deseja, como Pequim, multilateral.

Essas considerações inspiram a diplomacia brasileira em sua aproximação com a zona Ásia-Pacífico, além do crescimento substancial e muito oportuno das exportações comandado pelo serviço de sua dívida e da captação de fluxos de investimentos.

CHINA

A essa análise, às principais autoridades da região Nordeste traz a seguinte inflexão: a aproximação com a China é, do ponto de vista comercial, lógica, considerando o rápido desenvolvimento da economia chinesa, mas as veleidades da parceria econômica e as solidariedades políticas expressas com esse país e a Índia encontrarão rapidamente seus limites. É com seus parceiros tradicionais, os Estados Unidos em prioridade, primeiros investidores, primeiros mercados exportadores para os estados do Nordeste e responsáveis por cerca de 40% de suas formações doutorais no exterior, o Japão e os países da União Europeia, que o Brasil deve compor.

Uma nova dinâmica

A defesa dos interesses dos países em desenvolvimento sempre constituiu um dos fundamentos da política exterior da China. A sua entrada na Organização Mundial do Comércio imprimiu, sem dúvida, uma nova dinâmica, mais favorável a esses países, mas a sua hegemonia se exerce no contexto de uma estratégia mais global de potência mundial, na qual ela ocupam um lugar importante, mas não determinante. A China fará parte do Norte. Por ora, ela tenta tirar proveito do melhor dos dois mundos, o desenvolvido e o que está em via de desenvolvimento.

Sinais precursores sinalizariam os limites da aproximação atual:

- A evolução do comércio com a China, além de espetacular (9 bilhões de dólares em 2004; 23,7 bilhões de dólares em 2007,

30 bilhões de dólares em 2010), é positivo para o Brasil (em 2009, cerca de 4 bilhões de dólares; em 2010, de 5,2 bilhões) e mostra claramente que este permanece um provedor de matérias-primas para a China (soja e minério de ferro, principalmente), apesar do sucesso de alguns setores manufaturados (automóveis). A parte crescente das exportações desses produtos chineses para o Brasil (circuitos integrados, eletrônica) confirma que os intercâmbios, em sua estrutura, evoluem em favor da China sobre um modelo Norte-Sul. O motor da economia deste país está gradualmente migrando de um perfil de mão de obra barata+câmbio desvalorizado para o desenvolvimento tecnológico e a inovação. O país asiático pretende se transformar em dez anos no maior exportador mundial da tecnologia de trem de alta velocidade. Em dezembro de 2008, o fábricante chinês Lenovo, de computadores, tentou comprar a empresa brasileira Positivo, oferecendo US$ 800 milhões.

Quanto à cooperação no setor espacial, os termos parecem desiguais, levando-se em conta o abismo tecnológico e científico que separa as indústrias espaciais chinesas (e indiana) da pesquisa espacial brasileira.

Enfim, numa conjuntura interna difícil, com taxas de desemprego ainda altas, a concorrência dos produtos *made in China* afeta a indústria têxtil no Nordeste, particularmente no Ceará, sobretudo depois da eliminação das cotas de importação a partir de janeiro de 2005, decidida pelo Uruguay Round. Afeta também muitas indústrias brasileiras pequenas (ótica, brinquedos, relógios, bijuterias etc.), cujos empresários têm uma percepção bem diferente da China. Os exportadores brasileiros, aliás, enfrentam cada vez mais a concorrência em seus mercados tradicionais, sobretudo nos Estados Unidos e na América Latina. A China está hoje à frente do Brasil na venda de produtos manufaturados no continente americano. Enquanto as vendas brasileiras aos países latino-americanos cresceram 3% entre 2005 e 2009 (US$ 31 bilhões em 2009), as exportações chinesas aumentaram 118%, passando de US$ 25 bilhões em 2005 para 54,7 bilhões em 2009, segundo o Itamaraty. As empresas brasileiras de obras públicas enfrentam a concorrência no *pré-carré* brasileiro da África lusófona. As linhas de crédito chinesas (Eximbank e China Industrial Fund) a favor de Angola são estimadas em 10 bilhões de dólares para projetos de equipamentos sem concorrência pública, privilegiando empresas daquele país. O foro sino-africano realizado em Pequim no mês de novembro de 2006, do qual participaram 48 chefes de Estado e de governo e 1.500 dirigentes de empresas, ilustra bem as ambições chinesas. Em 2009, as suas exportações para a África foram de US$ 47,6 bilhões; as brasileiras, de US$ 8,6 bilhões.

Segundo Heitor Klein, diretor da Associação Brasileira das Indústrias de Calçados, desde 1990, aproximadamente mil especialistas brasileiros foram trabalhar na China para orientar ateliês chineses (a China exporta hoje mais de 5 bilhões de pares de calçados). O Brasil importou, em 2005, aproximadamente 20 milhões de pares, dos quais 70% da China. A participação do calçado brasileiro no mercado norte-americano diminuiu em um quarto entre 1990 e 2003, enquanto a do chinês multiplicou-se por cinco no mesmo período. Uma situação preocupante para as indústrias instaladas no Nordeste (Ceará, Bahia, Paraíba), uma vez que 70% das vendas brasileiras são absorvidas pelo mercado norte-americano.

- Na atualidade, os investimentos chineses traduzem principalmente — senão exclusivamente — a preocupação em garantir aprovisionamentos para os setores dos três principais postos de importação do Brasil: a soja (30% das exportações brasileiras para a China), o minério de ferro (16% das exportações brasileiras) e o petróleo. Por ocasião da viagem do presidente Lula a Pequim, em maio de 2009, o Banco de Desenvolvimento da China teria aceitado emprestar US$ 10 bilhões à Petrobras para financiar o plano de investimento da estatal brasileira, em troca de 200 mil barris por dia. Os investimentos chineses mais importantes foram a compra de participações minoritárias na norueguesa Statoil e na espanhola Repsol (US$ 10,17) e o controle de empresas de transmissão de energia pela estatal chinesa State Grid Corporation, por um valor de US$ 1,7 bilhão. As estatais chinesas são responsáveis por 45% dos US$ 35 bilhões investidos em fusões e aquisições transnacionais em petróleo e gás em 2009 no Brasil, seguidas por empresas da Europa e da Coreia do Sul.

Entre os projetos de investimentos ainda não confirmados estão os do grupo público chinês China International Trust Investment Corporation, cujo presidente foi recebido em abril de 2005 em Brasília. São investimentos da ordem de 3 a 4 bilhões de dólares, destinados principalmente à ampliação do porto de Itaqui, no sul do Maranhão, e ao desenvolvimento de infraestruturas ferroviárias em direção às plantações de soja do Piauí e do Tocantins. Os anunciados, da ordem de 1,5 bilhão de dólares, são do grupo Baosteel, para uma usina siderúrgica em São Luís, *joint-venture* com a Arcelor (hoje, sob gestão indiana), com a companhia brasileira Vale e com o estado do Maranhão, cujo governador foi a Xangai em janeiro de 2005. É preciso ainda observar que esses investimentos não teriam incidência maior sobre os abastecimentos, os quais já estão garantidos pelos acordos assinados para os dez próximos anos (2006-2016) pela mineradora brasileira com seus principais parceiros (Baosteel, Shougang, Chinasteel) e pelos acordos cruzados assinados pela Vale com os conglomerados Yoncheng e Baosteel sobre o carvão e com o grupo Chalco sobre o alumínio em maio de 2004.

A Chery, maior montadora de veículos chinesa, anunciou, em maio de 2009, a intenção de instalar uma fábrica de automóveis no Brasil, um investimento total estimado em US$ 400 milhões. A produção deve começar em 2014, com meta inicial de 50 mil veículos ao ano. Uma notícia surpreendente, na medida em que os carros fábricados na China, pela indústria chinesa, serão competitivos no mercado brasileiro no horizonte 2015/2020, apesar da taxa atual de importação (da ordem de 35%). O custo/hora da mão de obra desse setor é, na China, de US$ 2,00; no Brasil, de US$ 5,00. Os principais componentes – aço, vidro, plástico – são muito mais baratos naquele país.

A dificuldade para a China é, segundo Zhang Wei-Xian, representante no Brasil da empresa Sinosteel, encontrar jazidas de ferro que não exijam grandes investimentos em infraestruturas (portos, ferrovias), já que a maioria delas é controlada pela Vale.

Fora esses projetos, por ora teóricos, há poucas operações industriais mistas na região (Campina Grande, na Paraíba, uma *joint-venture* em software realizada em 2003). A empresa chinesa Sinopec participa da construção de um gasoduto Sudeste-Nordeste, com um empréstimo de 750 milhões de dólares do Bank of China, que abriu, em setembro de 2008, uma representação na cidade de São Paulo.

O montante dos investimentos diretos da República Popular da China no Brasil, em 2008, era de US$ 83 milhões e o estoque inferior a US$ 800 milhões. Em 2010, as estimativas apontam investimentos superiores a US$ 12 bilhões!

- Motor do crescimento atual do Brasil, primeiro mercado de exportação em 2010 (15% das exportações brasileiras), antes dos Estados Unidos, a China importa da região suas principais matérias-primas: minério de ferro (de Carajás, via porto de Itaqui, no Maranhão), sementes de soja, couro, celulose, fibras de sisal, granito. Para vários produtos, as compras chinesas ocupam, hoje, um lugar preponderante. No caso do granito, a China é o primeiro cliente da Bahia (35% da produção) e do Ceará (80% das exportações). No caso do minério de ferro, ela acaba de ultrapassar o Japão como primeiro importador. Existem potencialidades, além disso, nos setores da arboricultura frutífera, do bioetanol, do turismo (após a inclusão recente do Brasil nas rotas autorizadas). A China é o primeiro cliente do Maranhão em 2010, na frente dos Estados Unidos, com 36% das exportações maranhenses no primeiro semestre.

A complementaridade admitida na origem do forte crescimento dos intercâmbios comerciais poderia durar pouco tempo, como parece indicar o princípio adquirido da adoção de cláusulas de salvaguarda pelo Brasil após a outorga generosa do estatuto da "economia de mercado" para a China.

Porém, no atual contexto do comércio bilateral, as exportações chinesas incomodam mais os setores industriais do centro-sul do país do que os do Nordeste, fora o parque industrial de Camaçari, na Bahia, e a indústria têxtil no estado do Ceará. O crescimento do fluxo de investimentos chineses, se ele se confirmar, deverá privilegiar tanto as instalações das indústrias pesadas do centro-sul (Paraná, São Paulo) quanto as infraestruturas dos principais portos do Nordeste (Pecém, Suape, Itaqui). A Vale anunciou, em setembro de 2010, a obtenção de financiamento do Eximbank chinês de US$ 1,22 bilhão para a construção de 12 navios graneleiros, com capacidade de 400 mil toneladas de minério de ferro, fabricados num estaleiro chinês, uma medida apresentada como imposição chinesa (os cargueiros poderiam ser construídos no estaleiro Atlântico Sud, localizado no porto de Suape, em Pernambuco.

Os principais estados se esforçam em desenvolver uma cooperação descentralizada com províncias chinesas, entre as quais se distingue Guangdong (Cantão). Diversas delegações se sucederam recentemente de um e de outro lado:

- Uma missão da cidade de Zhaoquing (província de Guangdong), conduzida pelo prefeito, esteve na Paraíba em 2004 e assinou, com o município de Campina Grande, um acordo de cooperação científica, técnica e cultural cujos termos preveem a criação de um centro internacional de software;

- Uma delegação de Guangdong esteve na Bahia em setembro de 2004 para renovar os termos de um acordo comercial que datava de 1999. A vice-governadora da província de Shandong liderou uma missão empresarial chinesa à Bahia em maio de 2010, para participar de um evento para a instalação de 12 câmaras setoriais (energias renováveis, pesca, carne, grãos, algodão, frutas etc.). Um seminário sobre oportunidades de investimentos na Bahia aconteceu em Xangai, em outubro de 2010, com a participação do secretário de Agricultura do estado e o vice-prefeito de Salvador. O governo da Bahia abriu um escritório de representação em Pequim;

- Uma missão da cidade de Guangzhou (Guangdong) esteve em Pernambuco, em novembro de 2004, interessada nas instalações portuárias de Suape, visita retribuída pelo prefeito de Recife em maio de 2005, quando um acordo de cooperação foi assinado. Cento e vinte empresários pernambucanos participaram da Missão Empresarial Nordeste, em 2007, à China, pela Federação do Comércio de Bens, Serviços e Turismo do Estado de Pernambuco, Fecomércio-PE;

- Uma delegação de 34 dirigentes de empresas do Ceará esteve na China em outubro de 2004 e visitou diversas capitais de províncias, entre elas, Fuzhou (Fujian) e Guangzhou. Em abril de 2010, o SindQuímica (Sindicato das Indústrias Químicas, Farmacêuticas e Petrolíferas do Ceará) organizou uma comitiva empresarial à China, hoje o sétimo destino das exportações cearenses e o primeiro de origem das importações;

- O governador do Ceará esteve em Fuzhou, em setembro de 2005, a fim de participar da Feira Internacional para o Investimento e o Comércio (CIFIT), em Ziamen (Fujian), Xangai e Pequim;

- Os governadores criaram câmaras de comércio e de indústria bilaterais: no Maranhão, em maio de 2004; no Ceará, em setembro de 2004. Tendo em conta a fraqueza institucional da representação chinesa no Nordeste, eles desenvolvem essas relações com a ajuda ativa da representação local do Hong Kong Trade Development Council, estabelecida em São Paulo;

- Uma missão chinesa interessou-se pelo projeto do estaleiro que a construtora Camargo Corrêa inaugurou no porto de Suape em 2007, onde deverá instalar uma usina de eletrônica. A empresa chinesa ZPMC (Shanghai Zhenhua Port Machinery) ganhou uma concorrência no valor de 17 milhões de dólares para equipar o terminal de contêineres do porto de Suape.

Um otimismo contido

Observa-se, no entanto, nos meios econômicos, que as exportações brasileiras para a China não asseguram, em valor, 2% das importações chinesas, e revelam um intercâmbio Sul-Norte, principalmente, que vai se agravando. Prova disso é a avidez chinesa por matérias-primas brutas, sem valor agregado (grãos de soja, mas não óleo; couro, mas não calçados; algodão bruto, mas não produtos acabados; fibras de sisal, celulose etc.), e compras brasileiras, majoritariamente de bens de consumo e produtos manufaturados.

É verdade que o Brasil vende automóveis e peças de reposição para a China (na realidade, as vendas acontecem entre filiais instaladas de um lado e de outro — Volvo, Fiat, Volkswagen, Bosch, Delphi), uma *joint-venture* no setor de aeronáutica foi criada com a Embraer, em Harbing, em 2003, mas é vista como concorrente pelo governo chinês (sócio majoritário). E uma cooperação espacial existe para os satélites de observação terrestre. Porém, as vendas chinesas para o Brasil deixam transparecer uma dupla problemática:

- Elas alimentam fortemente o contrabando e a pirataria, com preços faturados irreais generalizados, facilitados pela dualidade das relações com Taiwan e pelas especificidades de uma comunidade chinesa pouco numerosa (menos de 10 mil no Nordeste), mas bem assimilada, qualificada e baseada em redes de relações complexas autônomas, incentivada por uma vocação empresarial. Dois terços dos produtos de contrabando vêm da China. O confisco recente de 66 mil uniformes destinados ao exército brasileiro vindos da China, com a etiqueta *made in Brazil*, alerta para a importância do fenômeno. Uma reação coletiva, no âmbito do Mercosul, não é possível. O Paraguai, por onde transita uma parte do contrabando, não reconheceu até hoje a República Popular da China;

- Elas conhecem uma taxa de expansão brutal facilitada pelos baixos salários praticados na China, por uma população rural numerosa e por uma moeda subavaliada, que faz uma concorrência descarada às indústrias locais, principalmente na Bahia e no Ceará (têxtil, calçados, pneus). A taxa da poupança na China é de 40% (20% no Brasil) e os encargos fiscais, 16% (36,5% do PIB no Brasil). As exportações chinesas fazem concorrência tanto às indústrias tradicionais, grandes consumidoras de mão de obra, quanto aos setores de ponta da economia, sobretudo nos mercados terciários, em particular, no norte-americano, principal exportador para cada um dos estados da região (20% a 30% das exportações em média). Esse efeito concorrente no mercado estadunidense já é observado na indústria de calçado (redução de quase um terço das participações entre 1995 e 2004) e têxtil. A vantagem observada nas indústrias automobilística, aeronáutica e farmacêutica reduz-se a cada dia. A China fabrica, hoje, quase quatro vezes mais automóveis que o Brasil: 11 milhões de veículos em 2009.

ÍNDIA

O comércio entre a Índia e o Brasil é muito fraco (1,03 bilhão de dólares em 2003; 3,1 bilhões de dólares em 2007 — menos de 1% do comércio exterior das duas nações) e as estruturas dos intercâmbios competitivos demais para se prever uma dinâmica futura. Até o momento, a exportação brasileira para a Índia repete os termos do comércio com a China, isto é, está concentrada em produtos básicos, principalmente o açúcar. Único na região, o Maranhão tem uma relação comercial notável com a Índia, de onde vieram, em 2009, 22% de suas importações. A Índia é ainda muito pouco internacionalizada, tanto do ponto de vista das empresas brasileiras que se instalam em seu território, quanto no da presença de suas próprias firmas no exterior e, sobretudo, no Nordeste do Brasil. Observa-se aqui que uma população, em sua maioria rural, incita a Índia a uma atitude prudente em relação à Organização Mundial do Comércio; aquém, sem dúvida, das posições do Brasil, apesar de reivindicações expressas na maioria dos foros internacionais (subvenções à agricultura, indústria farmacêutica de genéricos etc.)

JAPÃO

O fluxo de investimentos provenientes do Japão vai para o centro-sul do país, principalmente São Paulo, onde vive uma importante comunidade japonesa, muito integrada, da qual são oriundos os 317 mil brasileiros expatriados do Japão (a terceira comunidade estrangeira depois das chinesa e coreana), e que o Brasil homenageou, em 2008, na comemoração do centenário da imigração japonesa. Estima-se em 14 bilhões de dólares o montante dos investimentos japoneses no Brasil de 1951 a 2001, mas o fluxo desses recursos diminuiu. Os principais investimentos japoneses datam dos anos 1960: Ajinomoto (total de negócios em 2005: 397 milhões de dólares); Panasonic, filial de Matsuhita (total de negócios em 2005: 500 milhões de dólares); Honda (total de negócios em 2005: 1,23 bilhão de dólares). A trading Masuberi (soja, álcool etc.) e a empresa Mitsui (etanol), cujo investimento no Brasil atinge quase 2 bilhões de dólares, estão presentes no Nordeste. O presidente mundial da Mitsui, Shoei Utsuda, também é presidente da comissão de cooperação econômica Brasil-Japão do patronato japonês (Keidanren). A Mitsui estaria disposta a financiar parte dos US$ 11 bilhões que a Petrobras prevê investir na construção da refinaria Premium II, no Ceará.

Ao mesmo tempo em que as importações vindas da China cresceram, o Japão perdeu espaço. Entre 1990 e 2006, as importações japonesas caíram de 7% para 4%. Porém, é difícil saber se houve uma plena substituição de fornecedores japoneses por chineses, no caso específico do Brasil. Multinacionais japonesas têm optado por deslocar uma parte de sua produção para a China a fim de baratear os custos.

O Brasil está entre os maiores receptores da colaboração técnica japonesa. O montante acumulado desde o acordo de cooperação (1971) supera 1 bilhão de reais, segundo a Agência de Cooperação Japonesa (JICA). O período mais marcante ocorreu nas décadas de 1980 e 1990. Mais de 9 mil bolsistas brasileiros foram recebidos no Japão nesses últimos quarenta anos.

Entretanto, o Japão está muito presente no Nordeste através de generosos financiamentos concedidos pela JICA em vários setores da economia rural. A agência financia no Piauí diversos programas: navegação do rio Parnaíba (1992-1995); saúde pública (2000-2001); transferência de tecnologia em favor de pequenos produtores rurais com ajuda da Embrapa. Em 2005, o Japão concedeu um empréstimo de 31 milhões de dólares ao setor de adução da água para 24 municípios rurais de Sergipe. O Banco Internacional de Cooperação japonês associou-se, em agosto de 2004, aos financiamentos outorgados para o desenvolvimento do porto de Pecém, no Ceará.

Em setembro de 2010, a JICA assinou um convênio com o governo do Maranhão para a realização de estudos de viabilidade técnica para a expansão do porto do Itaqui.

Durante os anos 2002 a 2007, a JICA promoveu a capacitação de dez administradores e 42 enfermeiras obstetras no Japão dentro do Projeto Luz, programa para a melhoria da saúde materno-infantil no Nordeste. A agência habilitou mais de 2 mil profissionais brasileiros por seus ex-bolsistas através de seminários e workshops realizados principalmente nos estados do Norte e do Nordeste, a partir da criação do modelo de assistência humanizada ao parto e ao nascimento desenvolvido no estado do Ceará e sua divulgação no Nordeste. O projeto "Municípios saudáveis no Nordeste do Brasil", desenvolvido em Pernambuco pelo Núcleo de Saúde Pública da Universidade Federal de Pernambuco e por uma missão japonesa, elabora políticas públicas para a saúde com a participação das comunidades.

COREIA DO SUL

A Coreia do Sul tem uma comunidade importante no Brasil mas pouco presente no Nordeste. São cerca de 80 mil pessoas, cuja metade é clandestina, dedicada sobretudo à pirataria e ao pequeno comércio urbano. Os investimentos da Samsung e da LG estão em Manaus (Amazônia), Campinas e Taubaté (São Paulo). A empresa siderúrgica Dongkuksteel está associada à realização de uma usina no Ceará com o conglomerado italiano Danielli e a companhia Vale, anunciada por ocasião da visita a Brasília do presidente coreano, em novembro de 2004. O país ganha cada vez mais espaço no mercado brasileiro, tomando do Japão, em 2010, o quinto lugar entre os principais países dos quais o Brasil importa. Os grandes destaques são os automóveis, componentes eletrônicos e de comunicações. Mesmo com impostos altos (35%), as importações de veículos da Hyundai (com suas filiais Subaru e Kia) crescem de maneira expressiva (3,5% do mercado brasileiro em 2010).

Uma montadora Hyundai, maior marca da Coreia do Sul, foi finalmente inaugurada no estado de Goiás em 2007, depois de anos de ilusões, alimentadas pela empresa Kia Motors no estado da Bahia, que lhe permitiriam obter do governo federal algumas exonerações fiscais para importação.

Uma cooperação científica entre o Conselho Nacional de Desenvolvimento Científico e Tecnológico (CNPq) e o Korea Institute for Science and Technology (KIST), está em andamento. A agência coreana de promoção do comércio exterior e investimentos (Kotra) assinou em julho de 2010 um acordo com a Transpetro na área de construção naval. Em setembro de 2010, a quinta edição do Fórum Brasil-Coreia do Sul foi realizada em Fortaleza, na Federação das Indústrias do Estado do Ceará (FIEC), para discutir estratégias e logística. Os coreanos, que já possuem um forte investimento na Companhia Siderúrgica do Pecém (50% – Vale; 30% – a coreana Dongkuk; 20% – a coreana Posco), que entrará em operação em 2014-2015, pretendem apostar agora em energias renováveis, turismo e tecnologias da informação.

***

O Brasil deseja usar a cooperação Sul-Sul a serviço de sua nova ambição de potência global emergente no âmbito de um mundo multipolar, e sua aproximação com a região Ásia-Pacífico faz parte desse projeto.

Seu status, hoje preponderante na América do Sul, sobretudo na área do Mercosul, sua influência na África lusófona, sua abertura em direção aos países árabes, sua militância solidária Sul-Sul nos foros internacionais, que privilegia uma reaproximação com a Índia, a China e a África do Sul, não devem fazer esquecer que o país deve aos Estados Unidos e à União Europeia o essencial de seus investimentos, de seus intercâmbios e de suas formações científicas.

Para as autoridades locais e para os principais jornais regionais, a percepção atual da Ásia é sensivelmente diferente da do governo federal, considerada superestimada e, no mínimo, prematura. Segundo um estudo da agência Goldman Sachs, as economias da China, Índia, Brasil e Rússia somente em 2040 representarão um mercado mais importante que as economias reunidas dos Estados Unidos, do Japão e dos quatro principais países europeus (Alemanha, França, Itália e Grã-Bretanha).

AS RELAÇÕES COM A ÁFRICA

As questões diplomáticas que inspiram a aproximação com a África, iniciada desde a eleição de Lula à presidência em 2002, são bastante distantes das preocupações atuais das elites do Nordeste. Estas manifestam pouco interesse por essa diplomacia Sul-Sul. A curiosidade, fora o interesse pelo legado cultural e religioso, é limitada na região aos intelectuais e aos artistas de Salvador, a Roma africana, onde 82% da população são negros.

A África permanece associada, na memória coletiva nordestina, a duas imagens extremamente negativas: a escravidão e a pobreza. Fora a atração exercida pela herança religiosa, o interesse é apenas pelos países lusófonos.

As principais autoridades locais e os meios empresariais da região — com exceção das empresas baianas Odebrecht (construção civil) e Braskem (química) — pouco esperam dessa aproximação, qualificada de excessiva para um continente que corresponde a menos de 2% do PIB mundial, com uma participação de menos de 4% nos intercâmbios comerciais com o Brasil e onde a metade da população é indigente. O Brasil não teria os meios para ajudar no seu desenvolvimento e essa diplomacia rapidamente encontrará seus limites, a menos que se beneficie de aportes financeiros multilaterais, principalmente europeus, por intermédio de cooperações triangulares com França e Portugal.

Dois franceses, o sociólogo Roger Bastide e o fotógrafo Pierre Verger, contribuíram para que o Brasil recuperasse sua memória africana, numa época — anos 1960 — em que a identidade negra, depois de ter sido combatida, era fortemente negada e os cultos de origem africana qualificados de subcultura.

A reavaliação pelo Brasil de sua herança africana é um fenômeno recente. No Nordeste, os romances de Jorge Amado, as pinturas de Caribé (pintor argentino que morava em Salvador) e as fotografias de Pierre Verger constituíram-se, por muito tempo, em atitudes relativamente isoladas.

A memória africana

Os trabalhos sobre a África se desenvolveram no Brasil com a criação de dois centros de estudos africanos: o Centro de Estudos Afro-Orientais, da Universidade Federal da Bahia (UFBA), criado em 1959 com o jornal *Afro-Ásia*, e o Centro de Estudos Afro-Asiáticos, da Universidade Cândido Mendes, no Rio de Janeiro, com a revista Estudos Afro-Asiáticos.

A língua portuguesa foi ensinada no Benin e na Nigéria no início do século XX pelos agudas, de ascendência africana e vindos do Brasil (estima-se em 8 mil o número de afro-brasileiros que teriam retornado à África depois de 1880). Por iniciativa do Centro de Estudos Afro-Orientais de Salvador, o português é hoje ensinado nas universidades de Dakar (Senegal) e de Ile-Ife (Nigéria) por professores brasileiros.

Angola, Benin e Nigéria abriram institutos culturais em Salvador, os únicos do gênero no Brasil. A Casa de Angola foi criada em 1999 para difundir a cultura angolana, dispondo de uma biblioteca com 10 mil obras e expondo coleções do Museu Nacional de Angola. A Casa do Benin, inaugurada em 1998, é administrada pela Fundação Gregório de Matos, ligada à Universidade Federal da Bahia. A da Nigéria foi aberta em 2001 e organiza cursos de iorubá.

O Museu Afro-Brasileiro da Bahia foi fundado em 1974, o primeiro do gênero no Brasil, reunindo objetos ritualísticos selecionados no Dahome (Benin) e na Nigéria por Pierre Verger. Esse museu foi restaurado e é administrado atualmente pela Universidade Federal da Bahia. O escultor baiano Emmanoel Araújo abriu, em São Paulo, um museu afro-brasileiro (Museu Afro-Brasil) com sua coleção particular, em outubro de 2004.

A África significa, antes de tudo, cultura e tradição. Os intelectuais brasileiros valorizaram mais o sincretismo e a mestiçagem cultural que a pureza da cultura negra e um retorno às raízes.

A participação crescente da população branca nas expressões negras, sem dúvida menos visível no Nordeste do que no centro-sul do país (Rio de Janeiro, por exemplo), como capoeira, samba, candomblé, umbanda, ou seja, o reconhecimento progressivo dos elementos da cultura negra como parte integrante da sua identidade, diminuiu a percepção do parentesco com a África nessa herança.

O secretário de Educação da Bahia, Edivaldo Boaventura, hoje diretor do jornal *A Tarde*, introduziu nos anos 1980 um curso de estudos africanos nas escolas secundárias, mas deparou-se com a falta de recursos, de material didático e com uma carência na formação dos professores. A África, presente no cotidiano, era, na realidade, um continente desconhecido.

A legislação federal de 9 de janeiro de 2003 impõe o ensino sobre a África e sobre a cultura afro-brasileira. Essa lei federal precisa ser regulamentada pelo governo do estado e pelo município. Salvador deu vida a essa disposição e contribuiu para a edição de vários textos didáticos, dos quais participaram os professores Mobuto Benjamin, da Universidade Rural de Pernambuco, com seu livro *A África está em nós*; Yeda Pessoa de Castro (doutora em línguas africanas pela Universidade Nacional do Zaire); e Lourdes Siqueira (doutora em antropologia sobre populações de origem africana pela École des Hautes Études en Sciences Sociales de Paris e com pós-doutorado na School of Oriental and African Studies da University of London e na University of South Africa). A legislação federal inclui no calendário escolar o dia 20 de novembro como "Dia Nacional da Consciência Negra".

A Universidade Federal da Bahia, a única universidade brasileira a oferecer um curso específico de línguas africanas, está ligada a diversas entidades locais empenhadas na preservação da herança africana

(Sociedade de Preservação da Língua Iorubá no Brasil, Associação Cultural de Preservação do Patrimônio Bantu). O iorubá, hegemônico, perpetuou-se no Brasil unicamente como língua litúrgica.

O parentesco e a correspondência das artes sagradas da África e do Brasil são estreitos, mas não há identidade, por causa de um fenômeno de aculturação (o mais significativo é o sincretismo com a religião católica ou com o espiritismo na umbanda) e de uma evolução diferente dos cultos. A umbanda, nascida no sul do país nos anos 1920, difundiu-se no meio da população branca e mestiça. Ela conta hoje com mais adeptos no Nordeste que o candomblé, que se tornou, atualmente, uma religião completamente brasileira, de raízes africanas, como bem o ilustra a figura do caboclo.

A influência musical africana

No campo musical, os shows frequentes de artistas africanos, sobretudo nos palcos baianos, não devem criar nenhuma ilusão sobre uma contribuição autenticamente africana. Raros são os que vêm diretamente da África. A maior parte mora em Londres, como os Alpha Blondy (reggae da África Ocidental), Manu Dibango (soul africano de Camarões), Yussuf N'dhur (afro-pop do Senegal). Os negros americanos foram fonte de inspiração, assim como o foram os cantores africanos, provavelmente porque, no plano musical, a modernidade está associada à influência norte-americana: as periferias pobres negras preferem a *black music* norte-americana (*funk, rap*). A Jamaica exerce uma influência tão importante (no Maranhão, na Bahia) quanto a África. As relações são mais profundas com os artistas negros de Los Angeles, Nova York, Londres, Kingston, Amsterdã ou Paris do que com os artistas propriamente africanos. É através da *world music*, e não dos palcos africanos, que os músicos baianos começaram a ser conhecidos no exterior, sobretudo por iniciativa de produtores independentes. Mesmo no campo da percussão, herança dos cultos religiosos, são os cantores anglo-saxões que gravam com os conjuntos Olodum, Timbalada (Paul Simon, David Byrne, Michael Jackson). O cantor e compositor baiano Antonio Carlos Santos Freitas adotou o nome artístico de Carlinhos Brown nos anos 1970, em referência a James Brown.

Os principais conjuntos de música popular brasileira, compostos por cantores negros (Raça Negra, Grupo Raça, Só pra Contrariar), quase não compõem sobre a negritude e não têm relações especiais com a África. A exceção é o grupo O Quintal do Samba, cujo último CD foi gravado no estúdio da rádio nacional de Angola. Mas os blocos Ilê Aiyê e Olodum, fundados em Salvador em 1974 e 1979, respectivamente, optaram pelo continente africano. O que mais identifica a música proveniente da África são os ritmos característicos e os instrumentos de percussão, de variadas formas, tamanhos, sons, timbres, e ligados sempre a uma entidade religiosa. Outro traço marcante muito importante é a organização da música em solo-coro, marcado, no solo, por uma voz potente e um coro que responde ao que cantou o solista.

Muitos espetáculos musicais e cinematográficos dedicados ao continente africano são organizados no Brasil, principalmente em Salvador, e, sobretudo, desde a chegada, em 2002, do artista baiano Gilberto Gil ao Ministério da Cultura: Festival de Arte Negra (Belo Horizonte, em novembro de 2003); exposição de artes africanas a partir das coleções do Museu Etnológico de Berlim (São Paulo e Rio de Janeiro, em 2005); festival de música sob a égide do Programa das Nações Unidas para o Desenvolvimento (PNUD), em Salvador, em novembro de 2005; Philips Music World Festival (Recife, em setembro de 2004); etc.

Essas iniciativas privilegiaram o cinema, com várias retrospectivas de diretores africanos, organizadas nas principais capitais regionais. O Festival de Cinema Pan-Africano é organizado todos os anos em Salvador em novembro, desde 2000, com produções fora do circuito comercial, apresentadas para comunidades negras da periferia urbana (responsável: Fátima Fróes). O convidado do festival, em 2005, foi o senegalês Boudacar Boris Diop, escritor e roteirista.

A mostra cinematográfica internacional Bahia Afro Film Festival, na sua terceira edição em 2010, uma iniciativa da Casa de Cinema da Bahia (o curador do evento é o cineasta Lázaro Faria), realizada no município de Cachoeira, com a participação de personalidades que se tornaram referência na produção audiovisual baiana. E o caso do fotógrafo Adenor Gandim, do cineasta Roque Araújo, do clarinetista baiano Juvino Alves e do cineasta mineiro Joel Zito Araújo. Um evento parecido com a mostra Encontro de Cinema Negro, organizada no Rio de Janeiro pelo ator Zózimo Bulbul desde 2006.

A Fundação Palmares, criada em 1988, presidida por Ubiratan Castro de Araújo (doutor pela Universidade de Paris e membro da Academia de Letras da Bahia), que edita a revista Palmares, é o órgão do Ministério da Cultura que mais trabalhou, com seu ministro, em favor da população afro-brasileira, sobretudo no plano educativo. Uma rede de quatrocentas rádios comunitárias difunde programas da Fundação, que está associada à Universidade de Brasília.

No campo literário, a referência a escritores afro-brasileiros suscitou controvérsias. A revista Cadernos Negros, criada em 1978 pelo poeta Luiz Silva Cuti e editada por uma associação de autores negros, privilegia a cor do autor. A antologia de 125 autores afro-brasileiros, elaborada pela Universidade Federal de Minas Gerais em 2007, e a qual se associaram 32 universidades, privilegia a "cor do texto e não a do autor".

Em outubro de 2008, por ocasião da Conferência sobre Afrodescendentes da América Latina, organizada em Bogotá, o Brasil defendeu a criação de um observatório internacional, via internet, da cultura negra.

África lusófona

Em sua aproximação com o continente africano, o Brasil interessou-se, sobretudo, pelos países lusófonos. Foi sob sua iniciativa que foi criada a comunidade dos países que têm em comum o uso do português (Comunidade de Países de Língua Portugesa), cuja sede fica em Lisboa, inspirada no espaço francófono.

Com a instauração da ditadura militar no Brasil, muitos professores brasileiros se exilaram nas colônias portuguesas da África (200 universitários brasileiros em Moçambique, 200 em Angola, algumas dezenas na Guiné-Bissau). O Frelimo, movimento para a independência de Moçambique, tinha professores brasileiros em suas fileiras, entre eles o reitor da Universidade de Maputo, Fernando Ganhão. Os exilados brasileiros constituíram, depois de 1973 (muitos vindos do Chile, onde se tinham refugiado), uma componente importante para os professores e quadros no lugar da administração colonial. Vários desses exilados haviam feito seus estudos na Europa, principalmente em Paris, e experimentaram certa satisfação em valorizar, no espaço lusófono africano, um patrimônio linguístico que tinha sido motivo de marginalização social e cultural na Europa.

O Instituto Nacional do Cinema foi criado em Moçambique com a ajuda do cineasta moçambicano residente no Brasil Ruy Guerra e do cineasta brasileiro Licínio Azevedo. A literatura africana de língua portuguesa é pouco conhecida no Brasil. Salvo exceções, como Germano Almeida e Mia Couto, editados pela Companhia das Letras, os autores mais conhecidos são inéditos no Brasil, como José Luandino Vieira, Ondjaki e Ana Paula Tavares, de Angola; João Paulo Borges Coelho, de Moçambique. Mia Couto foi convidado para a Bienal do Livro de Fortaleza, em agosto de 2004. Vale recordar que os autores brasileiros do Nordeste (Jorge Amado, Graciliano Ramos, João Cabral) exerceram uma considerável influência sobre os escritores de Moçambique.

Tendo em conta seus recursos, suas imensas necessidades e os meios limitados da cooperação externa do Brasil, as parcerias com os países da África, salvo o grupo de países lusófonos, são restritas. A África do Sul, por causa das negociações comerciais multilaterais (G3), Guiné-Bissau (por causa de sua fragilidade institucional), Angola e Cabo Verde (por seus recursos petrolíferos) são países prioritários para a diplomacia brasileira.

O Brasil está na origem da criação da primeira universidade pública de Cabo Verde, em abril de 2005. Três mil estudantes do país estão matriculados nas universidades brasileiras; 400 famílias de São Tomé receberam, em 2005, o programa federal Bolsa Família. É principalmente no plano educativo (na Nigéria e em Camarões) e no plano da luta contra a Aids, com transferência de tecnologia no campo da produção de medicamentos antirretrovirais (Moçambique, Nigéria), que as perspectivas de cooperação estão mais avançadas. Em 2010, o governo brasileiro fez uma doação de US$ 300 milhões em alimentos para o Sudão, a Somália, o Níger e as nações africanas de língua portuguesa, e uma contribuição do mesmo valor ao programa de alimentação da FAO.

A Agência Brasileira de Cooperação, que depende do Itamaraty, destina 60% de seu orçamento à África, onde ela intervém nos 18 países. A Empresa Brasileira de Pesquisa Agropecuária (Embrapa) possui um escritório regional em Gana. O Instituto Oswaldo Cruz, centro brasileiro de referência na área de saúde, abriu em outubro de 2008 uma representação em Moçambique. Em maio de 2010, Belém (PA) sediou a Conferência África-Brasil sobre a Aids, da qual participaram cinco países de língua inglesa (Botswana, Gana, Quênia, Tanzânia e Zâmbia).

A presença econômica brasileira, apesar de sete viagens presidenciais à África e da abertura de 16 representações diplomáticas desde 2002, limita-se essencialmente, até hoje, a quatro setores: prospecção de petróleo (Petrobras, em Cabo Verde, Tanzânia e São Tomé), extração de minerais (Vale), obras públicas (Odebrecht) e equipamento de transporte (Marco Polo).

A cooperação triangular

Durante a Comissão Mista França-Brasil, que aconteceu em Paris no mês de julho de 2003, uma agenda especial foi dedicada às ações de cooperação com a África no campo principalmente da saúde pública e do desenvolvimento durável, associando os órgãos de pesquisa franceses e brasileiros (Cirad, Ird, Institut Pasteur, do lado francês; Embrapa, CNPq, Fundação Oswaldo Cruz, do lado brasileiro).

O Nordeste poderia se associar a essa cooperação triangular, principalmente a Universidade Federal da Paraíba, que desenvolve, com o Cirad, uma cooperação no setor educativo no meio rural, o Instituto do Semiárido, em Campina Grande, e o Centro de Pesquisa em Agricultura Tropical da Embrapa, em Petrolina.

Durante a visita a Brasília do primeiro-ministro italiano, Romano Prodi, em abril de 2007, um acordo de cooperação foi anunciado entre a Petrobras e o ENI (Ente Nazionale Idrocarburi), no setor do biodiesel, em Angola e Moçambique.

* * *

A Conferência de Intelectuais da África e da Diáspora, cuja segunda sessão aconteceu em Salvador, em julho de 2006, por iniciativa do presidente Lula, que a presidiu, e de seu ministro da Cultura, da qual participaram aproximadamente dez chefes de Estado ou de governos africanos, salientou a falta de interesse, salvo o estado da Bahia, por parte das autoridades regionais e das principais mídias brasileiras para uma aproximação intelectual solidária com a África.

A África permanece para o Nordeste o berço distante, às vezes voluntariamente esquecido, porque associado a um fenômeno dramático cujas sequelas sociais são imensas ainda hoje, a escravidão. Uma herança lembrada por causa do componente religioso, do qual se reconhece atualmente a importância na formação cultural da nação, mas que se estima hoje ser parte integrante das identidades locais, um pouco como a língua francesa em Québec.

SEGUNDA PARTE

ESTADO DE ALAGOAS

População	3 156 108
Superfície	28 000 km²
IDH (2005)	0,677
PIB per capita (2008)	R$ 6.227
Mortalidade infantil (2007)	41,3 por mil
Capital Maceió	0,9 milhão

Apesar do tamanho modesto, menos de 0,3% da superfície do país e menos de 2% de sua população, o estado de Alagoas exerce certa influência política sobre o governo federal.

A monocultura da cana, uma oligarquia fundiária que exerce o poder sem partilha e uma violência endêmica e crescente são os principais traços deste estado, com o qual a França tem poucas relações, e que são frutos de uma herança que está se esgotando por falta de renovação.

As relações com França

A presença econômica da França é pequena no estado e contrasta com os investimentos realizados por seus cidadãos na indústria de açúcar no fim do século XIX e que permanecem ainda vivos na memória coletiva local. Isso se deve ao fato de que famílias francesas estão na origem da implantação de um parque industrial açucareiro no estado naquele século e que introduziram em Alagoas um modelo exemplar e precursor nas áreas de assistência social e de saúde pública (empresas: Brasileiro, do barão de Vandesmant, e Central Leão, da família Dubeux).

Atualmente, investimentos pontuais e limitados são registrados na hotelaria balneária e acompanham o desenvolvimento local da indústria turística, facilitada pela modernização do aeroporto de

Maceió, que permitiu a chegada de voos charters vindos da Europa (países escandinavos, Itália, Portugal).

Os recursos escassos de que dispõe a cooperação francesa para o Nordeste do Brasil — e a atual evolução desses recursos limitados — inspiram um pessimismo crescente sobre o futuro da cooperação universitária e linguística, elementos que restam de um patrimônio que foi, no passado, mais substancial e que, como se pode ver claramente hoje, está desaparecendo. Antigamente, um professor francês ensinava na Universidade Federal de Alagoas (acordo assinado em maio de 1984) e era por ela remunerado, e um diretor, remunerado pelo Ministério francês de Relações Exteriores, chefiava a Aliança Francesa, fundada em 1883. Esta, de fato relativamente modesta, mas que exercia com qualidade o papel de embaixada cultural geralmente atribuído a essas Alianças isoladas do Nordeste do Brasil (Aracaju, Maceió, Natal, São Luís), é objeto, hoje, de pouca consideração, ao contrário das atenções dispensadas anteriormente. Essas atenções eram fruto de reflexões de caráter político, procedentes de vontades de influência, enquanto que agora as decisões se tornaram puramente contáveis e se inscrevem numa verticalidade cada vez mais unilateral, nos antípodas de um entendimento com as autoridades locais que têm alguma dificuldade em compreender as razões desse abandono. Em maio de 2010, a reitora da Universidade Federal de Alagoas, Ana Dayse, participou de um programa de visitas na Universidade de Paris Descartes e na Ecole Normale Supérieure de Lyon.

É graças a uma médica de Alagoas, a psiquiatra Nise da Silveira (1905-1999), que trabalhos de pesquisa sobre terapias artísticas e expressivas com deficientes mentais foram investigados. Ela criou ateliês de pintura e modelagem com a intenção de possibilitar aos doentes vínculos com a realidade através da expressão simbólica da criatividade. Assisti a esses ateliês todas as quintas-feiras, entre 1980 e 1985, no Rio de Janeiro, no Centro Psiquiátrico Nacional Pedro II. A qualidade e originalidade dos trabalhos foram objeto de exposições na França, no hospital Pitié Salpêtrière, em Paris, em 1987, e em

2005, no contexto do projeto Ano do Brasil, no Halle Saint Pierre. O Museu das Imagens do Inconsciente, que a doutora Nise da Silveira criou em 1952 no asilo do Engenho de Dentro, no Rio de Janeiro, foi prestigiado por uma edição bilíngue, financiada pelo Instituto de Psicologia Junguiana de Paris e pela Universidade de Brasília.

A *vida política*

A política em Alagoas é tradicionalmente dominada por algumas grandes famílias rurais, uma oligarquia fundiária que tira seu poder da cultura da cana. Ainda hoje, 57 dos 102 municípios do estado, inclusive a capital, Maceió, têm uma economia baseada essencialmente nessa cultura. À oligarquia do açúcar juntou-se, no século XIX, a da pecuária.

Os recursos importantes de que dispunha essa oligarquia — Alagoas era, no século XIX, o primeiro produtor de cana do Nordeste — contribuíram para a influência sem proporção sobre o poder federal com as modestas dimensões de um estado que não ultrapassa 0,3% do território nacional.

Oriundos de Alagoas: os marechais Deodoro da Fonseca e Floriano Peixoto, que estão na origem da instauração da República no Brasil; Fernando Collor de Mello, eleito para a presidência do país em 1986 e demitido de suas funções pelo Congresso, por corrupção, em 1989; Renan Calheiros, ex-aliado de Collor, um dos fundadores do PSDB em 1988, presidente do Senado em 2006 (partidário de tendência "colaboracionista" do PMDB); Aldo Rebelo, presidente da Câmara dos Deputados em 2006, deputado federal por São Paulo pelo Partido Comunista do Brasil, distante há mais de 25 anos de seu estado natal; Heloísa Helena, ex-senadora do estado pelo PSOL, partido que ela criou depois de sua expulsão do PT, e que reuniu os seus militantes desencantados com o governo Lula, candidata derrotada nas eleições presidenciais de outubro de 2006, eleita vereadora com a maior votação proporcional do país em outubro de 2008.

A vida política oferece duas facetas contraditórias: uma convivência fácil de suas elites, que procede, geralmente, de solidariedade familiar, da total ausência de ideologias ou de princípios, e uma violência endêmica e crescente, que faz desse estado um dos mais violentos do Brasil.

As filiações aos partidos são oportunistas. Elas não separam verdadeiramente os políticos locais, ligados por estreitos elos familiares. É preciso conhecer para se compreender a vida política local; a tribo que partilha o poder no estado é restrita.

É o caso do ex-governador Ronaldo Lessa, filiado ao PDT depois de 20 anos como militante do PSDB, primo do deputado José Thomaz Nonô (PFL/DEM), vice-governador de Teotônio Villela (PSDB), reeleito em 2010, seu adversário político e parente do ex-governador Guilherme Palmeira (PFL/DEM), que introduziu Fernando Collor de Mello na política, facilitando-lhe o acesso à prefeitura de Maceió. E que foi derrotado por Collor, então recém-filiado ao PMDB, nas eleições de 1986 para o governo do estado. Ele e o avô de Rui Palmares (PSDB), eleito deputado federal em 2010. O irmão de Guilherme Palmeira, Vladimir Palmeira, é um líder radical do PT, deputado federal do Rio de Janeiro de 1986 a 1990. Renan Calheiros (PMDB), aliado de Collor em 1986, eleito deputado federal desde 1996 graças aos votos do Partido Comunista do Brasil, reencontrou no Senado seu antigo aliado, eleito para o Senado em outubro de 2006 pelo PTB. O presidente da Assembleia Legislativa, Celso Luiz, originalmente membro do PL, passou para o PSB e, em 2005, depois da dissidência do governador, entrou para o PMN, pequeno partido oportunista. Sua esposa, Claudia Brandão, ex-deputada estadual, foi nomeada em 2006 conselheira do Tribunal de Contas do estado. O ex-prefeito de Piranhas, Inácio Loyola Freitas, eleito deputado estadual pelo PSDB em 2010, substituiu a sua esposa, Cathia Lisboa Freitas (PMN), ex-deputada estadual (2007-2010), secretaria municipal de Assistência Social de Piranhas no mandato do seu esposo.

As mentalidades políticas são arcaicas. Um dos estados mais pobres do Brasil possui a administração mais pesada e, proporcionalmente, mais cara: são 39 secretários estaduais, três vezes mais que em Pernambuco. Uma estrutura destinada a manter o *spoil-system*: é raro um secretário estadual ser mantido por mais de um ano no governo. Investigação da Polícia Federal em 2008 mostrou que deputados estaduais desviaram 300 milhões de reais da folha de pagamento do Legislativo, usando servidores fantasmas, parentes, ex-deputados e gerentes de instituições bancárias para fraudar e maquiar empréstimos. Em janeiro de 2009, enquanto a crise econômica convidava estados e municípios a cortar gastos, em Maceió, uma das capitais mais pobres do Brasil, a Câmara de Vereadores, com 27 parlamentares, contratou 150 pessoas, sem concurso público, para cargos de apoio da mesa diretora.

São 17 as famílias que dominam um terço dos municípios: Beltrão Siqueira, Malta Brandão, Jatobá estão entre as mais poderosas. O grupo político mais influente se organiza em torno de João Lyra, deputado federal pelo PTB, proprietário do maior conglomerado açucareiro do estado, que levou à prefeitura de Maceió Cícero Almeida (PP). João Lyra é pai de Teresa Collor, viúva de Pedro Collor, irmão do ex-presidente. Em Alagoas, política e genética têm tudo a ver. Reeleito, o senador Renan Calheiros (PMDB) emplacou o filho, Renan Filho (PMDB), como deputado federal, o mais votado do estado no pleito de outubro de 2010. Benedito de Lira, três vezes deputado federal, pelo PFL/DEM (1995-1999) e pelo PP (2003-2011), eleito para o senado em 2010 pelo PP, também conseguiu viabilizar o filho, Arthur Lira (PP), como deputado federal. Outro deputado eleito, Rui Palmeira (PSDB), contou com a influência do pai, o ex-senador Guilherme Parreira (DEM), que chegou a ser candidato a vice na chapa presidencial do tucano Fernando Henrique Cardoso em 1994. Sem contar com o deputado Olavo Calheiros, irmão de Renan, eleito em 2010 para a Assembleia Legislativa do estado. Joãzinho Pereira, o deputado estadual mais votado em outubro de 2010, vem de uma família de políticos. Seu avô, Téofilo Pereira, foi prefeito de Junqueiro; seu pai, João José, também. Hoje, Junqueiro é administrado por outro Pereira, Fernando, irmão de Joãzinho. O município de Murici, berço da família de Renan Calheiros, é ainda mais emblemático. Outro exemplo, Almir Lira, ex-prefeito de Feira Grande, eleito deputado estadual em outubro de 2010 pelo PRTB, pertence a uma família de políticos locais. O avô, Tonho Bispo, e os tios Anísio Lira e Elizário Aristide Pereira foram prefeitos do município. O filho, Jair Lira, prossegue em seu segundo mandato como prefeito de Lagoa da Cana.

As ações da Polícia Federal (operação Navalha, em 2007; operação Taturana, em 2008) revelam a extensão da corrupção no estado. A PF indiciou nove deputados, um ex-governador e o ex- comandante da Polícia Militar em 2007 por desvio de 200 milhões de reais da folha de pagamento da Assembleia Legislativa. Em maio de 2010, a Justiça de Alagoas determinou o bloqueio de bens do deputado Maurício Quintella Malta Lessa, primo de Ronaldo Lessa, bem como do ex-governador e candidato derrotado ao governo de Alagoas, por causa de um processo que analisa um desvio de recursos repassados pelo governo federal para a área de educação. Maurício Quintella Lessa, deputado federal (2003-2011), foi secretário de Educação no governo Ronaldo Lessa (2003-2005) e substituído em 2005 por José Mareio Lessa (PSDB), tio do ex- governador. A ex-prefeita de Arapiraca, Célia Rocha (PTB), a deputada federal mais votada do estado, com Renan Filho, em outubro de 2010, foi denunciada pelo Ministério Público Federal pela prática de infrações previstas na Lei de Licitações. As vendetas políticas são comuns. Alagoas vivencia hoje a nova violência, de caráter mais urbano, sem que tenha resolvido a velha violência dos "coronéis" da política local. Ceci Cunha, deputada federal assassinada em dezembro de 1998 por seu suplente — os réus no crime não foram até hoje a julgamento. Jõao Lyra, acusado de ser o mentor, segundo a revista *Isto É* de 5 de julho de 2006, do assassinato de Sílvio Carlos Luna Viana, coordenador-geral de Administração Tributária da Secretaria da Fazenda do estado, cobrando uma dívida milionária de usineiros alagoanos em outubro de 1996...

mais um caso emblemático da impunidade e da fragilidade das instituições do estado.

A dependência extrema dos municípios em relação aos aportes federais perpetua o poder da oligarquia rural, da qual são oriundos seus representantes (deputados federais, senadores) e facilita numerosas fraudes, principalmente no âmbito do Fundo Nacional de Desenvolvimento da Educação (FNDE), que foi objeto, em 2003, de uma vasta investigação da Polícia Federal em cinquenta municípios, com a detenção de vinte prefeitos.

O governador Teotônio Vilela Filho (PSDB) é aliado de Renan Calheiros (PMDB) e adversário de João Lyra, seu rival, derrotado nas eleições de outubro de 2006 e eleito deputado federal em 2010. Renan Calheiros, ex-ministro da Justiça, depois de renunciar à presidência do Senado em 2007 para escapar de um processo de cassação, voltou ao comando do Congresso com a eleição de José Sarney para a presidência do Senado em janeiro de 2009. Por ocasião das eleições municipais de outubro de 2008, três partidos (PP, PMDB, PTB) elegeram equitativamente a maioria dos prefeitos e dos vereadores.

A representação política no estado se apresenta da seguinte forma:

Governador	Teotônio Vilela Filho (PSDB) (2007/2011/2015) 2º mandato
Senadores	— Benedito de Lira (PP) (2011/2018) — Fernando Collor (PRTB) (2007/2015) — Renan Calheiros (PMDB) (2003/2011/2018) 2º mandato
Deputados federais	Total: 9 — PMDB: 2; PTB: 2; PP: 1; PT do B: 1; PR: 1; PSDB: 2
Prefeito de Maceió	Cícero Almeida (PP) — levado ao poder por uma coalizão PTB/PDT (2004/2008; 2009/2012) 2º mandato

A *atividade econômica*

A economia de Alagoas permanece ainda bastante tributária da cultura da cana-de-açúcar, à qual se dedicam nove dos dez principais grupos econômicos do estado ligados às famílias tradicionais locais (Lyra, Toledo, Wanderley, Maranhão, Sampaio etc.). As usinas de açúcar e álcool respondem por mais da metade do débito total com o INSS (perto de R$ 1 bilhão).

Não há um conjunto de pequenas e médias empresas, não há um polo industrial ou tecnológico nem recursos suficientes do estado ou do município de Maceió para permitir a realização de investimentos produtivos. O estado tem a maior divida pública proporcional do país.

Segundo o Instituto Brasileiro de Geografia e Estatística (IBGE), o município de Maceió depende orçamentariamente em 72% dos aportes da Federação, como a maioria dos 102 municípios do estado.

A cana ocupa 69% das terras cultivadas. As indústrias açucareiras absorvem 81% da mão de obra empregada na indústria e asseguram 83% das exportações. O estado é responsável por mais da metade da produção nordestina de açúcar.

As exportações, que totalizaram em 2001 aproximadamente 360 milhões de dólares, aumentaram sensivelmente de valor em 2005 (+25%), acompanhando em parte a valorização da moeda brasileira, mas os volumes (açúcar, álcool principalmente) diminuíram sensivelmente. O setor açucareiro (comercialização do açúcar bruto) assegurou em 2010 75% do valor das exportações totais. Os produtos químicos constituem o segundo lugar em exportação (10%): é onde se encontra a mais importante usina de soda cáustica da América Latina (propriedade da Braskem), que produz cerca de 460 mil toneladas por ano. Alagoas ocupava a quinta posição no ranking dos estados nordestinos exportadores em 2010, atrás da Bahia, do Maranhão, do Ceará e de Pernambuco.

O desenvolvimento do turismo é recente. A infraestrutura hoteleira é mais modesta do que a do Rio Grande do Norte e da Bahia, mas o número de voos charters vindos da Europa aumenta, principalmente na alta estação local (dezembro-março). A maioria dos estrangeiros é formada por italianos e portugueses. O litoral, com 200 km de extensão, é mais bem equipado no sul de Maceió (Barra de São Miguel, praia de Guagu, Duna de Marapê). Ao norte, o litoral abriga um parque marítimo protegido e acolhe um santuário para os peixes-boi e um centro de pesquisa em biologia marinha.

Um patrimônio barroco de qualidade, principalmente nas cidades de Penedo e de Piaçubuçu, lembra que essa região foi disputada pelos colonizadores portugueses e holandeses. Penedo é o centro de uma peregrinação colorida em janeiro (procissão de Bom Jesus dos Navegantes). Piaçubuçu serviu de cenário para os filmes do cineasta Cacá Diegues, originário de Alagoas, *Deus é brasileiro* e *Joana francesa*, este último produzido por Pierre Cardin e com Jeanne Moreau no papel principal.

A situação social

O estado é detentor dos índices sociais mais críticos do Brasil. A taxa de analfabetismo em 2004 era de 30% da população (contra 11% da média nacional e 23% do Nordeste). O estado tem a pior escolaridade média da população adulta entre todos os estados da Federação – 4,2 anos (média brasileira 6,4), mesmo nível em 2007 e em 1999. Progressos sensíveis foram obtidos no plano da mortalidade infantil (41,3 por mil hoje contra 68 em 1999), mas a taxa permanece uma das mais importantes do país. É preciso observar que muitas crianças não são registradas ao nascer, segundo uma pesquisa da Unicef. O Índice de Desenvolvimento Humano é o mais baixo de todos os estados da Federação: 0,677. Em 1999, apenas três em cada dez domicílios de Alagoas tinham esgotamento sanitário. Em 2004, o indicador caiu pela metade: só 14% das residências contavam com esgoto ou fossa (no Nordeste o percentual subiu para 45%). O saneamento é mais um dado que mostra como Alagoas tornou-se o pior estado do Brasil do ponto de vista dos indicadores sociais. O colapso financeiro em 1997, com a renúncia do governador Divaldo Suruagy, uma estrutura fundiária petrificada e o comportamento da oligarquia e da elite política do estado – com raras exceções – foram a causa dessa situação. A Pesquisa Nacional por Amostra de Domicílios (Pnad 2004) mostra que quase dois terços dos alagoanos vivem abaixo da linha de pobreza (meio salário-mínimo), o maior percentual entre todos os estados do Nordeste e da Federação.

A pobreza e a indigência atingem dois terços da população. Segundo o IBGE, 62% da população vivem com menos de meio salário-mínimo. É preciso, todavia, ressaltar que essa proporção é ainda mais elevada para a população negra, que sofre, nesse estado, provavelmente mais do que em qualquer outro, discriminações graves, outrora ilustradas pela resistência do Quilombo dos Palmares, cujo líder, Zumbi, assassinado em 20 de novembro de 1695, tornou-se a referência da consciência negra.

A renda per capita é a mais baixa do país, assim como a do Ceará; as taxas de desemprego, das mais elevadas, se agravam na contracorrente da situação nacional. Maceió, onde vive 34% da população do estado, tem mais de 180 favelas.

Alagoas, que até poucos anos atrás apresentava taxas moderadas, abaixo da média nacional (24,1 por 100 mil em 1997), em poucos anos passa a liderar o ranking de violência, com um crescimento brutal a partir de 1999 (59,6 por 100 mil em 2007, um aumento de +140% em relação a 1997), segundo dados do Instituto Sangari (Mapa da Violência 2010). É o estado que apresentou o maior crescimento no país na taxa de assassinatos de jovens entre 1997 e 2007. A pedido do governador reeleito, Teotônio Vilela Filho (PSDB), policiais civis da Força Nacional vão ajudar a esclarecer crimes em Alagoas. Segundo o Ministério da Justiça, somente nos arquivos da polícia civil do estado constam mais de 4 mil assassinatos sem apuração. Maceió tem a taxa de homicídios a mais elevada das capitais regionais da Federação (97,4 por 100 mil em 2007). O crescimento dos homicídios na faixa de 19-29 anos é assustador: em 2007, a proporção de homicídios para Alagoas era de 123,6 por 100 mil (um aumento de +340% em relação a 1997). É o índice mais elevado do Brasil (a média para o Nordeste é de 57,2 por 100 mil nessa faixa etária; para o país, 50,1). A capital Maceió, com uma taxa de homicídios nessa faixa de idade de 214,8, é o município mais violento do Brasil, segundo o estudo do Instituto Sangari (Mapa da Violência 2010). Alagoas é o 24º colocado em taxa de homicídios da população branca no país e o 3º na de população negra. Num único dia, segunda-feira 15 de novembro de 2010, feriado da Proclamação da República, oito assassinatos aconteceram na capital, segundo o *Jornal de Alagoas* do dia 16 de novembro de 2010. Ninguém foi preso.

A vida cultural

Ao contrário de seus dois grandes vizinhos, Pernambuco e Bahia, Alagoas não tem uma real identidade cultural. São poucos os artistas e os escritores de renome nacional: Aurélio Buarque de Holanda (1910-1989), escritor, lexicógrafo, acadêmico, tradutor de Charles Baudelaire; Graciliano Ramos (1892-1952), autor de vários romances (*Memórias do cárcere* e *Vidas secas*, entre outros, traduzidos em mais de vinte idiomas), amigo de Jorge Amado; Antônio Bandeira (1922-1967), pintor de renome, estudante na Escola Superior de Belas-Artes de Paris.

Não há encontros culturais regulares, fora a Bienal do Livro, organizada em outubro pela Universidade Federal de Alagoas, em sua 3ª edição em 2007, e que recebe, em média, 50 mil visitantes (www.edufal.ufal.br/bienal). A responsável é a diretora da editora da universidade, Sheila Maluf. Em 2007, o país homenageado foi a França, por causa das comemorações do Ano da França no Brasil.

Um grupo coreográfico de qualidade, de caráter privado e patrocinado pela Fundação Cultural do estado, Balé Iris, com nove bailarinos, que existia desde 1981, foi extinto em 2002 por falta de incentivos.

A capital é dotada de um belo teatro, Teatro Deodoro, inaugurado em 1910 e inteiramente restaurado em 1998, com 690 lugares (www.funtd.al.gov.br). A Fundação Pierre Chalita, nome de um pintor e escultor local, filho de imigrantes libaneses (1930-2010), administra um importante museu de arte sacra, além da coleção particular do pintor.

O governo adotou em 2005 uma legislação (Lei dos Mestres) favorável à preservação das tradições populares locais, com uma alocação financeira mensal (equivalente a 500 reais) para artistas populares. Um deles, Manoel Cavalcante de Almeida, trabalhador rural de Boca da Mata, criou uma escola de escultura em madeira de reputação mundial.

A imprensa

- A Gazeta de Alagoas foi fundada em 1934 pelo jornalista e político Luís Magalhães da Silveira. Foi adquirida em 1952 por Arnon de Mello, senador por Alagoas, e dirigida nos anos 1970 por seu filho Fernando Collor de Mello, presidente do Brasil de 1986 a 1989, cuja família detém o mais importante grupo de imprensa local (TV Gazeta, Gazeta AM e FM, editora etc.). É o jornal de maior tiragem (*www.gazetaweb.com*). O diretor geral é Célio Gomes. Circulação: 9 a 10 mil exemplares.

- O jornal *Tribuna de Alagoas* foi criado em 1997 por Paulo César Farias, tesoureiro do ex-presidente Fernando Collor de Mello. Era dirigido por Geraldo Lessa, irmão do ex-governador Ronaldo Lessa, dono do jornal com o empresário Roberto Lyra. O ex-governador, candidato derrotado nas eleições de 2010, foi condenado pela Justiça do Trabalho a pagar as indenizações dos 140 funcionários do jornal que foram demitidos em 2007. A *Tribuna de Alagoas* entrou em falência em fevereiro de 2007 e os empregados, que não foram indenizados até hoje, resolveram criar uma cooperativa e um novo jornal: *Tribuna Independente* (*www.tribunadealagoas.com.br*).

- *O Jornal*, cujo diretor é José Maurício Cansação, foi fundado em 1915 (*www.ojornal-al.com.br*).

ESTADO DA BAHIA

Habitantes 14 600 000
Superfície .... 564 692 km²
IDH (2005) 0,742
% do PIB nacional 4,36%
PIB per capita (2008) .... R$ 8.380,00
Mortalidade infantil (2007)...... 26,3 por mil
Capital Salvador .... 2,99 milhões

O mais conhecido dos estados do Nordeste, a Bahia é a sexta economia do Brasil. Grande como o território da França, é a matriz cultural do Brasil e sua principal ponte com a África.

Os problemas sociais e a questão agrária explicam porque, apesar de uma taxa anual de crescimento do PIB acima da média nacional, o desemprego atinge aproximadamente um quarto da população ativa, sendo a taxa mais elevada do Nordeste junto com a do estado de Pernambuco. Essa situação mobiliza várias organizações não governamentais, apesar de uma assistência social federal significativa, através do programa Bolsa Família, que representa mais de 1% do orçamento do estado.

As relações com a França

As relações da França com o estado da Bahia e com Salvador, uma das mais prestigiosas cidades brasileiras, capital histórica do Brasil no século XIX, são antigas no plano intelectual e cultural. Normandos e bretões de Dieppe e de Saint-Malo faziam comércio na região desde o início do século XVI. Uma ilha, batizada Ilha dos Franceses, ainda hoje visível no curso inferior do rio Paraguaçu, constituía um entreposto comercial. Ao contrário dos espanhóis e dos portugueses, movidos por ambições coloniais, as expedições francesas limitavam-se ao comércio.

A qualidade dessas relações antigas confirmou-se com a presença de equipes francófonas e francófilas chefiando as principais instituições culturais. Prova disso é o financiamento de 3 milhões de reais concedido pela Secretaria Estadual de Cultura ao Teatro da Aliança Francesa (120 lugares), e a iniciativa de instalar um museu Rodin numa prestigiosa residência antiga da cidade, em processo de restauração, em parceria com o Musée Rodin de Paris, com um financiamento inteiramente baiano (em torno de 15 milhões de reais) proveniente da empresa de turismo do estado, a Bahiatursa.

Apesar da riqueza cultural — em que se misturam os aportes fecundos da África, Jamaica, da herança índia e das influências europeias — e do temperamento muito festivo do baiano, as ações artísticas no âmbito da cooperação francesa são limitadas. Entretanto, os intercâmbios são ricos no campo da formação (artistas brasileiros na École Nationale de Musique et de Danse, de Dieppe, na Université René Descartes e no Conservatoire de La Rochelle etc.) e no campo profissional (festivais, exposições).

No campo da cooperação técnica, ações são desenvolvidas com as secretarias de Planejamento, de Infraestrutura e a de Ciência, Tecnologia e Inovação nos setores estratégicos para o estado: energias renováveis, grandes infraestruturas e plataformas modais.

Os investimentos franceses na Bahia se destinam ao turismo (Club Med, Accor), em razão do fluxo crescente em Salvador e em Porto Seguro (na alta temporada, de dezembro a março, mais de vinte voos charters semanais chegam da Europa e dos Estados Unidos). Um voo semanal liga diretamente Paris a Porto Seguro. Os investimentos diretos não são substanciais — o Club Med obteve, para sua segunda unidade, em Trancoso, um empréstimo do

BNDES. O grupo Accor, desde sua entrada no mercado da Bolsa de Valores, limita-se a uma gestão de serviços, o investimento fica por conta dos investidores locais. A cadeia Voyageurs du Monde abriu, na parte antiga da cidade, um hotel com 17 quartos, o Villa Bahia. O turismo corresponde a 4,3% do PIB do estado, um aporte anual da ordem de 1,6 bilhão de dólares. O turismo externo corresponde a 12% desse fluxo.

Além das empresas JC Decaux e CitéLuz (EDF), está Barry (França), associada a Collebant (Bélgica), que exporta 65% da produção de cacau e se situa em primeiro lugar no estado. A empresa francesa Dagris pretende desenvolver um ramo de biocarburantes com a instalação de uma usina de esterificação. No vale do rio São Francisco, a arboricultura frutífera para exportação e o vinhedo se desenvolveram nos últimos anos e a imprensa local anunciou, em abril de 2005, que a França importaria, com o grupo Casino (marca associada ao primeiro grupo brasileiro no setor da grande distribuição, o Pão de Açúcar), cerca de 70 mil garrafas de vinho baiano (exportado também para os Estados Unidos e a Alemanha). É possível obter desses vinhedos irrigados cinco colheitas em dois anos; a superfície atualmente destinada a eles é de 400 mil hectares e a produção é de 8 milhões de litros.

A empresa Michelin desenvolve, no sul do estado, plantações de seringueiras adquiridas em 1984 do grupo Firestone, regeneradas no âmbito de seu projeto (Ouro Verde Bahia), que favorece os trabalhadores da região reunidos em cooperativas, em ligação com o Instituto Ceplac (culturas conjugadas com a do cacau).

No contexto da cooperação científica com o Instituto Pasteur, a Fundação Oswaldo Cruz inaugurou, em março de 2004, dois laboratórios no Centro de Pesquisas Gonçalo Muniz dedicados à pesquisa experimental em animais de laboratório e à terapia genética.

Essa iniciativa se inscreve na política do governo estadual para desenvolver a pesquisa local com a ajuda da Universidade Federal da Bahia e das universidades públicas do estado. A UFBA integrou a rede de formações doutorais criada pela Capes e pelo órgão alemão de cooperação internacional, o DAAD.

Um laboratório de análises de químicas finas deverá ser instalado em breve no estado com a ajuda do CNRS (Centre National de la Recherche Scientifique), a fim de estimular a criação de um polo de biotecnologias.

Favorecida pelos contatos estabelecidos nos meios náuticos e por ocasião da travessia La Rochelle/Salvador (setembro), uma cooperação descentralizada se estabeleceu entre La Rochelle, o Département de la Charente-Maritime, a cidade de Salvador e o estado da Bahia. Depois da visita de uma delegação da Charente-Maritime, presidida pelo senador Belot, o governador da Bahia foi a La Rochelle em novembro de 2003. A cooperação atende os campos cultural (teatro e dança com o Conservatoire de La Rochelle e a Fundação Cultural da Bahia); universitário (universidades de La Rochelle e Ilhéus); e econômico (centro de vela, turismo). A Chambre de Commerce et d'Industrie de La Rochelle está inserida nessa cooperação. Uma convenção foi assinada, por sua iniciativa, entre a École Supérieure de Commerce de la Rochelle e o órgão de promoção econômica da Bahia, Promo, com intercâmbios de jovens estagiários, para aproximar as empresas da Charente-Maritime e da Bahia. O assassinato em Salvador de um desses estagiários, em abril de 2005, trouxe à tona o questionamento sobre a oportunidade da vinda de estudantes franceses a capitais regionais do Nordeste, onde as taxas de violência são particularmente altas, sobretudo na faixa etária de 14-24 anos (95 para cada 100 mil habitantes em Salvador). Dez estudantes das universidades de Aix-Marseille (financiamento do Conseil Régional PACA) e de Grenoble fazem estágios em empresas públicas ou privadas na capital baiana, no âmbito da convenção que liga Aix-Marseille (mestrado em relações internacionais com opção Brasil) com o Instituto Euvaldo Lodi. Há, igualmente, estudantes estagiários de Grenoble com uma universidade particular, a Faculdades Integradas da Bahia.

No campo do ensino do francês, a Bahia é o estado que contabiliza, no Nordeste, o maior número de alunos no ciclo secundário, cerca de 7.300, e no ciclo primário, 3.400. Importância relativa se comparada aos números do passado e aos efetivos recenseados num estado como o Rio de Janeiro.

A disciplina de francês foi instaurada na Universidade Estadual de Ilhéus (universidade pública), cujas relações com a França são estreitas graças às iniciativas do professor Guy Martinière, e as quatro universidades do estado (que reúnem cerca de 60 mil alunos) preservaram, apesar das dificuldades financeiras, o ensino da língua francesa.

A Aliança Francesa de Salvador, criada em 1973, contabiliza 500 alunos (700, em 1990) e um diretor francês. Sua atual residência foi adquirida em 1990 num edifício antigo, inteiramente restaurado, onde foi construído um teatro com 120 lugares graças a um financiamento tripartite. É uma das mais belas Alianças do Brasil, do ponto de vista do patrimônio. Ela foi objeto de um apoio importante da Secretaria Estadual da Cultura e do Turismo, mas seu brilho atual não está à altura dos esforços que inspiraram sua restauração.

A comunidade francesa é a mais importante do Nordeste (um terço dos cidadãos franceses inscritos no registro consular, cerca de 700 pessoas), mas o número real ultrapassa muito os dados oficiais. Os franceses são atraídos por uma cidade única no mundo, por sua exuberância, sua africanidade e seu sincretismo religioso, que explicam porque Salvador é, depois do Rio de Janeiro, a cidade mais visitada por turistas franceses.

A vida política

No início do século XIX, a Bahia perdeu, nos planos político e econômico, sua importância de outrora para os estados de São Paulo, Minas Gerais e Rio Grande do Sul. Para governar a Bahia, o apoio da oligarquia rural era imperativo. Os coronéis do sertão dominavam a vida política.

Hoje, essa influência enfraqueceu na capital, Salvador, e diminuiu no interior do estado: nas eleições de outubro de 2006, os partidos conservadores DEM e PMDB perderam oito deputados (21 eleitos em 2002; 14, em 2006). O DEM perdeu mais da metade da sua representação na Câmara Federal em outubro de 2010 (13 deputados em 2006; 6 em 2010). O Partido dos Trabalhadores, apesar de sua vitória no primeiro turno das eleições para o governo estadual, em 2006 e em 2010, tem dificuldade para aumentar a sua representação na Câmara (7 deputados em 2002; 8 em 2006; 10 em 2010). No pleito presidencial de 2010, Dilma Rousseff recebeu mais de 70% dos votos válidos. Em alguns municípios do interior, mais de 85% (Ibipeba, Presidente Dutra, ltaguaçu da Bahia etc.). O candidato derrotado, José Serra (PSDB), recebeu a maioria dos votos em poucos municípios, embora mais populosos, como Vitória da Conquista, terceira maior cidade do estado, e Ipateninga, ambas governadas por prefeitos filiados ao PT.

A vida política foi dominada nos últimos trinta anos por Antônio Carlos Magalhães (falecido em 2007), ex-governador, ex-ministro, senador pelo estado, ex-presidente do Senado. Ele foi uma personalidade de primeiro plano e era proprietário do segundo jornal em tiragem, o Correio da Bahia.

Antônio Carlos pertencia ao PFL (DEM), mas, contrariamente à sua formação política na oposição, apoiou, embora com algumas reticências, o governo Lula até a crise política de agosto de 2005. Diferenças o opuseram a Jorge Bornhausen, então presidente do seu partido, e, sobretudo, a seu adversário no estado, o líder do PFL (DEM) na Câmara dos Deputados, o deputado federal José Carlos Aleluia. Ele impôs seu candidato à prefeitura de Salvador nas eleições de outubro de 2004, César Borges, senador e ex-governador, para suceder Imbassahy, prefeito de 1996 a 2004, oriundo do PFL (DEM), que estava em seu segundo mandato e que, a partir de então, entrou para o PSDB e foi eleito deputado federal em 2010. Mas César Borges foi vencido no segundo turno pelo candidato do PDT, João Henrique Carneiro, o que atestava uma influência já enfraquecida do carlismo, e também em outubro de 2010, quando buscava um segundo mandato no Senado. A influência de ACM caiu muito com o falecimento de seu filho, Luís Eduardo Magalhães, de 43 anos, em 1998, então líder do governo na Câmara Federal e um dos políticos mais promissores do Brasil. O neto de Antônio Carlos Magalhães não conseguiu passar do primeiro turno nas eleições municipais para a prefeitura de Salvador em 2008. Mas foi o deputado mais votado do estado para a Câmara Federal em 2010, com 5% dos votos válidos.

O enfraquecimento do carlismo na Bahia, lógico, na medida em que o carlismo não era um pensamento político, mas uma liderança, dizimou, nas eleições municipais de outubro de 2008, dois terços do DEM no estado: o partido tinha 153 prefeituras e conquistou apenas 44, abrindo as portas para o avanço do PMDB. Este, encabeçado no estado pelo ministro da Integração Nacional, Geddel Vieira Lima, candidato derrotado nas eleições para o governo em 2010, passou de 20 para 115 prefeituras e conseguiu a reeleição de João Henrique, hoje no PMDB.

O PT melhorou sensivelmente sua posição no estado. Essa tendência se confirmou com a eleição, em outubro de 2006, do petista e ex-ministro do governo Lula, Jaques Wagner, derrotado nas eleições de 2002, para governador, em substituição a Paulo Souto, que deixava o cargo. Com a derrota do senador Rodolfo Tourinho (PFL/DEM), candidato à reeleição para o Senado, a vaga ficou com o ex-governador, João Durval Carneiro (PDT). Jaques Wagner é, como sua esposa, nascido na Bahia. Ele é ex-dirigente do Sindicato das Indústrias Químicas e foi reeleito em outubro de 2010, no primeiro turno, com mais de 60% dos votos.

O exemplo de Salvador, no Nordeste, como os de São Luís (Maranhão), Aracaju (Sergipe), Fortaleza (Ceará) e Recife (Pernambuco), ressalta a diminuição da influência das grandes famílias políticas tradicionais, que não controlam mais as capitais regionais.

O prefeito da capital baiana, João Henrique Carneiro, fala francês, por ter morado no Canadá. Economista, com pós-graduação naquele país, ele é evangélico. Era filiado ao PFL (DEM), como vereador de Salvador, e foi prefeito em 2004 pelo PDT. Migrou para o PMDB em junho de 2007, atendendo ao convite do ministro Geddel Vieira Lima. Antes, havia tentado ingressar no PT, mas foi vetado pela diretoria do partido.

No Senado, foram eleitos em 2010, Lídice da Mata (PSB), ex-prefeita de Salvador pelo PC do B (1993-1997), e Walter Pinheiro (PT), ex-deputado federal e secretário de Planejamento do governo Wagner.

O perfil político do estado se apresenta da seguinte maneira:

Governador	Jaques Wagner (PT) 2º mandato (2007-2010/2015)
Senadores	— Walter Pinheiro (PT) (2011/2018) — Lídice da Mata (PSB) (2011/2018) — João Durval Carneiro (PDT) (2007/2014)
Deputados federais	Total : 39 — DEM: 6; PT: 10; PMDB: 2; PC do B: 3; PTB: 1; PSDB: 2; PDT: 4; PRB: 1; PP: 4; PR: 3; PSC: 2, PRP:1.
Prefeito de Salvador	João Henrique Carneiro (PDT) (2004/2008) 2º mandato (2008/2012)

Embora a classe política local pareça ter chegado a um consenso sobre as grandes prioridades do desenvolvimento regional e sobre o princípio de outorga de exonerações fiscais substanciais aos investidores, principalmente na região industrial de Camaçari, a fim de privilegiar o emprego, problemas recorrentes a dividem: a reforma agrária (manifestações e invasões periódicas organizadas pelo Movimento dos Trabalhadores Sem-Terra), a habitação popular em meio urbano (ocupação de prédios nas cidades pelo Movimento dos Trabalhadores Sem-Terra), a agravação das desigualdades e da violência.

A *atividade econômica*

O estado da Bahia conheceu diversos ciclos de desenvolvimento: a cana-de-açúcar, o cacau, a economia tradicional da região; a descoberta do petróleo nos anos 1940; a implantação do centro industrial de Aratu nos anos 1960; o polo petroquímico de Camaçari nos anos 1970; a instalação, em 2002, da fábrica de automóveis Ford. Esses investimentos se devem a uma política liberal no campo das exonerações fiscais.

Segundo o IBGE, sua participação no PIB nacional é estável (4,1% em 2002; 4,1% em 2008).

O complexo Ford corresponde a 12% das exportações baianas (cerca de 400 milhões de dólares em 2003). Os principais mercados de exportação são EUA (31%), União Europeia (24%), Argentina (13%) e México (10%). Os principais fornecedores são: Argentina (17%), Argélia (13%) e Estados Unidos (13%). O saldo da balança comercial é positivo: + US$ 1,38 bilhão em 2003.

Apesar de ser a sexta economia do país, a renda é mal distribuída e se reflete no Índice de Desenvolvimento Humano (IDH) — 0,742 em 2005, o nono no Brasil, equivalente a um país como o Sri Lanka. Apenas 12 municípios concentram 43% do PIB baiano. Como o repasse do ICMS é baseado na produção e não na população residente no município, foi mantida a concentração de renda, apesar de uma leve melhora para a população sofrida.

As exportações agrícolas são, sobretudo, de cereais (milho), sisal e cacau, que, beneficiando-se das taxas mundiais, retoma progressivamente seu lugar na economia do estado. O Brasil é o quinto produtor mundial de cacau, com 165 mil toneladas/ano (350 mil toneladas em 1990). A Bahia é responsável por 80% da produção, que, próxima às cidades de Ilhéus e de Itabuna, serviu de ambientação para vários romances do escritor Jorge Amado (*Terras do sem-fim, Tocaia grande, Gabriela* etc.) O estado foi um dos principais polos produtores do mundo, mas, com sistemas de gestão obsoletos, foi gradativamente perdendo a competitividade, até a chegada da praga "vassoura de bruxa", que acentuou essa decadência. O Brasil tinha um quarto da produção mundial de cacau; hoje é responsável por apenas 4%.

Os investidores mais recentes

- Petrobras — A empresa pública brasileira, cujo presidente em 2006 é baiano, investe maciçamente no *offshore* do estado, após ter direcionado sua prioridade à Bacia de Campos, no Rio de Janeiro, que, em 2005, era responsável por 34,4 milhões de barris por mês contra 1,19 milhão da Bahia, terceiro produtor brasileiro depois do Rio Grande do Norte (2,1 milhões de barris por mês). A Petrobras inaugurou em Candeias, em 2008, uma unidade de produção de biodiesel, a primeira das três previstas pela empresa. O programa de suprimento agrícola da empresa conta hoje com 27 mil agricultores familiares contratados nos estados da Bahia e Sergipe, para a produção de oleaginosas destinadas à usina de Candeias (mamona, girassol).

- Ford — A fábrica, à qual se destinaram, desde 1999, quase a metade dos investimentos Ford no Brasil (1,2 bilhão de dólares para um total de 2,6 bilhões, investimento completado em 700 milhões de dólares por terceirizados e fornecedores brasileiros), foi inaugurada em outubro de 2001. Ela tem 7 mil empregados e produz 250 mil automóveis por ano (40% exportados principalmente para o México e a Argentina).

Um porto exclusivo, em regime de concessão à empresa, foi construído pelo governo estadual em Candeias, a 35 km de Salvador. A Ford detém 11% do mercado de automóveis no Brasil (20% em 1970; 6,6% em 2001). A fábrica está localizada no complexo industrial de Camaçari, que abriga o Polo Petroquímico. A maior parte dos empregados são "importados" do sul; para os baianos restam as vagas de emprego básico, pouco remuneradas.

- Continental AG — O grupo alemão investiu US$ 260 milhões entre 2004 e 2007 para instalar uma fábrica de pneus (automóveis e caminhões), assegurando, desde 2006, 1.200 empregos. A quase totalidade da produção é exportada principalmente para os Estados Unidos. A Bahia concorreu com a Lituânia, o México e a Malásia.

- Monsanto — Inaugurada em 2001 para produzir a matéria-prima do herbicida Round Up, a fábrica emprega duzentas pessoas e exporta sua produção para as usinas Monsanto da Bélgica e da Argentina. O montante dos seus negócios no Brasil é da ordem de 750 milhões de dólares por ano.

- Veracel Celulose — *Joint-venture* da empresa brasileira Aracruz e da Stora Enso, de capital sueco e finlandês, fica no sul do estado, em Eunápolis. A unidade em operação desde 2005 tem capacidade anual de 900 mil toneladas de celulose, um investimento estimado em US$ 1,25 bilhão. A produção é destinada ao mercado externo. Essa empresa comprou, entre 1992 e 2002, aproximadamente quatrocentas propriedades, com uma superfície média de 350 hectares, para plantio de eucalipto. Ela dispõe de 153 mil hectares no sul da Bahia. Essa expansão teve como consequência a redução da arboricultura frutífera (a produção de frutas reduziu-se à metade durante esse período). As aquisições de terra são financiadas pelo BNDES, enquanto os produtores rurais vendem suas terras para o pagamento de dívidas. Contestada, a empresa começou a arrendar propriedades, que foram então transformadas em plantações de eucalipto. Em 1993, com o nome de Veracruz (então propriedade da Odebrecht), ela destruiu grande parte da floresta primitiva da Mata Atlântica, ou o que restava dela, e foi vivamente criticada pelas ONGs locais.

- Eurasian Natural Resources Corporation, grupo do Casaquistão, investiu, em setembro de 2010, US$ 670 milhões, para se tornar o único dono da Bahia Mineração, empresa que capitaneia o projeto de mineração Pedra de Ferro, no sudoeste do estado. O grupo pretende construir um terminal marítimo privado em Ilhéus para onde serão escoadas 20 milhões de toneladas de minério por ano — um investimento total de US$ 5 bilhões.

No setor de turismo, importantes investimentos são realizados por grupos portugueses e espanhóis. Entre eles, o grupo Iberostar, que realizou um investimento de 250 milhões de dólares na Praia do Forte, e o grupo português Vila Galé, que dispõe de seis unidades hoteleiras no Brasil, quatro no Nordeste.

O meio ambiente

A industrialização em ritmo acelerado (de 1970 a 1980, a participação da indústria no PIB do estado passou de 13% a 35%) tem importante impacto no meio ambiente, ignorado pela indústria petroleira durante anos, a exemplo da poluição por chumbo, responsabilidade da empresa Tibrás (hoje denominada Millenium), evocada por Jorge Amado em seu romance *Tieta do agreste*, publicado em 1976.

As questões ecológicas no estado da Bahia são:

- O chumbo: na origem dessa poluição, cujo início data do fim dos anos 1950, encontra-se a empresa francesa Peñarroya. Sua usina funcionou com o nome de Companhia Brasileira de Chumbo (Cobrac) até 1993. Cerca de 1.200 operários foram vítimas da poluição e hoje estão reunidos num grupo (Avvica) que reivindica indenização. Quando a usina fechou, em 1993, ela deixou algo como 500 mil toneladas de escórias de metal, com 3% de concentração de chumbo que foram utilizadas pelas populações ribeirinhas para construções e obras públicas. Pelo valor atual do chumbo no mercado mundial, o empreendimento instalado na cidade de Santo Amaro da Purificação, distante 100 km de Salvador, faturou durante a sua vida útil aproximadamente US$ 450 milhões. Um estudo da Universidade Federal da Bahia estima que a cidade foi a mais contaminada no mundo. O deputado do PT baiano Emiliano José levou uma delegação de jornalistas franceses ao local em setembro de 2005. A empresa Peñarroya foi posteriormente incorporada à Metaleurop, líder mundial na produção de óxido de chumbo.

- O urânio: em janeiro de 2004, o navio dinamarquês que devia transportar 112 toneladas de concentrado de urânio (*yellow cake*) para o Canadá e depois para Europa (Urenco), para ser enriquecido, teve sua escala proibida pelo Instituto Brasileiro do Meio Ambiente e dos Recursos Naturais Renováveis (Ibama). Em Caetité, a 750 km de Salvador, está a única mina de urânio explorada no Brasil, pertencente as Indústrias Nucleares do Brasil, vinculada ao Ministério de Ciência e Tecnologia. As condições de segurança e de trabalho dos mineiros são criticadas pelos movimentos ecologistas. Em 2008, o governo da Bahia confirmou uma pesquisa do Greenpeace sobre a contaminação da água a 20 km da mina.

Esse urânio é enviado ao Canadá, onde é enriquecido, antes de ser entregue em Resende (Rio de Janeiro) para as centrais de Angra dos Reis;

- O eucalipto: a monocultura do eucalipto, no sul da Bahia, suscita muitas controvérsias e manifestações por parte das comunidades indígenas e dos trabalhadores rurais. Uma propriedade do grupo Veracel Celulose (*joint-venture* brasileira e escandinava) foi ocupada, em abril de 2004, pelo Movimento dos Trabalhadores Sem-Terra, que protestava contra o impacto das plantações de eucalipto na ecologia (esgotamento do lençol freático) e o prejuízo causado às populações rurais, condenadas ao êxodo (cultura destinada à exportação, sem utilização importante de mão de obra, em detrimento da cultura familiar). O comércio do eucalipto leva a uma concentração fundiária que acentua o empobrecimento rural e as condições, já problemáticas, das periferias urbanas, principalmente em Salvador. É uma questão que reaparece frequentemente (invasões e protestos das comunidades indígenas e dos movimentos agrários), considerando as ambições demonstradas pelo governo federal no setor da celulose. O BNDES deveria financiar, até 2010, aproximadamente 5 bilhões de dólares em favor de empresas desse setor, segundo declarações feitas à imprensa pelo presidente da instituição em 20 de setembro de 2006.

- A petroquímica: nos arredores do centro industrial de Aratu, que abriga indústrias químicas e petroquímicas (Dow Química, Alcan, Union Carbide), um gás nocivo emana da empresa Metacril (hoje rebatizada Proquigel), que polui as localidades vizinhas e intoxica os habitantes, principalmente em Candeias e Buracica.

A situação social

Apesar dos importantes investimentos realizados localmente no plano econômico, os indicadores sociais no estado e, principalmente, na capital permanecem problemáticos, sobretudo o desemprego e a miséria.

O IBGE calcula que, na grande periferia da capital, 930 mil pessoas vivem sem recursos. Cerca de 44% da população da grande Salvador recebem menos de meio salário-mínimo; 7 milhões de pessoas vivem na Bahia com uma renda inferior a meio salário-mínimo. O programa social de auxílio federal Bolsa Família favorece 1,6 milhão de famílias no estado. Os repasses são de quase R$ 2 bilhões por ano, valor correspondente a 1,3% do PIB baiano. E, dos estados da Federação, é o que mais recebe dinheiro do programa Bolsa Família.

Salvador é, assim como Teresina (Piauí), a última capital regional PIB per capita do ranking brasileiro, segundo o IBGE. No 15º lugar em 1999, hoje ela está no 26º lugar. Ainda seria preciso observar a importante discriminação que vitima a população negra, cuja renda per capita é igual a menos de um terço da renda da população branca, segundo uma pesquisa do Programa das Nações Unidas para o Desenvolvimento.

O desemprego: em maio de 2008 já atingia 21% da população ativa no estado e 17% em Salvador. Um terço da população da capital vive na periferia da cidade, consequência do êxodo rural e de uma taxa de crescimento demográfica alta nos anos 1970 (a população da cidade dobrou entre 1970 e 1980). A crise da cultura tradicional, o cacau, os latifúndios e as plantações de eucalipto para exportação agravaram ainda mais o desemprego rural e o êxodo para os centros urbanos. Mas, ultimamente, o desemprego recuou e atingiu em setembro de 2010 o menor nível dos últimos dez anos

(16,2%), segundo pesquisa realizada pela Superintendência de Estudos Econômicos e Sociais da Bahia.

A habitação: o movimento dos sem-teto, consequência em parte do êxodo rural e do desemprego, surgiu em agosto de 2003, ocupando prédios abandonados na capital. Estima-se que 12 mil famílias esperam por uma moradia. Os abrigos da prefeitura têm lugar para apenas duzentas pessoas. O governo do estado autorizou 400 mil habitantes de Salvador a pagar apenas 45% das contas de eletricidade (1,5 milhão de pessoas não têm acesso à eletricidade no estado).

Um dos programas mais interessantes, no plano social, em favor dos meninos de rua ou em situação de risco é o Projeto Axé. Criado em 1990 por um cidadão italiano, o projeto foi convidado pelo Banco Mundial em Xangai, em março de 2004, a participar da Conferência sobre o Desenvolvimento. Um terço do programa é patrocinado pelo governo italiano (R$ 350 mil por ano) e favorece 1.550 crianças. Organizações não governamentais francesas desenvolvem e financiam ações sociais, particularmente em favor de deficientes físicos (Handicap International), meninos de rua (Criança e Família, Points Coeurs) e jovens delinquentes. Vinte jovens estudantes franceses estão em estágio nessas organizações.

Só no bairro pobre de Alagados (180 mil habitantes), 40% da população vivem em favelas. Foi implantado nesse bairro, em 2005, um projeto de urbanização cofinanciado pelos governos federal e estadual e por uma organização não governamental italiana financiada pelo governo italiano (R$ 2 milhões). O projeto foi facilitado pela presença de dois baianos no Ministério das Cidades e do Desenvolvimento Social (Jorge Hereda, secretário nacional da Habitação, e Abelardo Oliveira Filho, secretário nacional de Saneamento). O Canadá trouxe recentemente um financiamento de 10 milhões de dólares ao município de Salvador para um projeto de urbanização que favorecerá 350 mil habitantes pobres.

No centro histórico e na Cidade Baixa, 3 mil prédios e casas foram tombados pelo Instituto do Patrimônio Histórico e Artístico Nacional (IPHAN), alguns em estado avançado de degradação, mas que abrigam famílias pobres e ameaçadas.

Os transportes urbanos: o sistema de transporte coletivo é deficiente em Salvador. O metrô é motivo de atrito com o governo federal. Orçado, numa primeira etapa, em 307 milhões de dólares (Bird US$150 milhões; federal US$40 milhões; estado e município US$67 milhões; privado US$50 milhões), até agora (31 de dezembro de 2004) só obteve 90 milhões de dólares. O governo federal suprimiu o empréstimo consentido pelo Bird de 32 milhões de dólares em março de 2004. A construção só da primeira fase já consumiu todo o orçamento. Os trens são fornecidos pela Hyundai coreana. Em 2009, o procurador da República na Bahia entrou com uma medida cautelar pedindo a paralisação das obras por causa de suspeita de formação de cartel entre as empreiteiras.

A violência: as cidades balneárias são relativamente preservadas da violência urbana e rural. Uma violência alimentada pela pobreza, desigualdades, falta de instrução, polícia duvidosa, justiça inoperante (de todos os estados do Brasil, provavelmente, a menos bem equipada — 480 juízes para 14 milhões de habitantes, uma proporção de 1 para 24 mil). Quase um terço dos homicídios ocorridos na Bahia foram cometidos por grupos justiceiros ligados à polícia, como informa o jornal A Tarde de 14 de maio de 2004. Dos 1.577 assassinatos em 2009, 85% foram provocados pelo tráfico de drogas, segundo a Secretaria de Segurança Pública do estado. Cada vez mais há menores que se prostituem. A Delegacia Especializada de Repressão a Crimes contra a Criança e o Adolescente (Dercca) registrou, em 2008, 1.646 denúncias de violência sexual contra crianças. O número real de jovens reféns dessa violência ultrapassa os registrados pelo fato de não serem denunciados ou descobertos. Menos de um terço das denúncias foi transformado em inquéritos policiais concluídos, segundo a titular da Dercca, Laura Argollo.

A taxa de homicídios, em Salvador, que era de 32,1 para 100 mil em 1991, passa para 49,3 em 2008, segundo estudo do Instituto Sangari (Mapa da Violência 2010). Na faixa entre 15 e 24 anos, a taxa é de 116,8 para 100 mil. Salvador, das nove capitais regionais nordestinas, está em quinto lugar. A taxa de homicídios aumentou entre 1997 e 2007 de +61%. Os municípios de Simões Filho, Olindina, Porto Seguro, Itapetinga, Macarani, Itabuna, Ilhéus, entre outros, são os mais violentos, com taxa de homicídios acima de 100 para 100 mil habitantes, podendo chegar a números ainda mais assustadores na faixa etária entre 15 e 24 anos. O estudo confirma a interiorização da violência.

O analfabetismo: permanece alto para a população mais velha (50% das pessoas com mais de 50 anos), mas melhorou desde 1996 na faixa etária de 10 a 24 anos (menos de 10% de analfabetos). A taxa de analfabetos em Salvador é de 6% da população. A situação é mais grave no nordeste do estado, onde as taxas médias podem chegar a 50%.

O ensino universitário

A primeira universidade do Brasil foi a Escola Militar de Medicina e de Cirurgia, fundada em Salvador, em 1808. Os edifícios, que abrigam uma biblioteca antiga, cujas coleções são essencialmente francesas, estão sendo restaurados.

O estado conta com uma universidade federal (36 mil alunos, 3 mil professores); duas universidades estaduais, com vários campi, reunindo aproximadamente 52 mil estudantes; e a Universidade Estadual de Ilhéus (10 mil estudantes); rede pública que, como nos demais estados da Federação, coexiste com uma rede particular com aproximadamente 17.250 estudantes. É a mais importante rede universitária pública depois dos estados de São Paulo e Paraná. Entretanto, menos de 4% dos jovens em idade universitária (18-24 anos) estão inscritos na universidade. Esse resultado situa a Bahia no último lugar do Brasil, segundo uma pesquisa do Instituto Nacional de Estudos e Pesquisas Educacionais (INEP/MRC). É preciso ainda salientar que o aumento do número de inscrições se deve ao desenvolvimento do ensino particular, de qualidade medíocre e geralmente limitado a matérias de investimento pouco oneroso (jornalismo, turismo, direito, administração etc.)

A Universidade Federal da Bahia — como muitas universidades federais no Brasil — está endividada, o que se deve, em parte, ao peso das aposentadorias: 47% da folha de salários. Como ressalta o ex-reitor, Naomar Monteiro de Almeida (doutor em epidemiologia, pós-doutorado na Universidade da Carolina do Norte e fluente em francês), a universidade tem sessenta anos, mas deve sustentar já três gerações de aposentados. Em 2002, a graduação contava com 18 mil estudantes. Em 2010, o número passou para 28 mil. Segundo Naomar, os principais destaques de sua gestão foram as ações afirmativas. A reitora eleita em maio de 2010 era a candidata de Naomar, oferecendo uma garantia para a consolidação do processo de expansão e interiorização regional da universidade. O departamento de Letras recebeu da Finlândia um laboratório para o ensino de línguas estrangeiras. A UFBA é responsável por 90% da pesquisa científica realizada na Bahia.

A vida cultural

A Bahia viveu no final dos anos 1950 e início dos anos 1960 uma transformação cultural e a Universidade Federal da Bahia acompanhou essa transformação implantando vários cursos de artes, como música, dança e teatro, criando os seminários livres de música em 1954 (futura Escola de Música da UFBA) e a Escola de Dança, e, em 1956, a Escola de Teatro. A política cultural do reitor Edgar Santos atraiu muitos artistas e intelectuais de fora do estado. O pernambucano Eros Martim Gonçalves, cenógrafo, foi o primeiro diretor da Escola de Teatro. Na música, o compositor Hans Joachim Koellreutter, o compositor Walter Smetak, o maestro Ernest Widmer, entre outros. Nesse período fértil, Lina Bo Bardi dirigiu o Museu de Arte Moderna da Bahia.

Salvador possui a maior população negra fora da África e inspirou Oswald de Andrade na noção de antropofagia cultural, de tanto que as contribuições e os sincretismos vindos do exterior enriqueceram a matriz indígena das origens. Existem duzentos terreiros de candomblé das principais correntes: angola, cuja língua é o banto, trazida pelos escravos originários do que é hoje Angola; nagô ou ketu, cuja língua é o iorubá, proveniente da Nigéria; jejê, cuja língua é o ewé, proveniente do Benin.

Fora o carnaval — um dos mais festivos e populares do Brasil —, os encontros culturais são:

- O Mercado Cultural em dezembro (10ª edição em 2010), que reúne 1.500 artistas brasileiros, latino-americanos e estrangeiros de três continentes (Ásia/África/Europa) (*www.mercadocultural.org*). Com o objetivo de promover jovens talentos, esses encontros são acompanhados de exposições e apresentações cênicas. O responsável pelo evento é Ruy César da Silva, diretor do Instituto Cultural Casa Via Magia (*www.viamagia.org*).

- O Perc Pan (Panorama Percussivo Mundial) em abril-maio (17ª edição em 2010), que privilegia os músicos percussionistas ou que fazem da percussão a base de sua produção artística. A direção artística do festival associa, a cada ano, conjuntos ou solistas estrangeiros (Portugal, Benin, Peru, Estados Unidos, México, entre outros). A produtora desse festival é Beth Cayres.

- O Festival Latino-Americano de Teatro da Bahia, evento que aconteceu em 2010 pelo terceiro ano, promovendo intercâmbios entre artistas baianos e latino-americanos. O evento é produzido pelo coletivo teatral Oco Teatro Laboratório, que surgiu em Salvador em 2003 (responsáveis: o cubano radicado no Brasil Luis Alberto Alonso e o produtor Rafael Magalhães). Em 2010, o teatrólogo italiano Eugênio Barba, diretor do Odin Teatret, fundado em Oslo (Noruega) em 1964, foi convidado.

Até o fim dos anos 1960, o carnaval era animado pelas escolas de samba ligadas a uma rua ou a um bairro da cidade (Filhos do Tororó, Juventude do Garcia, Diplomatas de Amaralina etc.). Com o surgimento do trio elétrico de Dodô e Osmar (caminhão equipado onde o artista canta e os músicos tocam), os desfiles passaram a ter ritmos musicais diferentes conforme o artista. O público segue o trio, vestido com o abadá cuja compra e uso o autoriza a seguir o artista de sua preferência ao longo de dois percursos urbanos, hoje designados pelas expressões *Circuito Osmar* (Campo Grande) e *Circuito Dodô* (Barra/Ondina). O número de turistas presentes em Salvador para o carnaval ultrapassa um milhão de pessoas.

As artes plásticas

No início dos anos 1960, no âmbito da Bienal da Bahia, os movimentos concretista, neoconcretista e tropicália fariam de Salvador o centro das artes plásticas do Brasil. Com a instauração da ditadura militar, a segunda Bienal foi proibida em 1968 e as manifestações organizadas nesse campo não tiveram mais repercussão nacional. O Museu de Arte Moderna (criado em 1959), que funcionava no foyer do teatro Castro Alves, instalou-se em 1963 no Solar do Unhão, conjunto arquitetural colonial de grande beleza. Até o início dos anos 1980, na ausência de espaço ou de galeria de arte de renome, foi o Instituto Goethe o principal centro cultural da cidade. O Instituto Cultural Brasil-Alemanha foi uma referência para quem militou políticamente na ditadura. Foi nele que foi criado, no dia 20 de novembro de 1978, o Dia Nacional da Consciência Negra.

Muitos artistas plásticos brasileiros residiram na França, tais como Presciliano da Silva (1883-1965), estudante da Académie Julian, em Paris, autor de belas marinhas da cidade de Concarneau, na França; Antonio Mourão (Tunga); Siron Franco; Mario Cravo, Emmanuel Zamor etc. Da mesma forma, vários são os artistas estrangeiros que se instalaram em Salvador: o pintor argentino Carybé; o escultor e gravurista alemão Karl Heinz Hansen; o fotógrafo francês Pierre Verger; o violoncelista e compositor suíço Anton Walter Smetak etc. Salvador é, sem dúvida, a capital mais cosmopolita do Nordeste.

O Museu de Arte da Bahia possui, em suas coleções, obras dos principais artistas baianos.

A dança

Uma escola de dança contemporânea (Oficina Nacional de Dança Contemporânea) foi criada na Bahia em 1977. Sob sua égide, nasceram grupos e coreógrafos originais, tais como Jorge Silva Companhia de Dança, o grupo Tran Chan etc. O Viladança, dirigido pela coreógrafa Cristina Castro, é a rara companhia de dança, surgida nos anos 1990, que apresenta uma produção regular de espetáculos. Residente no teatro Vila Velha, a companhia tem uma relação privilegiada com a Alemanha. Os grupos acadêmicos são ecléticos e priorizam as expressões culturais locais, como o Balé do Teatro Castro Alves, companhia oficial do estado criada há 25 anos, que associa coreógrafos estrangeiros (os argentinos Luis Arrieta e Oscar Araiz) e que realizou uma turnê pela Europa em agosto de 2006 (diretora: Lilian Pereira). A Fundação Cultural do Estado da Bahia tem, desde 1988, um curso de dança, do qual saíram muitos bailarinos do Balé Folclórico da Bahia. A diretora do grupo, criado em 1985, Simone Najar Gusmão, foi convidada, em abril de 2006 pelo Conservatoire de la Rochelle. Há cinquenta anos que a Universidade Federal da Bahia tem uma escola de dança e o primeiro mestrado em dança da América Latina. Sua diretora, Dulce Aquino, realizou em abril de 2006 um Fórum Internacional de Dança com os principais bailarinos profissionais brasileiros. O balé clássico em sua forma acadêmica não se desenvolveu muito no estado.

O Ateliê de Coreógrafos Brasileiros, em sua 5ª edição em 2006, reuniu aproximadamente 10 mil espectadores e cinquenta grupos. A organizadora do evento era a bailarina Eliana Pedroso e a coordenadora, Virginia Saback. O evento foi suspenso em 2007 por falta de patrocínio.

A escola do teatro Bolshoi, estabelecida em Joinville desde 1999, organiza em Salvador ateliês destinados a jovens desfavorecidos (Mostra Didática de Dança).

A música

Salvador, capital do Brasil de 1549 a 1763, data da transferência para o Rio de Janeiro, é o berço do sincretismo cultural e religioso brasileiro e a matriz das principais tendências musicais atuais (afoxé, frevo, axé). A música afro-baiana influencia experiências musicais e rítmicas de artistas estrangeiros, como David Byrne, Paul Simon, Michael Jackson. Por iniciativa do então ministro da Cultura, Gilberto Gil, e de Rubens Ricupero, ex-secretário da Organização das Nações Unidas para o Comércio e o Desenvolvimento, o Centro Internacional das Indústrias Criativas foi fundado em Salvador em 2005, por ocasião de uma reunião da qual participaram cinquenta países e representantes da Organização Internacional do Trabalho (OIT), da Organização Mundial da Propriedade Intelectual (OMPI) e da Unesco, sem que seus financiamentos tenham sido explicitados.

Existe um conjunto de qualidade, a Orquestra Sinfônica da Bahia, fundada em 1982, dirigida durante quatro anos (2004-2008) pelo búlgaro Boyko Stoianov. Um festival de música erudita é organizado no mês de setembro e sua 16ª edição ocorreu em 2008. Os principais organizadores do festival são Fernando Marinho e Zeca Freitas.

Criado em 2007 pelo governo da Bahia, o programa Neojibá (Núcleos Estaduais de Orquestras Juvenis e Infantis da Bahia) tem como objetivo a integração social dos jovens por meio da prática coletiva da música. O projeto já formou duzentos jovens e se inspirou no Fesnojiv da Venezuela. Seu coordenador é o diretor artístico da Orquestra Sinfônica da Bahia, Ricardo Castro.

O teatro

A Universidade Federal da Bahia tem uma excelente escola de teatro, diferente da escola da universidade de São Paulo ou da Unicamp, porque ela lançou as bases para uma formação acadêmica eminentemente profissional. Da primeira turma de alunos saiu o grupo do Teatro dos Novos (1959), que resultou no Teatro Vila Velha (1964), tão importante na formação do atual teatro baiano. Um dos professores responsáveis por essa escola é o diretor alemão Ewald Hackler, radicado no Brasil há mais de trinta anos, formado em cenografia pela Universidade da Califórnia (Berkeley).

O livro

Uma Bienal do Livro é organizada em maio (10ª edição em 2011) e reúne aproximadamente 220 mil pessoas. O coordenador é Claudius Portugal, diretor da Fundação Pedro Calmon. Em 2009, o país homenageado foi a França, por causa das comemorações pelo Ano da França no Brasil.

Os museus e as igrejas

A cidade possui cinquenta museus, sendo os mais interessantes o Museu de Arte Moderna, belo local onde estão reunidas obras de artistas contemporâneos brasileiros; o Museu de Arte Sacra, na igreja Santa Teresa; e o Museu de Arte da Bahia, o mais antigo, fundado em 1915. As igrejas oferecem uma visão interessante da espiritualidade, da religiosidade e do misticismo baianos, principalmente a sala de ex-votos de Nosso Senhor do Bonfim e as imagens sagradas da igreja Ordem Terceira do Carmo da Cachoeira.

A Fundação Jorge Amado

O centro histórico, o Pelourinho, abriga a Fundação Casa de Jorge Amado, escritor baiano cujas obras foram traduzidas no mundo inteiro. Como Carybé e Pierre Verger, Jorge Amado contribuiu para tornar a Bahia de Todos-os-Santos conhecida no exterior.

Inaugurada em 1987, a Fundação se encontra hoje na praça mais famosa de Salvador, teatro do oprimido. Escravos rebeldes e condenados eram ali expostos aos olhos do público, acorrentados ao pelourinho. A Casa abriga um centro de estudos e de pesquisa especializada na obra de Jorge Amado, na literatura e na cultura da Bahia, além de publicar duas revistas literárias, *Exu* e *Palavras,* e prestar assistência pedagógica às escolas estaduais. A Casa de Jorge Amado é dirigida por Miriam Fraga, escritora e poeta, membro da Academia de Letras da Bahia. Os militares queimaram em Salvador 1.694 exemplares das obras de Jorge Amado, que foi expulsou pelo governo francês da França em 1950 por motivos políticos.

A Fundação Pierre Verger

Pierre Verger nasceu em Paris, em 1902, e faleceu em Salvador, em 1996. Ele era, antes de tudo, um fotógrafo franco-atirador que percorreu o mundo. Colaborador do Musée d'Ethnographie du Trocadéro (atual Musée de l'Homme) nos anos 1930, com viagens à Oceania e ao Oriente, ele visitou a América Latina em 1939. No México, fotografou Trotski e sua mulher Natalia na casa de Frida Kahlo. Passou por Guatemala, Equador, Peru, Argentina e Brasil. Chega a Dakar em 1940, e viveu de 1941 a 1946 na Argentina, na Bolívia e no Peru, onde contribuiu para as coleções fotográficas do Museu Nacional de Lima. Em 1946, encontra no Brasil Roger Bastide, então professor na Universidade de São Paulo, e se estabelece em Salvador, na Bahia. Ele colabora para a revista O Cruzeiro como fotógrafo, estudando as cerimônias religiosas, as crenças e as superstições do Nordeste brasileiro. Em 1948, encontrou Théodore Monod em Dakar e recebeu ajuda do Institut Français d'Afrique Noire. Foi professor na Universidade de Ifé. Publicou vários trabalhos sobre as influências do Brasil no Golfo de Benin e sobre as influências recíprocas. Fez diversas viagens à Nigéria e ao Dahomé, que lhe inspiraram muitos ensaios e publicações.

Em 1960, ele compra duas modestas casas na Travessa de Vila América, nº 6, situada no Alto do Corrupio, em Salvador, atual Fundação Pierre Verger. E onde eu costumava acompanhá-lo nos anos 1980, depois de batidas de coco em excesso no Diolino, no Rio Vermelho. Vivendo voluntariamente de forma modesta, em condições materiais próximas da penúria, esse viajante incessante, mas solitário, brilhante, cáustico e irônico, estava próximo das populações negras, cuja dignidade ele admirava e atribuía aos orixás. Muito reticente em relação aos poderes estabelecidos e honrarias (Legião de Honra em 1989), Pierre Verger foi mesmo o modelo da independência e da probidade intelectual.

Jorge Amado assim o define em sua obra *Bahia de Todos-os-Santos*: "Pierre Verger, mestre francês das artes e das ciências, atravessou os continentes, caminhando sobre as estradas de Oriente e de Ocidente... errante e inquieto. A felicidade, na qual ele não acreditava, o surpreendeu nas ruas da cidade de Salvador da Bahia de Todos-os-Santos. Materializado enfim! Seu sonho era uma civilização mestiça, que nós aqui plantamos e edificamos sobre nossa democracia racial. Ele tinha chegado à pátria de seu coração. Estudioso de Paris, Feiticeiro da África, Baiano dos melhores."

O Museu Rodin

Instituição que pretende ser, ao lado do Museu de Arte Moderna e do Museu de Arte, um dos centros de difusão das artes plásticas da Bahia.

A exposição Auguste Rodin, realizada no Brasil de 1995 a 2001, mostrou uma fascinação do público brasileiro pela obra do escultor francês. Mais de um milhão de pessoas visitaram a mostra, que percorreu as principais cidades do Brasil (São Paulo, Rio de Janeiro, Brasília, Recife, Salvador, Fortaleza). Em Salvador, a exposição, realizada no início de 2001, atraiu 52 mil visitantes. Na origem dessa iniciativa estão Emanoel Araújo, artista baiano, então diretor da Pinacoteca de São Paulo, e Jacques Vilain, então diretor do Museu Rodin de Paris, com o apoio do secretário da Cultura e do Turismo da Bahia, Paulo Gaudenzi. Um acordo de cooperação entre o Ministério da Cultura francês e a Secretaria da Cultura da Bahia foi assinado em 24 de maio de 2002. O Museu Rodin comprometia-se a ceder 72 obras em gesso, devidamente catalogadas no acervo das coleções públicas francesas, renováveis a cada três anos, após a inauguração do museu baiano.

Uma antiga residência, o palacete Bernardo Martins Catarino, construído em 1912 e restaurado, acolhe o museu. Os jardins recebem quatro obras em bronze de Rodin: *L'Homme qui Marche sur Colonne, Jean de Fiennes Nu, La Martyre, Torse de l'Ombre*, todas adquiridas pelo governo do estado com financiamentos públicos e privados.

O museu ecológico Frans Krajcberg

Esse escultor, de origem polonesa, criou esculturas integradas ou inspiradas na biodiversidade e estão expostas em espaços famosos de Paris, Curitiba e São Paulo. Em Nova Viçosa, a cerca de mil quilômetros ao sul de Salvador, o arquiteto Jaime Cupertino criou um museu dedicado à obra de Krajcberg, financiado pelo escultor, onde as fotografias de Jacques Cousteau, Roger Pic e outros estão expostas. O texto de Pierre Restany, *O manifesto do rio Negro*, está em evidência no meio de milhares de esculturas e de uma vegetação tropical plantada pelo artista desde 1970.

O premiado cineasta Walther Moreira Salles retratou o artista num documentário em 1987 ("Franz Krajcberg: o poeta dos vestígios").

A atividade turística

No segundo lugar depois do Rio de Janeiro, o estado da Bahia recebe 20% dos turistas estrangeiros no Brasil (1 milhão de pessoas), atraídos pelas tradições culturais, pelo centro histórico colonial, pelo sincretismo religioso, pelas cidades balneárias do litoral (Trancoso, Morro de São Paulo), por um belíssimo parque nacional preservado (Chapada Diamantina) e por uma capital lúdica, festiva e acolhedora, onde a dança e a música ocupam lugar privilegiado, como prova o carnaval mais popular e mais comentado do Brasil: três milhões de foliões em seis dias e noites de festa, dançando atrás dos trios elétricos.

O bairro histórico do Pelourinho, tombado pela Unesco como Patrimônio Mundial da Humanidade, sofre restaurações contestadas. O Ministério da Cultura, que recebeu ajuda financeira do Banco Mundial da ordem de 9 milhões de dólares para essa restauração, decidiu suspender provisoriamente as obras com o objetivo de avaliar seu impacto social sobre famílias residentes, realojadas após indenizações consideradas irrisórias. Dois terços das 1.746 famílias que moravam no bairro o deixaram nessas condições. Em junho de 2010, na reinauguração do Palácio Rio Branco, antiga sede do governo da Bahia, totalmente restaurado, o presidente Lula assinou com o governo do estado o acordo de adesão ao PAC — Programa de Aceleração do Crescimento das Cidades Históricas, que prevê a restauração e obras de infraestruturas ao longo de dois anos em sítios históricos de 16 municípios baianos. Um programa de RS$ 692 milhões.

Principais atrações:

- A Igreja de Nosso Senhor do Bonfim, objeto de culto tanto dos católicos quanto dos adeptos do candomblé, assimilado a Oxalá (a igreja não abre na segunda-feira), centro de peregrinação anual célebre em 13 de janeiro;

- O Museu de Arte Sacra, no convento de Santa Teresa, dominando o porto, num lugar magnífico, e o Museu de Arte da Bahia, localizado no imponente Palácio da Vitória.

- O Museu de Arte Moderna, situado num contexto arquitetônico colonial de grande beleza, o Solar do Unhão, onde funciona um restaurante pitoresco nas dependências da antiga senzala.

- Os fortes marítimos da colonização portuguesa, ao longo do litoral da Bahia de Todos-os-Santos, com uma menção especial para Montserrat, perto da Igreja do Bonfim; para o Farol da Barra, onde existe um museu náutico; e para o Forte São Marcelo, diante do porto, recentemente restaurado com o auxílio de uma empresa coreana, um edifício construído pelos engenheiros franceses Philippe Guiton e Pierre Garcin. Sua forma circular lembra o forte de Brugio, em Portugal, e o de Santo Ângelo, na Itália: *o umbigo da Bahia*, segundo Jorge Amado. Ali estiveram presos personagens históricos, como Bento Gonçalves, da Revolução Farroupilha, e Cipriano Barata, líder da Revolta dos Alfaiates.

Entre os balneários mais recomendados estão a ilha do Morro de São Paulo, nas proximidades de Salvador; a praia do Forte, a duas horas da cidade; e a região de Trancoso, ao sul do estado, que preservou uma igreja, um cemitério e uma praça de rara poesia. É melhor evitar o complexo hoteleiro da Costa do Sauípe.

Um belíssimo parque nacional preservado, a Chapada Diamantina, fica a três horas pela estrada de Salvador, próximo à pequena cidade de Lençóis, onde um solar traz ainda o nome Consulat de France, evocando a importância outrora das minas de diamante da região.

A imprensa

Três importantes jornais são publicados na Bahia e, levando em conta a força da imprensa regional no Brasil, constituem os únicos meios de informação diários lidos pela população local.

O primeiro em termos de tiragem e de qualidade é *A Tarde*, com 65 mil exemplares durante a semana. Foi criado em 1912 por

Ernesto Simões e dirigido por Sílvio Simões. Ele mantém uma posição independente dos poderes públicos. Seu diretor-geral, francófilo e fluente em francês, é Evaldo Boaventura, ex-secretário estadual de Educação e Cultura (*www.atarde.com.br*).

O outro jornal, propriedade da família Magalhães, é o *Correio da Bahia* (tiragem de 45 mil exemplares durante a semana), dirigido pelo cunhado do falecido Antônio Carlos Magalhães, Wilson Maron, desde a sua fundação nos anos 1970, e onde o padrinho da Bahia recebia, toda sexta-feira (*www.correiodabahia.com.br*).

Enfim, a *Tribuna da Bahia*, que comemora 40 anos de circulação, tendo sido fundado em 1969 por Elmano Castro e dirigido pelo jornalista Quintino de Carvalho. Hoje, o diretor presidente é Antônio Walter Pinheiro. O jornal, desde 1997, é administrado em forma de cooperativa.

ESTADO DO CEARÁ

População	8,5 milhões
Superfície	146 817 km²
IDH(2005)	0,723
% do PIB nacional	1,8%
PIB per capita (2008)	R$ 7.111
Mortalidade infantil (2007)	24,3 por mil
Capital Fortaleza	2,5 milhões

O estado do Ceará cobre menos de 2% da superfície do Brasil, recenseia menos de 5% da população do país e é responsável por menos de 2% do PIB brasileiro. O nome do estado vem da palavra tupi *sy ara*, mãe da luz, por ser uma terra ensolarada. Um terço da população reside na capital, Fortaleza, confrontada com graves problemas sociais, refletidos no aumento da violência, cujas taxas são, hoje, das mais altas do país. Apesar de uma gestão política hábil nos últimos vinte anos, o estado tem dificuldades em administrar seu desenvolvimento econômico por causa da redução de sua indústria têxtil, primeiro parque industrial.

As relações com a França

As relações com o Ceará são antigas e se situam historicamente no âmbito intelectual, cultural e universitário. A cooperação econômica entre a França e o Ceará nunca foi muito substancial, apesar da importância outrora dos comerciantes franceses oriundos da região da Alsácia-Lorena e o poder da Casa Boris Frères, que foi expresso em um dito popular segundo o qual "o mar do Ceará é o açude dos Boris e a justiça, sua mãe". A burguesia local voltou-se cedo para a França para a formação de suas elites. A Academia Cearense de Letras, que data de 1894, a mais antiga do Brasil, inspira-se na Academia Francesa. O Ceará ocupava então um espaço importante dentro do movimento literário nacional. No século XIX, era comum entre os escritores cearenses a organização em associações literárias. Como os Oiteiros (1813), a Academia Francesa do Ceará (1873), o Centro Literário e a Academia Cearense de Letras (1894), que juntavam escritores como Justiniano de Serpa, Farias Brito, Oliveira Paiva etc. A Padaria Espiritual seguiu essa tendência, um movimento modernista e nacionalista que repudiava o uso das palavras francesas.

A cooperação atual, sobretudo universitária, procede dessa tradição.

- *A cooperação universitária*

No centro dessa cooperação, parceira privilegiada, a excelente Universidade Federal do Ceará-UFCE (20 mil alunos) é considerada uma das dez melhores do Brasil. A universidade assinou, ao longo dos anos 1990, acordos de colaboração com vinte universidades francesas. Em novembro de 2004, um colóquio, o segundo do gênero, cujos anais são publicados em edição bilíngue, aconteceu em Fortaleza com a Universidade de Lyon 2. Uma ação foi estabelecida com o Institut des Sciences Appliquées (INSA) de Lyon, Rennes, Strasbourg, Toulouse e Rouen, para a formação de engenheiros, com a criação de cursos internacionais realizados pela Amerinsa (Lyon), no âmbito do acordo Capes-Cofecub. O acordo da UFCE com o CNPq permitiu a criação de um programa de 387 bolsas para iniciação científica, das quais dez são financiadas pela Université Claude Bernard (Lyon 1). A UFCE é a única universidade do Nordeste a participar da rede de bolsas Eiffel (cinquenta bolsas por ano destinadas a estudantes brasileiros para as escolas centrais de Lyon, Nantes, Paris e Lille), um programa realizado desde o ano 2000, que associa, também, as universidades UFRJ, do Rio de Janeiro; Unicamp, Campinas; USP, de São Paulo; e UFRGS, de Porto Alegre. Por esse programa, 37 estudantes se formaram na França.

A UFCE desenvolve, em parceria com a Unicamp, no âmbito Capes-Cofecub dois projetos de cooperação: um sobre redes e sistemas multimídia se referiu a cinco instituições francesas (Paris V, Paris VI, Conservatoire National des Arts et Métiers, Université d'Evry, Université de Nice). Por meio desse projeto, seis estudantes da UFCE e dois da Unicamp estavam ainda na França em 2003, depois de quatro anos de pesquisa. O outro é sobre biometria e telemedicina, com o INT e a Unicamp. Enfim, um projeto CNPq-CNRS, unicamente para a pesquisa (residência alternada de pesquisadores em curtas estadias), é realizado com a Université de Nice (Sophia Antipolis), que também está associada à Unicamp.

Há, em Fortaleza, uma importante universidade particular, Unifor, com 19 mil alunos. O francês é estudado por apenas trinta alunos e a língua espanhola está bem ancorada (licença dupla em português-espanhol).

- *A cooperação linguística*

O estado do Ceará não oferece mais o ensino da língua francesa em sua rede escolar, com exceção de um colégio (Adauto Bezerra, onde é ensinado a duas turmas), situação que contrasta com a dos anos 1970, quando a língua francesa era proposta na maioria dos estabelecimentos de qualidade.

A UFCE contabiliza aproximadamente 1.300 alunos de francês na Maison Française, centro de idiomas aberto ao público. Há também cursos de língua na universidade estadual e no Instituto de Tecnologia Federal, o Cefet, em que cinco professores fizeram seus doutorados na França. O então diretor do Cefet, Mauro Barbosa, professor associado da Université de Technologie de Troyes, titular de um doutorado no Institut National des Télécommunications, assinou um acordo com aquela universidade em 2002, ao qual se juntaram as universidades de Compiègne e de Belfort. Através desse acordo, dez estudantes vão a Troyes anualmente e estudantes franceses vêm ao Cefet no âmbito de um programa de intercâmbio, com custos divididos. Nas universidades particulares (FIC, Unifor), o francês é pouco estudado. O município assegura também o ensino da língua no centro IMPAR, destinado a trezentos alunos. Enfim, a Aliança Francesa de Fortaleza, inaugurada em 1943, proporciona a aprendizagem do idioma a aproximadamente quatrocentos alunos (735 em 1990) e tenta recuperar a importância de outrora na vida cultural local.

Nos anos 1970, a língua francesa era proposta em todas as escolas de renome. A concomitância da redução dos recursos vindos da França para o ensino do francês, além das dificuldades e das prioridades dos sistemas educativos locais, a integração do Brasil no Mercosul e no contexto latino-americano, enfim, a falta de um suporte econômico para esse ensino, em razão de investimentos franceses escassos na região, explicam, apesar da ação perseverante das associações de professores de francês, a diminuição geral — e irreversível — do ensino. É a razão pela qual a prioridade é dada, hoje, à cooperação universitária, que comporta, por um lado, uma formação em francês e deveria prever, por outro, uma reciclagem regular. O recenseamento e uma melhor integração dos antigos estagiários, bolsistas e estudantes brasileiros na França, no contexto da cooperação francesa no Brasil, constituem hoje uma prioridade de ação dos poderes públicos franceses.

- *A cooperação cultural*

A França conta no Ceará com personalidades da maior importância sensíveis a sua cultura, de formação universitária frequentemente francesa. Na medida de suas possibilidades, a França oferece uma parceria aos projetos realizados pela Secretaria da Cultura, ou supervisionados por ela, com a preocupação partilhada com uma descentralização das atividades culturais em direção ao interior do estado: Bienal de Dança, Bienal do Livro, Festival de Teatro de Guaramiranga, Cine Ceará etc. Um seminário internacional sobre a diversidade cultural foi organizado pelo governo do estado em junho de 2006.

A representação consular francesa para o Nordeste, estabelecida em Recife, participou da realização, em 2004, com a ajuda da Fundação Universitária Armando Álvares Penteado, do Musée National d'Histoire Naturelle de Paris, da Universidade do Crato e da Fundação Araripe, de uma interessante exposição sobre a diversidade e os fósseis da Chapada do Araripe, no Museu de Arte Brasileira de São Paulo (mais de 300 mil visitantes registrados).

Por iniciativa da Secretaria Estadual da Cultura, um acordo de cooperação cultural foi assinado com a cidade de Lyon em abril de 2004. Enfim, por iniciativa do Pirata, fundação que procede de um complexo de entretenimento local, são feitos intercâmbios no setor náutico: convite para participar do Festival de la Mer, em Brest, em 2004, e do Salon Nautique, em 2005; etapa do rali *Les Îles du Soleil*, em Fortaleza; exposição itinerante de fotografias de Chico Albuquerque sobre as jangadas em diversas cidades francesas e, principalmente, no Musée de la Marine, em Paris.

Em julho de 2010, o Sesc/Senac Iracema, com a parceria do Fonds Raymond Cantel e da Universidade de Poitiers, organizou uma mostra composta por exposição, oficinas, músicas, filmes e manifestações relacionadas à literatura de cordel.

A romancista e contista cearense Joyce Cavalcante, premiada na França, ministrou cursos e palestras a convite de universidades francesas, em 1998 e 2007, sobre a historia da literatura feminina no Brasil.

- *A cooperação econômica*

A França importa poucos produtos do Ceará (camarões, couro, têxteis). O mercado francês não tem a importância dos da Espanha (24% das exportações), nem dos Estados Unidos (33%). Apesar de um passado de intercâmbios substanciais, como prova a longa história dos armazéns Boris Frères e Levy Frères, a França não é um parceiro econômico de importância para o Ceará. Poucas empresas aí se estabelecem e investem. Os exemplos são raros: a Citéluz, filial da EDF, administra a iluminação pública da capital; o grupo Accor possui o hotel Ibis em Fortaleza. As autoridades locais desejam reforçar as relações comerciais com a Guiana Francesa; uma missão comercial esteve em Caiena e Paramaribo em junho de 2006.

A ausência de companhia aérea francesa explica a pequena participação do turismo francês no Ceará, embora esteja a sete horas de voo da Europa: 18.340 franceses em 2005, número de turistas que situa a França em 3º lugar, depois de Portugal e Itália. O fluxo principal vem de Portugal (a TAP tem voos diários vindos de Lisboa), da Espanha (a Air Europa tem dois voos semanais vindos de Madri), dos países escandinavos, da Holanda e da Itália (voos charters).

A vida política

Ao longo dos séculos XIX e XX, a miséria e a carência social levaram ao surgimento de movimentos messiânicos, tendo como líderes religiosos Antônio Conselheiro, Padre Ibiapina, Padre Cícero, Beato Zé Lourenço etc. E surgiu também outro meio de escapar da pobreza: o cangaço.

A insatisfação com a ditadura militar e a redemocratização das instituições impulsionaram as transformações no poder político, com o enfraquecimento da hegemonia tradicional do coronelismo.

A economia do estado foi dominada pelas culturas de exportação: algodão, café, couro, açúcar. Ao período mais importante da indústria do algodão no século XIX, na época da guerra civil americana, sucedeu uma grande crise por causa de dois anos de seca e fome (1877-1879). É dessa época que datam os problemas de uma cidade como Fortaleza, que tinha na época 30 mil habitantes e que ia receber, no espaço de poucos anos, 100 mil imigrantes.

As poderosas oligarquias rurais exerceram um poder sem partilhas até os anos 1930, início da industrialização do estado. A vida política é dominada, hoje, por duas personalidades fortes, de filiações partidárias diferentes, mas cujas relações pessoais são sólidas: Tasso Jereissati, ex-senador do estado pelo PSDB, três vezes governador (1986-1990, 1995-1998 e 1998-2002), e Ciro Gomes, ex-ministro do governo Lula, deputado federal eleito em outubro de 2006, acolhido oportunamente num partido político emprestado, o PPS, depois de ter sido filiado ao PDS, PMDB e PSDB, ex-governador do estado (1990-1994 e 1994-1998), candidato derrotado nas eleições presidenciais de 1998 e 2002, é hoje membro do PSB.

Esses elos explicam por que, apesar de ser então presidente do PSDB e a despeito da candidatura à reeleição para governador de Lúcio Alcântara, oriundo desse partido, Tasso Jereissati escolheu apoiar a candidatura ao governo do estado do irmão de Ciro Gomes, Cid Gomes, que se apresentou pelo PSB. Foi reeleito no primeiro turno em 2010, enquanto Jereissati foi derrotado no pleito do mesmo ano na sua tentativa de renovar o seu mandato no Senado.

A representação política no estado é a seguinte:

Governador	Cid Gomes (PSB) — 2º mandato (2007/2011/2014)
Senadores	— Eunicio de Oliveira (PMDB) (2011/2018) — Inácio Arruda (PC do B) — (2007/2015) — José Pimentel (PT) (2011/2018)
Deputados federais	Total: 22 — PSDB: 1; PMDB: 6; PR: 2; PC do B: 2; PSB: 4; PTB: 1; PT: 4; PP: 1; PDT: 1; PSOL: 1.
Prefeito de Fortaleza	Luizianne Lins (PT) (2004/2008) — 2º mandato (2008/2012).

Luizianne Lins (PT) foi eleita para a prefeitura de Fortaleza em outubro de 2004, contra seu partido, que preferia o candidato do Partido Comunista do Brasil, mas com o apoio de muitos militantes entusiastas; conseguiu ser reeleita em outubro de 2008. Os caciques locais, Ciro Gomes e o senador Tasso Jereissati (PSDB) apoiaram a senadora Patrícia Saboya (PDT), ex-esposa de Ciro, que ficou em terceiro lugar. O PSDB ainda tem força no estado: por ocasião das eleições municipais em outubro de 2008, o partido elegeu 54 prefeitos (quase um terço) e 346 vereadores (um quinto). Mas, na Câmara Estadual, eleita em outubro de 2010, o PSDB perdeu seis deputados em relação a 2006 (14 em 2006; 8 em 2011). No pleito presidencial de 2010, o estado votou massivamente na candidata eleita, Dilma Rousseff (PT), que recebeu mais de 77% dos votos, e, em alguns municípios, mais de 91% dos votos (Jati, Potiretama, Pedra Branca, entre outros).

A atividade econômica

O crescimento do turismo

Grande parte da população ativa do Ceará está empregada na agricultura, que representa apenas 6% do PIB do estado, confrontada com as dificuldades geradas por uma região semiárida que cobre 90% do território. Desde 1975, o Banco Mundial contribui com o governo do estado no âmbito de um programa de auxílio ao pequeno produtor rural (Programa de Combate à Pobreza Rural).

A cultura do algodão, que outrora cobria 1,3 milhão de hectares, está hoje em completa decadência (cultivado apenas em 17 mil hectares) e o estado foi ultrapassado pelo Rio Grande do Sul, Bahia e Paraná.

Responsável por 1,8% do PIB brasileiro, o Ceará se situa em 13º lugar no Brasil. As suas exportações são constituídas, sobretudo, de produtos têxteis (40%), uma indústria que enfrenta forte concorrência dos países asiáticos. Um terço das exportações vai para os Estados Unidos e um quarto para a União Europeia. O estado é o segundo exportador de calçados, depois do Rio Grande do Sul, indústria que vem de tradições locais.

O Ceará é o estado cuja taxa de expansão da indústria turística é, no Nordeste, a mais importante, assim como na Bahia. Em 2005, foram aproximadamente 2 milhões de turistas, dos quais 13,5% estrangeiros (266 mil), com uma menção particular para Portugal, origem de um quinto do fluxo total (61 mil) para uma comunidade estimada em 8 mil indivíduos, à frente da Itália (11%), França (10%) e Holanda (8%). Cerca de 7.800 estrangeiros pediram residência oficial no Ceará em 2004 (contra 5.800 em 2001).

Atualmente, o turismo contribui com 12% do PIB do estado, empregando perto de 7% da população ativa. Esse afluxo de turistas estrangeiros (o número multiplicou-se por dez desde 1990) não deixou de suscitar preocupações com relação ao turismo sexual, considerado um flagelo social, assim como no restante do Nordeste, a prostituição de crianças e adolescentes pobres. O secretário estadual de Turismo suspendeu, em junho de 2004, as negociações para voos charters extras Milão-Fortaleza. Esse aspecto sombrio do turismo é visível em Fortaleza, sobretudo próximo à praia de Iracema, outrora frequentada pela *intelligentsia* local e hoje rodeada de restaurantes e discotecas, geralmente nas mãos de cidadãos italianos.

Os grandes projetos do estado

— A inauguração de uma unidade siderúrgica, Companhia Siderúrgica do Pecém, *joint-venture* da companhia Vale (9%), da empresa italiana Danielli (17%) e da coreana Dongkuk (34%), está prevista para 2013. Um investimento da ordem de 760 milhões de dólares, com a contribuição do BNDES e do banco italiano Médio Crédito Rurale, para uma produção programada de 1,5 milhão de toneladas de aço;

— O término da Transnordestina, ferrovia que ligará o Ceará às jazidas de minérios de Carajás e cujo custo está estimado em 2 bilhões de dólares para a parte financiada por uma filial da Companhia Siderúrgica Nacional (CSN). Toda a ferrovia terá 1.728 quilômetros, atravessando os estados de Pernambuco, Piauí e Ceará, ligando o porto de Suape (PE) ao porto de Pecém (CE);

— A instalação de um parque de energia eólica, relativamente simbólico (17 projetos para um potencial de 500 mgw em 2008), com a contribuição do japonês Bank of International Cooperation, no âmbito do Programa de Incentivo às Fontes Alternativas de Energia (Proinfa). O Ceará é hoje responsável por 2/3 da energia eólica produzida no Brasil (500 mgw em 14 parques privados em operação). Um centro de estudos de energias alternativas foi instalado em abril de 2005 na Federação das Indústrias do Estado do Ceará. A usina de Tauá devera ser a maior do Brasil, com uma capacidade de produção de 50 mgw e um investimento de U$ 400 milhões. Os equipamentos são chineses.

A situação social

Mais da metade da população do estado vive abaixo do limite da pobreza, recebendo menos de meio salário-mínimo, 22%, numa situação de quase penúria (recebendo menos de um quarto do salário-mínimo), aproximadamente 1,7 milhão de indivíduos, segundo o Instituto de Pesquisa e Estratégia Econômica (IPECE). A distribuição da renda melhorou um pouco graças aos programas sociais realizados pelo governo federal: entre 2002 e 2007, o índice Gini diminuiu 4,65% (0,537 em 2007).

O Ceará registrou em 2010 índices sociais mais altos que a média do Nordeste em diversos aspectos (escolaridade, expectativa de vida, índice de Gini). Foi o estado que mais diminuiu a mortalidade infantil de 1980 a 2008, atingindo 30,8 para mil. Ainda assim, está acima da taxa de mortalidade infantil média nacional (24,9 por mil em 2008).

À tradicional violência na zona rural — por votos ou por terra — acrescenta-se hoje uma violência urbana responsável pela metade dos homicídios. O presidente do Sindicato dos Comissários da Polícia Civil do Ceará declarou ao *Diário do Nordeste*, de 11 de junho de 2006, que sua instituição não dispunha de efetivos suficientes para investigar sequer 10% dos homicídios cometidos. Atualmente, esses efetivos estão reduzidos à metade em relação a 1985 (2.100 homens contra 5 mil).

Segundo a pesquisa do Instituto Sangari (Mapa da Violência 2010), a taxa de homicídios por 100 mil habitantes era em 2008 de 87,2 em Fortaleza (a 9ª cidade mais violenta do Nordeste), e para o estado, de 25,1 (17º lugar no ranking nacional).

Em dezembro de 2005, o presidente do Banco Mundial, Paul Wolfowitz, esteve no Ceará para lançar um programa de alfabetização para adultos. Apenas 5% dos jovens entre 18 e 24 anos estavam inscritos no ensino superior. E desses, 40% não terminaram seus estudos, segundo uma pesquisa do Instituto Nacional de Estudos e Pesquisas Educacionais (INEP), publicada em maio de 2006.

O estado enfrenta um grave déficit em matéria de habitação popular: 315 mil moradias, das quais 125 mil na região metropolitana de Fortaleza, segundo pesquisa realizada em 2007 pela Fundação João Pinheiro, consequência do rápido desenvolvimento da cidade em função, essencialmente, do êxodo rural

(500 mil habitantes em 1960; 2.500.000 em 2004). Um terço da população vive em favelas: 700 mil pessoas em 600 localidades. Estima-se que cinquenta famílias chegam, por dia, para se instalar em Fortaleza, única metrópole do estado (a segunda cidade contabiliza menos de 10% da população da capital).

Em 2008, segundo o IBGE, menos de 30% dos domicílios tinham acesso à rede de coleta de esgotos (a média nacional é de 52%). Fortaleza representava, em 2008, 42% da população total do estado.

A taxa de desemprego que era alta até 2004 (18,52% na capital, segundo o *Diário do Nordeste*), e crescente até 1991, melhorou bastante a partir do ano 2005. Apesar dessa melhora, mais de 66% de empregados. Na faixa etária de 15-24 anos, a taxa é de 49%, segundo o Instituto de Desenvolvimento do Trabalho. A gravidade do problema foi bem ilustrada em 2005, quando uma loja da rede Carrefour de Fortaleza quis recrutar empregados para 370 vagas: 87 mil pessoas se apresentaram, entre 18 e 22 março, sobrecarregando totalmente a organização da seleção.

A vida cultural

Os principais encontros culturais

O governo do estado prioriza os eventos culturais organizados fora da capital. Entre os mais importantes estão:

- Festival Nordestino de Teatro, em Guaramiranga, cidade do interior do Ceará, que está em sua 17ª edição (2010), e associa Portugal a sua programação teatral;

- Festival de Teatro e Circo Inhamuns, no mês de maio, que estava em sua 5ª edição em 2010. Este festival lúdico, que reúne uma centena de grupos (marionetes, teatro de rua, circo), é organizado numa pequena cidade de 7.500 habitantes situada a 400 km de Fortaleza, no sertão dos Inhamuns, município de Arneiroz, pela produtora Arte Jucá, parceira do festival desde a sua primeira edição. A ordem é fazer Arte, conversar sobre Arte e confraternizar (os responsáveis são Maria José Pedrosa Cavalcante e Antonio Robson Cavalcante), *artejucaarneiroz@hotmail.com*. Grupos franceses foram convidados para as duas edições do evento (única presença estrangeira até hoje). Há uma tradição teatral no Ceára, apesar dos financiamentos limitados, como atesta o fórum organizado todos os anos desde 1977 e que reúne, durante cinco dias, atores, produtores e diretores;

- Bienal da Dança no mês de outubro, 7ª edição em 2010. Este importante evento é organizado por um franco-atirador, David Linhares, à margem da Secretaria Estadual da Cultura, que colabora apenas com um financiamento complementar. A manifestação teve contribuições de conjuntos franceses (com o auxílio do Ministério francês de Relações Exteriores), facilitada pela apresentação nas mesmas datas de vários festivais no Brasil (Festival de Dança de Recife, Panorama da Dança no Rio de Janeiro, Festival da Dança de Belo Horizonte). Desde 2005, esses festivais estão unidos para compartir companhias e programas. Em 2010, 43 companhias se apresentaram em Fortaleza e em oito cidades do interior do estado;

- Festival de Cinema Cine Ceará no mês de junho. Vigésima edição em 2010. A partir de 2006, o festival tornou-se ibero-americano, selecionando produções latino-americanas e espanholas para competição. No fim dos anos 1980, o governo do estado tentou criar um polo cinematográfico ao implantar o Instituto Nacional de Audiovisual, que contribuiu tecnicamente para a produção de seis longas-metragens, mas rapidamente viu-se confrontado com a escassez de recursos;

- Festival de música erudita Eleazar de Carvalho, no mês de julho. Inspirado no Festival de Tanglewood, cidade onde o mestre cearense foi assistente de Sergei Koussewitzky e Leonard Bernstein antes de reger a Philadelphia Symphony Orchestra. Durante quarenta anos, ele dirigiu as principais orquestras do mundo. O festival prevê a interação entre músicos, professores e alunos, sob a organização de Sônia Muniz de Carvalho;

- Festival de Jazz e Blues, em Guaramiranga, em fevereiro. O festival, que teve sua 10ª edição em 2010, surpreende por ser muito frequentado numa época em que os palcos são dominados pelo carnaval. A cidade organiza também um festival de teatro desde 1994, no mês de setembro, com uma mostra internacional. O festival integra a rede de festivais de cultura popular que inclui os festivais Folkermesse (Piemonte, Itália), Manresa (Portugal), Gigantes (Palmela, Portugal);

- Bienal Internacional do Livro, em agosto-setembro. O evento, que foi dedicado em 2004 à Península Ibérica, reúne um público de 80 mil pessoas e trezentos expositores em média. Teve sua 9ª edição em 2010. Uma das coordenadoras dessa Bienal é Cleudene Aragão.

As escolas de formação

- A Escola de Dança e de Integração Social para Crianças e Adolescentes (EDISCA), com foco em crianças em situação de risco, conta com cerca de trezentos participantes e merece uma atenção especial pela qualidade de seus bailarinos e suas coreografias. Muitas vezes convidado para apresentações no exterior, o grupo recebe auxílio da Fundação Ayrton Senna e da Ópera de Paris. Sua diretora é Dora Andrade (www.edisca.org.br).

- A escola de formação em restauração de arte, Escola de Artes e Ofícios Thomaz Pompeu Sobrinho, destinada a jovens de 18 a 24 anos, sob a direção de Juliana Marinho. Uma iniciativa da Secretaria Estadual da Cultura, com a ajuda do Instituto do Patrimônio Histórico e Artístico Nacional (IPHAN), da federação local de pequenas empresas (Sebrae) e da Fundação Calouste Gulbenkian de Portugal (estágios são oferecidos em Portugal, na Escola das Artes de Batalha).

As infraestruturas culturais

A capital do Ceará possui boa infraestrutura. O Dragão do Mar, construído em 1999, dependente da Secretaria Estadual da Cultura, centro cultural moderno e polivalente, cuja denominação vem do nome de guerra de um jangadeiro que se tornou ilustre na campanha pela abolição da escravatura, Francisco José do Nascimento (1839-1914). O belíssimo Teatro José de Alencar, com suas ferragens escocesas, inaugurado em 1910, com 776 lugares, é ladeado por dois teatros menores de noventa e sessenta lugares. Na cidade de Sobral, existe um belo teatro construído em 1880 e inteiramente restaurado, com trezentos lugares e um palco italiano que lembra o Teatro Santa Isabel de Recife e o Teatro Amazonas de Manaus. O Museu de Arte Sacra de São José de Ribamar, em Aquiraz, a 25 km de Fortaleza, antiga Câmara Municipal e prisão, um solar de 1742, acolhe 469 peças sagradas dos séculos XVII e XVIII. O Teatro d'Icó, cidade colonial portuguesa, construído por um francês, Pierre Théberge (1838-1905), edifício de estilo neoclássico e formato italiano, com capacidade para 230 espectadores.

O artesanato da região, particularmente rico, está reunido na antiga prisão de Fortaleza, construída em 1850, que abriga um museu de arte e de cultura popular.

A imprensa

Há vários jornais no estado. Os três mais importantes são:

- O *Diário do Nordeste* (tiragem: 48.500), de criação recente (1981), pertence ao grupo Edson Queiroz, um industrial brasileiro do ramo da metalurgia. Em 1970, o empresário inaugurou um canal de rádio e outro de televisão (canal 10); em 1973 criou a universidade Unifor (Universidade de Fortaleza). Era sogro de Tasso Jereissati. Depois de sua morte, num acidente de avião em 1982, sua viúva, Yolanda Queiroz, assumiu a presidência do grupo. O diretor de programação da TV e da Rádio é Edilmar Norões. O diretor do jornal é Ildefonso Rodrigues, e o editor, Francisco Bilas (fluente em francês);

- O *Povo*, pertencente a Demócrito Dummar, que adquiriu em 2006 uma estação de televisão e rádio (Radio Verdes, TV Verdes Mares), tem uma tiragem de 26 mil exemplares. Demócrito Dummar, neto do fundador do jornal, era o presidente do grupo O Povo desde 1985. Seu filho, João Dummar Neto é o atual vice-presidente do grupo;

- A *Tribuna do Ceará*, cujo diretor, José Sancho, faleceu em 2008, era uma das pessoas mais conhecidas da vida política e empresarial do estado nas últimas décadas; tornou-se senador em 1988. O jornal, fundado em 1957, diante de uma grave crise financeira em 2001, foi à falência.

ESTADO DO MARANHÃO

Habitantes	6,3 milhões
Superfície	331 918 km²
IDH(2005)	0,683
% do PIB nacional	0,86%
PIB per capita(2008)	R$ 6.104
Mortalidade infantil(2007)	30,1 por mil
Capital São Luís	1 milhão

O segundo estado do Nordeste depois da Bahia em superfície, igual a três quintos do território francês, o Maranhão é um dos estados mais pobres do Brasil. Seu nome vem de uma palavra tupi *mpará-ná,* rio largo. A capital, São Luís, tem a particularidade de ter sido fundada por uma expedição francesa (1612). Foi uma cidade muito rica no século XVIII (quarta cidade do país na época, depois de São Paulo, Rio de Janeiro e Salvador). Seu centro histórico, em vias de restauração, está inscrito pela Unesco no Patrimônio Mundial da Humanidade e é uma joia da arquitetura colonial.

A economia do estado, outrora baseada no algodão e na cana-de-açúcar (e na escravidão), encontrou um novo impulso com o minério de ferro de Carajás e a existência de um porto de águas profundas, o de Itaqui, dois fatores que estão na origem dos projetos atuais de instalação de um complexo siderúrgico em São Luís. A base espacial de Alcântara, a poucos quilômetros da capital, apesar da desestabilização do programa espacial brasileiro depois do acidente de agosto de 2003, deverá ter incidências positivas no estado no setor da pesquisa — indústria, se os projetos do governo do Maranhão se realizarem.

As relações com a França

Relações históricas singulares

São Luís, capital do estado, tem a particularidade de ter sido fundada por uma expedição francesa, em 1612, vinda de Cancale e comandada por Daniel de La Touche, senhor de La Ravardière. Essa expedição foi financiada pela regente Maria de Médicis, sob recomendação de um aventureiro vindo de Touraine, naufragado no Maranhão durante 11 anos e que tinha convencido o rei Henrique IV. Essa epopeia, que durou apenas três anos, permanece muito viva na memória da cidade e de sua população. A cidade foi batizada em homenagem a Luís XIII, rei de França e de Navarra.

Na residência do governador, o Palácio dos Leões, construído em 1776 sobre as muralhas do forte Saint Louis, da expedição francesa encontra-se um tríptico do pintor Floriano Teixeira, que representa três momentos históricos dessa *France Equinoxiale* e uma coleção de milhares de gravuras antigas francesas originais. O brasão da cidade traz hoje o símbolo, em flor-de-lis dos três navios da expedição. Uma estátua, obra de Bibiano da Silva, de Daniel de la Touche encontra-se diante da prefeitura, chamada de Palácio de la Ravardière.

A missão francesa era uma missão de Estado. Ela trazia botânicos, pintores, artesãos, construtores. Havia certa coabitação religiosa entre os protestantes, como La Ravardière, comandante da expedição, e os católicos, representados pelo barão de Molle, de Gros Bois, senhor de Sancy, e os freis de Razzily, protegidos por quatro frades franciscanos do convento do Faubourg Saint-Honoré.

O padre Claude d'Abbeville em sua obra *Histoire de la Mission des Pères Capucins en l'Isle de Maragnon* (História da Missão dos Padres Capuchinhos da ilha de Maranhão) foi o primeiro a escrever sobre a fauna, a flora, os indígenas e suas crenças. Esse livro marcou o imaginário europeu. Os índios brasileiros dançaram em Rouen para Henrique II, foram batizados em Notre-Dame de Paris na presença de Louis XIII criança e da regente. O poeta francês, François de Malherbe (1555-1638) dedicou-lhes poemas e escreveu cartas sobre eles.

A presença francesa, de quase cinco séculos, permaneceu no imaginário popular. Segundo palavras de José Sarney, em seu discurso na Academia Francesa em 23 de junho de 2005: "A França é, no Maranhão, aquela bela mulher evanescente, símbolo de liberdade que flutua na alma rebelde da cidade."

A consideração e a afeição manifestadas para com a França procedem em muito desse parentesco histórico. Ao contrário da epopeia Villegaignon no Rio de Janeiro, que não teve tanta influência, a população do Maranhão, suas autoridades e suas elites se vangloriam e cultivam essa singularidade histórica. A elite intelectual do estado era formada em Grignon, Montpellier, Paris. A companhia francesa Bouffes Parisiennes se apresentava, outrora, no Teatro Arthur Azevedo, que prestigiava os versos de Alexandre Dumas. É, historicamente, o segundo teatro lírico do Brasil. José Sarney, na época governador do Maranhão, esteve em Saint-Malo e em Cancale, e os habitantes dessas duas cidades foram declarados cidadãos honorários de São Luís.

Em setembro de 2005, o Maranhão foi o convidado oficial da Feira Internacional de Strasbourg, onde foram colocadas à venda cerca de 5 mil peças do artesanato maranhense. O governador do estado esteve na feira chefiando uma delegação de 15 pessoas. Grupos musicais do estado e agências de turismo participaram da manifestação.

Uma presença cultural fraca, na qual se destaca a Aliança Francesa

A presença cultural francesa é inexistente hoje, apesar da existência obstinada de uma Aliança Francesa (180 alunos inscritos), que as autoridades locais prezam manifestadamente mais que as francesas. Pela intervenção pessoal de José Sarney, tem-se a figura de uma voluntária do serviço francês em São Luís; o posto de diretor tinha sido suprimido sob decisão precipitada das autoridades francesas. O governo do Maranhão cedeu, no âmbito de um acordo assinado em 29 de abril de 2005 com o presidente da Aliança Francesa, um belíssimo edifício no centro histórico de São Luís, próximo à Escola de Música, à Escola de Arquitetura, ao Teatro João Real e aos principais museus, destinado a abrigar a Casa da Cultura França-Maranhão. Ela é composta pela Aliança Francesa, pelo consulado honorário e por um balcão de turismo sobre a França e o Maranhão. A restauração desse prédio e uma parte de seu equipamento (custos que chegam a R$ 850 mil) foram financiadas pela Petrobras no contexto da Lei Rouanet.

O Ministério francês da Cultura disponibilizou, em janeiro de 2005, uma ajuda financeira para a formação no Rio de Janeiro de um grupo de 15 músicos franceses de percussão, do qual participou o cantor e compositor maranhense César Nascimento.

A universidade particular Uniceuma conta com um programa de bolsas para mestrado e doutorado em universidades canadenses, que exige conhecimentos de francês ou inglês.

Com o departamento de Letras da Universidade Federal, o centro de língua dessa universidade (quatro professores de francês para 110 alunos) e os colégios locais (700 alunos) são menos de mil alunos que estudam a língua francesa na rede escolar e universitária.

Um programa de renovação arquitetural do Centro Histórico de São Luís está em andamento sob a égide do estado, do IPHAN e do Ministério da Cultura. Um arqueólogo francês da universidade de Rennes 2 realizou um estágio de um ano, em 2005, no Centro de Pesquisas em Arqueologia, criado em março de 2002 pelo governo do estado, com uma bolsa do Conselho Geral de Ille-et-Vilaine. No início dos anos 1990, a França tinha um programa de cooperação para a restauração arquitetônica do Centro Histórico da cidade de Alcântara. Atualmente, com o financiamento do Banco Interamericano de Desenvolvimento e da Caixa Econômica Federal, a reabilitação de prédios antigos conta com as cooperações francesa e espanhola.

A cooperação descentralizada e não governamental

Por iniciativa da secretaria de Turismo de Saint-Malo e do Departamento de Ille-et-Vilaine, uma cooperação descentralizada é realizada com o Maranhão. No âmbito dos acordos assinados em 2002, uma delegação composta por dez pessoas esteve em São Luís em dezembro de 2003. Quase um anos depois, junho de 2004, uma outra, chefiada pelo vice-governador, esteve em Saint-Malo. Bolsas foram oferecidas a alunos da Universidade Federal do Maranhão (UFMA) e da universidade particular Uniceuma (hotelaria e turismo), e projetos de auxílio social foram realizados. Um convênio foi firmado em novembro de 2010 entre a Fundação de Amparo à Pesquisa e ao Desenvolvimento Científico e Tecnológico do Maranhão (FAPEMA) e o instituto francês Inria, para pesquisas em informática e automação. O objetivo era apoiar o desenvolvimento de projetos conjuntos de pesquisas tecnólogicas.

As relações econômicas

Um vasto projeto de investimento do grupo Arcelor (empresa de direito luxemburguesa adquirida pelo grupo indiano Mittal) com o grupo chinês Baosteel para a produção de placas de aço foi anunciado pela mídia local. O investimento, estimado originalmente em 1,5 bilhão de dólares, ultrapassará, segundo as previsões atuais, 2,5 bilhões de dólares mas o Arcelor hesita em comprometer-se e provavelmente desista. O grupo Air Liquide poderia, da mesma forma, instalar uma usina se os projetos anunciados pelos grupos siderúrgicos se concretizarem. A empresa francesa Dagris manifestou seu interesse na instalação de uma usina de biodiesel no estado usando o algodão, no âmbito de cooperativas rurais familiais, por ocasião de uma missão a São Luís em dezembro de 2004. Os responsáveis por essa empresa foram recebidos pelo secretário da Indústria, Comércio e Turismo.

A Petrobras começa a construção de uma das maiores refinarias do país, no município de Bacabeira, a 60 quilômetros de São Luís. A unidade terá uma capacidade de produção de 600 mil barris por dia em 2015. O projeto requer um investimento de R$40 bilhões. Uma fábrica de celulose do grupo Suzano, com capacidade de 1,3 milhão de toneladas por ano, deverá ser inaugurada em 2012.

A comunidade francesa e o turismo

A comunidade francesa conta apenas com uma centena de pessoas, número que representa menos de 3% dos franceses na região consular do Nordeste (Recife).

O Maranhão recebe aproximadamente 2 mil turistas franceses (menos de 10% do total de turistas estrangeiros). Um número pequeno em relação às potencialidades do estado, principalmente, do Centro Histórico e do Parque Nacional dos Lençóis Maranhenses. Porém, esse fluxo é deficiente por falta de serviços aéreos diretos. Um voo semanal vindo de Caiena está atualmente em estudo (pela companhia local TAF).

A *vida política*

No estado, a influência de José Sarney permanece importante, mas, tal como eram os domínios do falecido Antônio Carlos Magalhães na Bahia, ou do derrotado João Alves em Sergipe, essa influência tradicional perdeu muito de sua força na capital e começou a se enfraquecer no interior. As filiações partidárias não têm muita importância local. José Sarney é do PMDB; sua filha

Roseana também, depois de ser expulsa do PFL (DEM), em 2006, pelo apoio ao então candidato Lula na campanha presidencial; seu filho Zeca é do Partido Verde; o cunhado de Roseana, Ricardo Murad, candidato derrotado ao governo do estado em 2002, pelo PSB, e à prefeitura de São Luís, pelo PMDB, foi o deputado estadual mais votado em 2010. Essa influência tutelar de 40 anos é o elemento determinante da vida política no Maranhão; salvou-se a capital São Luís, cujos votos são tradicionalmente para o PDT. Em 2008, a família Sarney não fez campanha para nenhum candidato nas eleições municipais: os candidatos do PMDB e do DEM juntos não passaram de 10% dos votos no primeiro turno da eleição para prefeito de São Luís. O ex-governador do Maranhão, João Castelo (PSDB), venceu as eleições, contra o candidato do PC do B. Foi eleito pelo PRN senador em 1982, quando sua esposa foi eleita prefeita de São Luís. Em 1998 afiliou-se ao PSDB. Derrotado três vezes à prefeitura de São Luís (1996, 2000 e 2004), duas vezes ao governo do estado (1986 e 1990) e duas vezes ao Senado (1994, 2006), Castelo é um exemplo da persistência em política.

O Partido dos Trabalhadores tem pouca influência no estado. Controla apenas três municípios de pequena importância. Por ocasião das eleições municipais de outubro de 2004, o PT obteve apenas 3% dos votos. O partido dispõe de um único representante na Câmara Federal e de três deputados, sobre 42, na Assembleia Legislativa do estado em 2011.

O Partido Verde de Zeca Sarney, ex-ministro do Meio Ambiente, conheceu um relativo sucesso nas eleições municipais de 2004, controlando vinte prefeituras. Ele foi o deputado mais votado no estado para a Câmara Federal em 2010. Sua irmã, Roseana Sarney, adversária declarada do ex-governador José Reinaldo Tavares, que deixou o PFL para ingressar no PTB e parece querer aproximar-se dos partidos opostos localmente à família Sarney, foi imposta por José Sarney como candidata ao escrutínio de outubro de 2006. Ela já foi governadora do estado em 1995, sendo reeleita em 1998. Roseana foi eleita no primeiro turno para o governo do estado, em 2010, com o apoio de uma coalizão de 17 partidos.

José Reinaldo Tavares, ex-governador, ex-ministro dos Transportes no governo Sarney, vice na chapa de Roseana em 1994, realizou sua carreira política à sombra do clã Sarney, ao qual ele devia sua eleição. Porém, uma hostilidade crescente colocou em lados opostos sua jovem esposa de então, secretária da Ação Social em seu governo, e Roseana Sarney. A situação política local tornou-se complexa na medida em que as alianças de antes foram invertidas ou alteradas. O ex-governador, ao deixar o PFL para ingressar no PTB, aproximou-se do PT local, partido que se manifestou contra a participação evocada de Roseana Sarney no governo federal, e se aproximou do PDT, de onde era oriundo o prefeito de São Luís, seu antigo adversário.

Questionado por *O Estado do Maranhão* de 31 de janeiro de 2005 (que lhe pertence) sobre as ambições políticas de seu antigo protegido, José Sarney considerou que o governador não as tinha e utilizou uma expressão francesa para explicar a origem das divergências atuais: *cherchez la femme* (procure a mulher), alusão a Alexandra Tavares, na época esposa do governador e membro ativo de seu governo. Apesar da antiga influência, tida como determinante, o senador Sarney não conseguiu eleger sua filha para o governo do estado nas eleições de outubro de 2006, vencida por Jackson Lago, candidato do PDT, cujo mandato foi cassado pelo STF em março de 2009, permitindo assim a Roseana Sarney assumir o cargo.

José Sarney, poeta, escritor, ensaísta, homem político, exerce uma influência com certo nepotismo no estado, influência que, no plano intelectual e cultural, não pode deixar de lembrar aquela exercida outrora por Guimarães Rosa, em Minas Gerais, ou por José Américo de Almeida, na Paraíba. Fundador do jornal *O Estado*, membro da Academia Brasileira do Maranhão desde os 23 anos, da Academia Brasileira de Letras, amigo de Maurice Druon, cidadão honorário do Maranhão, cujo bisavô foi o poeta Odorico Mendes, José Sarney publicou aproximadamente quarenta livros:

crônicas políticas, ensaios, romances (elogiados por Claude Lévi-Strausss e Darcy Ribeiro), poesias. Seus principais romances, *O dono do mar* (adaptado para o cinema) e *Saraminda*, foram publicados na França em 1997 e 2000, respectivamente, além de terem sido traduzidos para vários outros idiomas. É também pintor diletante, mas de qualidade, e suas obras estão expostas no Convento das Mercês, em São Luís.

Deputado estadual, deputado federal, governador do Maranhão (1966-1970), vice-presidente de Tancredo Neves, ele se tornou presidente da República em 1985, e exerce uma influência importante sobre a política nacional. Senador eleito pelo estado do Amapá, foi presidente do Senado em 1998 e 2006, membro do PMDB, mas suas convicções o aproximam mais do DEM, ao qual pertenceu sua filha Roseana, antes da sua expulsão. É um aliado do presidente Lula, e foi eleito de novo para a presidência do Senado em janeiro de 2009.

No pleito presidencial de outubro de 2010, a candidata eleita do PT, Dilma Rousseff, recebeu no estado quase 80% dos votos e venceu em todos os municípios. Foram eleitos para o Senado, em 2010, João Alberto de Souza (PMDB), senador de 1999 a 2007, vice-governador desde abril de 2009, e Edison Lobão (PMDB), fiel escudeiro de José Sarney, que foi governador do Maranhão (1991-1994, ministro de Minas e Energia no segundo governo do presidente Lula (janeiro 2008 – março 2010). Seu filho, o empresário Edinho Lobão é o seu primeiro suplente no Senado e assumiu em 2002 e em 2008. A esposa do senador, Nice Lobão, foi reeleita em 2010 para a Câmara Federal para o quarto mandato (1999-2014).

O perfil político atual do estado se apresenta da seguinte forma:

Governador	Roseana Sarney (PMDB) (2011/2014)
Senadores	Total: 3 — Edison Lobão (PMDB) (2003/2011/2018) — 2º mandato. — Epitácio Cafeteira (PTB) (2007/2015) — João Alberto de Souza (DEM) (2011/2018)
Deputados federais	Total: 17- DEM: 1; PMDB: 5; PSB: 1; PT: 1; PV: 1; PSDB: 2; PTB: 1; PRB: 1; PR: 2; PP: 1; PTC: 1
Prefeito de São Luís	João Castelo (PSDB) — 1º mandato (2009/2012)

A *atividade econômica*

O algodão e a indústria têxtil, que fizeram a riqueza do estado após a crise dos anos 1930, praticamente desapareceram. A produção de soja desenvolveu-se em um ritmo acelerado (+20% por ano desde 1995) para a safra 2008/2009, chegando a atingir 1,1 milhão de toneladas.

A descoberta da jazida de minério de ferro de Carajás, no Pará, estado vizinho, está na origem dos principais projetos industriais, principalmente em torno do porto de Itaqui (Ponta da Madeira).

O Maranhão forma o corredor natural das exportações de matérias-primas (cereais, soja, couro) do Piauí, Pará e Tocantins. Duas empresas importantes se instalaram em Itaqui, a Vale, proprietária do porto Ponta da Madeira, e o complexo Alumar, composto por empresas norte-americanas (Alcoa). A Vale busca hoje atrair os investimentos de grupos siderúrgicos estrangeiros na região a fim de garantir o fornecimento aos principais consumidores mundiais de minério de ferro.

A imprensa local anunciou a instalação de um complexo siderúrgico, *joint-venture* da CVRD brasileira, da Arcelor (cuja presença com Arbed e Usinor é antiga no Brasil) e do grupo chinês Baosteel, que seria o parceiro majoritário. Porém, o dois eventuais associados (Arcelor e Baosteel) temem despesas excessivas. A Arcelor, que produz 40% do aço europeu, tem uma participação majoritária nas empresas siderúrgicas brasileiras Belgo-Mineira, Companhia Siderúrgica de Tubarão, Acesita e Vega do Sul.

A empresa austríaca VoestAlpine estuda a instalação de uma filial na dependência das atividades siderúrgicas, depois da visita a São Luís de seu presidente, Norberto Perermaier, em junho de 2004.

A empresa estadual de administração portuária (Emap) assinou, em 2010, um convênio com a Agência Internacional Japonesa de Cooperação (JICA) para investimentos nos projetos de expansão do porto de Itaqui. Repetição de uma parceria de sucesso entre os governos brasileiros e japonês, que resultou na construção do porto da Vale, em São Luís, na década de 1980.

A balança comercial do estado é ligeiramente superavitária. As exportações são constituídas essencialmente por alumínio, minério de ferro e soja (principais empresas: Alcoa, Gargill, CVRD, Bunge). O primeiro mercado de exportação são os Estados Unidos (25%). As importações constituem-se, sobretudo, de lubrificantes e petróleo (Petrobras é a principal empresa). O primeiro fornecedor é a Índia (30%), seguida da Arábia Saudita.

O Maranhão é o 12º exportador do Brasil (o segundo do Nordeste, depois da Bahia), mas grande parte dos seus produtos não é originária do estado.

Como nos principais estados do Nordeste, a distribuição desigual das terras está na origem de conflitos agrários e de um movimento migratório importante em direção a São Luís e às cidades do Sudeste. Essa situação agravou-se nos anos 1960, quando escritórios de venda em São Paulo e Goiás venderam, aos grandes proprietários e às empresas, terras muitas vezes ocupadas por famílias rurais sem títulos de propriedade. A consulta aos arquivos locais da Comissão Pastoral da Terra dá uma ideia da complacência dos juízes e da cumplicidade dos tabeliões nessa enorme fraude agrária, causa do assassinato de trabalhadores rurais, de prisões arbitrárias e de casas incendiadas.

A situação social

Da escravidão resta uma marca social muito forte: 75% da população do estado são negros e descendentes de escravos. O IDH é um dos mais baixos do Brasil (0,683 em 2005). A mortalidade infantil é a mais elevada do Nordeste, junto com o estado de Alagoas (superior a trinta por mil). Das cem cidades brasileiras com menor renda per capita, 83 são maranhenses.

A Unesco e o Banco Mundial se associaram aos projetos sociais do governo do estado a fim de levar a 0,70 o Índice de Desenvolvimento Humano, privilegiando ações na zona rural, principalmente no setor da saúde. O Banco Mundial foi solicitado pela prefeitura de São Luís para um aporte de 60 milhões de dólares, para um programa de habitação em favor de 250 mil indigentes, ou seja, um quarto da população da capital. No estado, 49% da população não tem saneamento e só 33% contam com água encanada, segundo o *Mapa da exclusão social no Brasil — radiografia de um país assimetricamente pobre*, do economista José de Jesus Souza Lemos, da Universidade Federal do Ceará.

Apesar da pobreza, o Maranhão registra, em comparação a outros estados do Brasil, taxas de violência menores, embora em ritmo de crescimento bem superior à média nacional (+188% de 1997 a 2007), o mais alto do país, segundo o Instituto Sangari (Mapa da Violência 2010). Segundo o IBGE, a proporção de homicídios na faixa etária de 15 a 24 anos foi de 16 para 100 mil (média brasileira: 28, média no Nordeste: 56) em 2004.

A situação relativamente mais favorável do Maranhão com relação aos outros estados do Brasil, do ponto de vista da violência, foi abalada pela Operação Tigre, ação policial responsável em 1991 pela morte indiscriminada de criminosos e pessoas sem histórico criminoso, em Imperatriz e sua região, que matou trezentas pessoas, e pelo assassinato, entre 1996 e 2004, de mais de trinta crianças por uma única pessoa, salientando a inoperância dos serviços policiais. Esses crimes foram objeto de uma denúncia formal do estado pela Comissão dos Direitos Humanos da Organização dos Estados Americanos (OEA) apresentada por uma ONG local. A comissão concluiu um acordo em 2004, ao termo do qual o Maranhão se comprometeu a indenizar as famílias e a criar instrumentos para o combate mais eficaz à violência contra menores (criação de um departamento de polícia especializado). Em março de 2005, duas turistas foram assassinadas (uma alemã e uma espanhola).

A situação universitária e a pesquisa

São Luís tem três universidades importantes. Duas são públicas: a Universidade Federal do Maranhão — UFMA (10 mil estudantes) e a Universidade Estadual do Maranhão — UEMA (2.645 estudantes), estabelecimentos que enfrentam uma situação grave de penúria. A universidade particular — Uniceuma —, de criação recente (1991), maior centro universitário do Norte e do Nordeste, é um dos dez primeiros no Brasil (cerca de 20.555 estudantes divididos em três campi, com equipamentos que contrastam com a pobreza das duas instituições públicas). Porém, a qualidade do ensino e a totalidade das pesquisas se encontram nas universidades públicas.

O governo deseja integrar nessas duas universidades atividades espaciais da base de Alcântara (projeto de um centro de pesquisa especializado), agrícolas (assinatura, em abril de 2004, de um acordo com a Embrapa — Instituto Federal de Pesquisas Agrícolas — para a instalação de um centro de estudos na UFMA) e industriais (formação em engenharia e metalurgia na UEMA no âmbito do projeto siderúrgico). A base espacial de Alcântara possui tamanha autonomia que é pouco provável que os projetos atuais do governo estadual possam se realizar. Um acordo de cooperação foi assinado em 2006 com a Ucrânia para o lançamento de um satélite (por meio do foguete Ciclone IV ucraniano), mas com custos altos. A empresa mixta (Alcantara Cyclone Space), dirigida pelo ex-ministro da Ciência e Tecnologia Roberto Amaral, vice-presidente do PSB, é confrontada à escalada dos custos e ao tamanho limitado do mercado de lançamentos comerciais de satélites. O lançamento está previsto para 2015. Um físico russo e outro ucraniano, especialistas em questões espaciais, trabalham hoje na Universidade Federal do Maranhão.

A instalação da Arcelor, se se concretizar, abrirá perspectivas de cooperação interessantes com a Universidade Federal do Maranhão, de bom nível, mas sem recursos, no modelo da cooperação desenvolvida pela empresa com a Universidade de São Paulo.

A Universidade Federal do Maranhão e demais instituições do Nordeste, por iniciativa da Capes e da Agência de Cooperação Alemã — DAAD —, integram, para mestrado e doutorado, uma rede estruturada em torno de polos de estudos de excelência, identificados no meio dessas universidades públicas federais.

A União Europeia financia, no âmbito do seu programa Emplenet, a instalação em São Luís de um centro de formação em informática (um segundo centro está sendo financiado no Rio de Janeiro), com um cofinanciamento da prefeitura de São Luís, que implantou dez centros informáticos em escolas municipais com ajuda financeira do Banco do Brasil. A estrutura operacional é do Instituto Municipal da Paisagem Urbana, dirigido em 2006 por Tati Palácio, esposa do então prefeito Tadeu Palácio, que esteve na Espanha por conta desse projeto, que é hoje dirigido pelo economista José Nilson Silveira Maciel.

A vida cultural

Uma herança indígena muito presente (comunidades indígenas vivem a menos de 200 km da capital), um folclore rico em festas populares (Bumba meu Boi, Tambor de Crioula, Tambor de Mina, Dança do Lelê, Dança do Caroço, Dança do Coco etc.) e religiosas, a contribuição do Caribe, vizinho dos ritmos jamaicanos nos anos 1970 (reggae), conferem à vida cultural local originalidade e singularidade.

Foi em meados dos anos 1970, quando as estações de rádio jamaicanas eram captadas no Maranhão, que se iniciou no Brasil a influência do reggae. Artistas como Jorge Benjor e Gilberto Gil foram os primeiros a tocar o ritmo jamaicano. Em Recife, Marcelo Santana, Waldi Afonjah, MMDub. No Maranhão, Célia Sampaio, Mauro Bantu, Tribo de Jah. Mesmo os blocos afro-baianos fizeram um casamento quase perfeito de samba com reggae, surgindo daí o samba-reggae.

Apesar de um belíssimo teatro (Arthur Azevedo, 750 lugares), construído em 1817, de uma escola de música famosa, de uma faculdade de arquitetura de qualidade, são poucos os intercâmbios culturais com os outros estados do Brasil (fora cooperações pontuais com artistas baianos e com a Universidade Federal da Bahia) e com os países estrangeiros, entre eles a França. A posição geográfica muito distante, encarecendo o intercâmbio artístico, está provavelmente na origem dessa carência lamentável para um estado que deu ao Brasil escritores e poetas fecundos, como Antônio Gonçalves Dias, discípulo de Lamartine e de Alfred de Vigny; Odorico Mendes (1799-1864), tradutor de Homero e de Virgílio, bisavô brasileiro do escritor Maurice Druon (1918-2009), decano da Academia Francesa; Ferreira Gullar, cujo *Poema sujo*, composto no exílio em Buenos Aires circulou primeiro de forma clandestina, por ação de seu amigo Vinicius de Moraes; Arthur Azevedo, jornalista, teatrólogo, tradutor de várias peças do teatro francês, especialmente textos de Molière; Joaquim de Sousa Andrade, formado em Letras pela Sorbonne...

As principais atrações culturais, fora as comemorações de São João, o evento mais popular no estado, são a Mostra de Canto Lírico, no mês de agosto, a mais importante do Nordeste, que teve sua 14ª edição em 2010 (Maracanta), promovida pela Universidade Federal do Maranhão (responsável: Albert Dantas); o Festival Maranhense de Poesia (23ª edição em 2010), organizado pela Universidade Federal e pela prefeitura de São Luís, por meio da Fundação Municipal de Cultura; e o Festival Internacional de Cinema, realizado em março, que teve sua 8ª edição em 2010, reunindo aproximadamente 20 mil espectadores.

O Centro Histórico, em processo de restauração, oferece exemplos de arquitetura colonial, valorizados por ladrilhos e cerâmicas portuguesas, únicos no gênero em todo o Brasil, que motivaram sua inscrição pela Unesco no Patrimônio Mundial da Humanidade. Uma escola para a restauração dos ladrilhos foi criada em março de 2004 com o auxílio do Ministério da Cultura (Programa Monumenta), do BID e da prefeitura de São Luís. Uma escola de restauração arquitetônica foi montada com ajuda da Espanha (Oficina-Escola de Restauro).

A *atividade turística*

As duas grandes vantagens do Maranhão são insuficientemente exploradas: a proximidade geográfica com o Caribe (duas horas de voo), com a Europa (sete horas) e a atração excepcional do Parque Nacional dos Lençóis Maranhenses, lagos que se formam no meio de dunas à beira do mar, ocupando uma área total de 270 quilômetros quadrados. Foi o cenário do filme *Casa de areia*, do diretor Andrucha Waddington (2005). O aeroporto de São Luís pode, hoje, receber voos charters, que aumentaram nos últimos anos vindos da Europa para as capitais do Nordeste

(Salvador, Recife, Fortaleza, Natal). A inauguração da rodovia que vai de São Luís aos Lençóis é muito recente e a infraestrutura hoteleira, tanto em São Luís quanto em Barreirinhas, capital dos Lençóis, deixa ainda muito a desejar.

A principal fonte de turismo interna — São Paulo — está a cinco horas de voo e os serviços aéreos têm muitas escalas, o que constitui certa dificuldade. Esses fatores explicam porque, apesar da cidade colonial de Alcântara, do Centro Histórico de São Luís, que passa por um excelente programa de restauração, o projeto Reviver, folclores e culturas singulares, o estado do Maranhão receba somente cerca de 500 mil turistas por ano, dos quais 6% de estrangeiros. A abertura de uma linha semanal Caiena/São Luís está em estudo (companhia de aviação regional TAF).

A imprensa

Dois jornais são publicados no Maranhão e constituem, considerando a importância da imprensa local no Brasil, os únicos lidos no estado. O mais importante deles é *O Estado do Maranhão* (tiragem: 20 mil exemplares, durante a semana), que pertence a José Sarney e é dirigido por seu filho, Fernando Sarney. O chefe de redação é Ribamar Correia. A família Sarney conta também com os canais televisivos Mirante Ltda., Canal 10, presidido por Tereza Murad Sarney, e TV Difusora Canal 4, presidida pelo filho do senador Edison Lobão, fiel aliado de José Sarney.

O outro jornal, *O Imparcial* (tiragem: 10 mil exemplares durante a semana), fundado em 1926, pertence aos Diários Associados (de priopriedade do mesmo grupo que controla outros jornais regionais no Brasil) e é dirigido por Pedro Batista Freire. O chefe de redação é Raimundo Borges (*www.oimparcial.com.br.*).

ESTADO DA PARAÍBA

População	3,7 milhões
Superfície	56.440 km²
IDH(2005)	0,718
% do PIB nacional	0,86%
PIB per capita (2008)	R$ 6.865
Mortalidade infantil (2007)	30,3 por mil
Capital: João Pessoa	0,7 milhão

A palavra *paraíba* vem da língua indígena tupi, *pa'ra*, rio e *a'iba*, ruim, rio impróprio à navegação, raro legado das comunidades indígenas dizimadas no século XVII. A Paraíba é um dos estados mais pobres do Brasil: é responsável atualmente pelo mais alto percentual migratório de nordestinos para as cidades do centro-sul do país.

As relações com a França

A cooperação técnica e científica

O Cirad – La Recherche Agronomique pour le Développement fomenta uma cooperação antiga de qualidade com o estado da Paraíba. Um programa de pesquisa em sociologia e economia agrícola durável foi desenvolvido na Universidade Estadual de Campina Grande, segunda cidade do estado. Em parceria com a Universidade Federal da Paraíba e o projeto Dom Helder Câmara, o Cirad realiza uma experiência de formação de camponeses para o desenvolvimento local durável.

Esse projeto, o Unicampo, é desenvolvido na região do semiárido do Cariri. Ele ambiciona contribuir para a criação de uma universidade camponesa, com a formação de uns trinta camponeses, no âmbito de um projeto pedagógico inspirado no sociólogo brasileiro Paulo Freire. O Institute National Supérieur d'Agronomie de Toulouse associou-se a esse projeto. O Cirad mantém um perito francês em Campina Grande.

O Centre National de la Recherche Scientifique (CNRS), em parceria com seu homólogo brasileiro, e a Universidade Federal do estado realizaram um livro sobre a geografia e a ecologia da Paraíba, sob a coordenação de Raymond Pebayle, professor da Université de Brest.

Existem acordos entre a Universidade Federal da Paraíba e as universidades francesas Lyon II, Lyon III e Grenoble no campo científico. No âmbito dos acordos Capes-Cofecub, projetos de pesquisa foram desenvolvidos com a universidade paraibana e a Université Technologique de Compiègne no setor da engenharia biomédica e com a Université François Rabelais de Tours no setor da economia rural.

O Comité Français pour la Solidarité Internationale (CFSI) e o Instituto Brasileiro de Análises Sociais e Econômicas (Ibase) realizam um programa no setor da segurança alimentar na Paraíba, no Piauí e no Maranhão.

O ensino do francês

O número de alunos de segundo grau que estudam francês, já reduzido há vinte anos, é hoje irrisório (460 alunos em 2004; 5.480 em 1988). Enquanto o número de universitários estudando francês não aumenta (836 em 2004; 870 em 1988), os efetivos da Aliança Francesa de João Pessoa, inaugurada em 1952, e da filial de Campina Grande aumentaram sensivelmente: 819 em 2004 (em 1988: 465 alunos), aos quais se devem acrescentar 400 alunos da rede escolar. Uma política de bolsas e de acordos de prestação de serviços, pouco rentáveis em termos financeiros, explicam um orçamento global de funcionamento dessa instituição relativamente pequeno para os efetivos contabilizados. Dez professores de francês dão aulas na universidade.

A língua francesa é proposta como opção aos alunos do Centro de Formação Tecnológica Federal (Cefet), que contabiliza 5 mil alunos (10% em francês), com a contribuição da Aliança Francesa, que é responsável, também, pela formação dos professores de francês do município.

A Aliança Francesa de João Pessoa tornou-se um polo de difusão com certa notoriedade no panorama cultural da Paraíba. Essa posição foi facilitada pela ação muito positiva das autoridades locais (o presidente do comitê da Aliança era o secretário estadual da Educação e da Cultura).

A presença econômica francesa

Raros são os investimentos franceses. Uma empresa francesa, PVB, de Marc Jacobs, fabrica produtos farmacêuticos e cosméticos a partir de matérias-primas vegetais.

A vida política

As oligarquias rurais dominaram por muito tempo a vida pública da Paraíba. Durante o período republicano (1891-1930), o poder era exercido por "coronéis", vassalos armados de três grandes famílias — Venâncio Neiva, Álvaro Machado e Epitácio Pessoa —, protagonistas de reviravoltas políticas, como a Revolta da Princesa em 1930, por iniciativa do coronel José Pereira. A bandeira do estado foi idealizada nas cores vermelho e preto, sendo que o vermelho representa o sangue derramado por João Pessoa e o preto, o luto que se apossou da Paraíba com sua morte.

Essa situação suscitou vários movimentos populares rurais, sendo o mais conhecido o cangaço, que foi, num certo sentido, um levante contra o absolutismo dos grandes proprietários, os coronéis e seus capangas. O cangaço inspirou uma rica literatura e muitos produções cinematográficas, com destaque para a longa-metragem *O Cangaceiro* de Lima Barreto, premiado em Cannes em 1953. Hoje, na divisa entre Pernambuco e Paraíba, grupos de extermínio são responsáveis por numerosas execuções sumárias. Em janeiro de 2009, Manoel Bezerra de Mattos, vereador, advogado e vice-presidente do PT de Pernambuco, foi assassinado, no litoral sul da Paraíba, após denunciar amplamente crimes cometidos por esses grupos patrocinados por comerciantes e empresários, que, durante os últimos dez anos, teriam matado cerca de duzentos pessoas na divisa entre Pernambuco e Paraíba.

A representação política procede ainda, e fortemente, dessa herança: as tendências conservadoras dominam o panorama político local. Há apenas um deputado oriundo do Partido dos Trabalhadores, apesar dos auxílios sociais federais e da estreita dependência dos municípios com relação ao governo federal (nas eleições de 2006 e de 2010), e três na Câmara Estadual, composta de 36 deputados. Se os votos dos dois maiores colégios eleitorais (Campina Grande, João Pessoa) são progressistas, nas cidades do sertão (Brejo, Sertão, Cariri, Assunção, Juazeirinho etc) eles são mais conservadores. No pleito presidencial de outubro de 2010, Dilma Rouseff (PT) teve 61,55% dos votos válidos no estado e 58,47% na capital, João Pessoa. O candidato derrotado, José Serra, venceu em Campina Grande, com 60% dos votos.

Os municípios rurais não têm recursos próprios e dependem quase que exclusivamente do Fundo de Participação dos Municípios. A população vive graças às aposentadorias rurais e aos programas sociais criados pelo governo federal (PETI, Bolsa Família, Bolsa Escola etc.).

A taxa de homicídios registrou um aumento sensível entre 1997 e 2007, segundo o estudo do Instituto Sangari (Mapa da Violência 2010). A Paraíba ocupa o 11º lugar no ranking nacional de homicídios de crianças e adolescentes no país (o 17º em 1997) e João Pessoa está na oitava posição no ranking nacional das capitais estaduais (14º em 1997), no quarto lugar no Nordeste, depois de Maceió (AL), Recife(PE), Imperatriz (MA) e Salvador (BA).

A representação política no estado se apresenta da seguinte maneira:

Governador	José Maranhão (PMDB) (2011-2014)
Senadores	— Cícero Lucena (PSDB) (2007/2014) — Vital do Rêgo Filho (PMDB) (2011/2018) — Wilson Santiago (PMDB) (2011/2018)
Deputados federais	Total: 12 — PMDB: 5; DEM: 1; PSDB: 2; PT: 1; PR: 1; PP:1; PDT:1
Prefeito de João Pessoa	Ricardo Vieira Coutinho — PSB (2004/2008/2012). 2º mandato

Cássio Cunha Lima é filho do ex-senador Ronaldo Cunha Lima, que governou a Paraíba entre 1991 e 1994. Cássio foi prefeito de Campina Grande por três vezes, deputado federal por dois mandatos, governador da Paraíba por duas vezes (2003-2006/ 2007-2009), quando teve seu mandato cassado pelo TSE (Tribunal Supremo Eleitoral). Em 2001, saiu do PMDB para ingressar no PSDB. Em 2010, é eleito senador com mais de 1 milhão de votos, mas a sua candidatura foi impugnada no TER (Tribunal Regional Eleitoral) da Paraíba, com base na Lei Ficha Limpa.

José Maranhão já foi eleito governador do estado em 1998. Em 2002, tornou-se senador. Seu adversário no pleito de outubro de 2010, Ricardo Coutinho (PSB), foi deputado estadual pelo PT

(1998-2002), ingressou no PSB em 2003 e foi eleito por duas vezes prefeito de João Pessoa (2004 e 2008). O rompimento com Maranhão, apesar da aliança nas eleições de 2004, 2006 e 2008, aproximou o DEM e o PSDB (Cássio Cunha Lima), mas dividiu os seus seguidores.

No Senado, foram eleitos, em 2010, Wilson Santiago (PMDB), deputado estadual pelo PDT (1995-1999) e pelo PSDB (1999-2003), duas vezes deputado federal, pelo PMDB (2003-2011,) e Vital do Rêgo Filho (PMDB), o Vitalzinho, que foi o deputado federal mais votado no estado em 2006, filho de Vital Rêgo (PDT), ex-deputado federal (três mandatos), falecido em abril de 2010, e irmão de Veneziano Vital do Rêgo Filho, prefeito de Campina Grande. O avô materno de Vitalzinho, Pedro Moreno Gandim, foi duas vezes governador da Paraíba. Seu avô paterno, Veneziano Vital do Rêgo, foi deputado estadual por várias legislaturas. A mãe de Vitalzinho, Nilda Gondim, foi eleita deputada federal em 2010.

A situação econômica

O estado dispõe de duas indústrias de importância, a têxtil, na qual se concentram os investimentos (usinas dos grupos Alpargatas e Coteminas), e o couro, setor que contabiliza quase duzentas empresas. A indústria de calçados assegura aproximadamente um quinto dos empregos na indústria e um terço das exportações do estado. O governo criou um regime fiscal muito favorável com o objetivo de incentivar as pequenas e microempresas, o *Paraíbasim*, que institui uma redução do imposto local-ICM (de 17% a 1%) e do qual se beneficiaram, principalmente na região pobre do sertão, os ateliês de fábricação de redes, especialidade do estado.

A balança comercial é superavitária desde 2002, mas o valor das exportações é baixo (menos de 250 milhões de dólares), e faz da Paraíba o 25º estado da federação. O primeiro fornecedor em 2008 é a China (35%), seguida da Argentina (19%) e dos Estados

Unidos (12%). Os primeiros clientes são Estados Unidos (34%) e Espanha (23%).

A economia rural obedece ao regime das chuvas e aos progressos da irrigação: na zona da mata desenvolve-se a monocultura da cana-de-açúcar; no agreste, relativamente bem regado, a criação de animais; na Borborema, região seca, o algodão e a criação de caprinos; enfim, no sertão, a criação de bovinos e algodão e, quando há açudes, uma agricultura irrigada.

A vida cultural

O estado dispõe de boas infraestruturas culturais, entre as quais se distingue o Centro de São Francisco, instalado desde 1990 num antigo convento, que abriga um museu de arte sacra e outro de arte popular. O artesanato original vem do algodão colorido, matéria-prima de vários produtos de lembranças locais.

Como a maior parte das capitais do Nordeste, João Pessoa possui um belo teatro neoclássico, de inspiração alemã, o Teatro Santa Rosa, construído entre 1853 e 1889, com capacidade para 418 espectadores.

Uma escola de arte e de restauração oferece a formação de jovens adolescentes e está instalada numa antiga usina de vinhos de caju, fundada em 1892 por um industrial local sob a influência de um visitante francês, um espaço tombado e preservado desde 1990.

"Em cada orquestra brasileira há um músico da Paraíba." Este axioma é em parte verdadeiro. O estado deu ao Brasil uma porção importante de seus músicos clássicos. A Orquestra Sinfônica da Paraíba foi criada em 1945, vinculada à Fundação Estadual Espaço e Cultura. O regente da orquestra é Marcos Arakaki, a direção, de Plutarco Elias Filho. Ela foi dirigida por Elena Herrera, pianista, professora da Escuela Nacional de Arte, de Cuba, e diretora da Ópera daquele país de 1985 a 1992. A Orquestra Sinfônica participa das "Quintas Musicais", concertos com entrada livre. O município de João Pessoa criou, em 2001, uma orquestra de câmara.

Um festival de música clássica, Música Mundi, acolheu o Amherst College Orchestra, de Massachussetts, cujo regente, Lafranco Morcelletti, é o responsável pelo festival. Campina Grande sediou, em junho de 2010, um festival de concertos de música erudita com a participação de seis universidades norte-americanas, Montevallo (Alabama), Louisiana State University, Kean University (New Jersey), Nicholls State University (Louisiana), University of Southern Mississipi, Baldwin-Wallace College (Ohio). O coordenador do festival era Lidneia Pitombeira, da Universidade Federal da Paraíba; o diretor artístico, Anthony Scelba, da Kean University.

Entre os encontros culturais mais importantes está o Festival Nacional de Arte (Fenart), que recebe a cada noite de 10 mil a 15 mil espectadores. Em 2010, em sua 13ª edição, o evento homenageou o músico, instrumentista, compositor e cantor Sivuca Severino Dias de Oliveira, que foi diretor musical de Miriam Makeba, Harry Belafonte e tantos outros.

No mês de setembro de 2010 realizou-se a primeira Bienal do Livro em João Pessoa, que reuniu um público de 100 mil pessoas, depois de uma primeira tentativa realizada em 2006.

A Paraíba é a terra dos grandes escritores: Ariano Suassuna, Augusto dos Anjos, Aldo Lopes, José Lins do Rego, José Américo de Almeida. Esses escritores buscaram inspiração no ciclo da cana-de-açúcar para suas obras *A bagaceira,* de José Américo de Almeida, *Menino de engenho* e *Usina,* de José Lins do Rego.

Ariano Suassuna, hoje secretário da Cultura do Estado de Pernambuco, está na origem, desde os anos 1970, do movimento literário Armorial, que defende uma estética baseada nas expressões populares nordestinas. Em suas comédias teatrais, ele procurou unir o teatro clássico hispânico à literatura e à poesia populares do Nordeste tal como são transmitidas pelo cordel, pela literatura de mascates, que hoje são prioridades das autoridades culturais do estado. Há um acordo entre a Universidade Federal da Paraíba e a Université de Poitiers e Paris III nessa área, e um seminário foi organizado, em setembro de 2005, em João Pessoa, em homenagem ao francês Raymond Cantel, especialista e apaixonado pelas literaturas populares nordestinas, como também o era o escritor brasileiro Câmara Cascudo.

Além do carnaval e das festas juninas, outra manifestação popular marca a vida cultural local, a Festa do Bode, em maio-junho (12ª em 2010), que dura três dias. Uma feira rural que acontece na cidade de Cabaceiras, a 200 km de João Pessoa, e que serviu de cenário a vários filmes brasileiros: *O auto da compadecida*, de Guel Arraes (2000); *Cinema, aspirinas e urubus*, de Marcelo Gomes (2005).

A cerca de 100 km de João Pessoa, na Serra da Borborema, encontra-se a Pedra do Ingá, mundialmente conhecida. Esse monumento arqueológico de 24 metros de largura e 4 metros de altura tem pinturas e esculturas neolíticas de 25 mil anos antes da nossa era, assentado sobre o leito do rio Ingá. Na localidade de Sousa, na região do sertão, pegadas excepcionais de dinossauros, de aproximadamente 130 milhões de anos, foram descobertas num sítio hoje conhecido como Vale dos Dinossauros.

A imprensa

Os principais jornais são:

- O Correio da Paraíba, com uma tiragem de 17 mil exemplares (diretor: Alexandre Teixeira Jubert, *www.correiodaparaiba.com.br*), é o principal jornal do estado, e pertence ao Sistema de Comunicação, que inclui a TV Correio (afilada à rede Record) e várias estações de rádio. O proprietário e presidente do Sistema de Comunicação é o ex-senador Roberto Cavalcanti (PRB), suplente na legislatura 2003-2011, que assumiu o man-

dato em fevereiro de 2009 com a renúncia de José Maranhão (PMDB), governador eleito em 2010.
- *O Jornal da Paraíba,* com uma tiragem de 11 mil exemplares, pertence a rede dos Diários Associados, bem como os jornais *O Norte* e *Diário de Borborema*, conglomerado de imprensa fundado por Assis Chateaubriand, originário da Paraíba, que teve seus momentos de glória nos anos 1960. Atualmente em crise, o grupo dispõe no Brasil de 34 jornais e 18 estações de televisão, duas delas na Paraíba (TV Borborema, TV O Norte).

ESTADO DE PERNAMBUCO

População	8,8 milhões
Superfície	100.000 km²
IDH(2005)	0,718
% do PIB nacional	2,65%
PIB per capita (2008)	R$ 8.064
Mortalidade infantil	29,7 por mil
Capital: Recife	1,5 milhão

O nome do estado vem dos termos tupi, *mparanã*, mar, e *mbkuku*, oco, em referência aos arrecifes, de onde vem também o nome da capital do estado. Pernambuco cobre 6% do território nordestino e 1% do brasileiro, e é responsável por 4% do PIB do país. Sua participação na economia nacional permanece estagnada (4,4% do PIB em 1939). A história do estado conta muitas revoluções políticas (Guerra dos Mascates, Revolução Pernambucana, Rebelião Praieira) e revoltas rurais (cangaço, ligas agrárias). Dessa história tumultuada conservou o essencial de suas características sociais atuais: taxas de violência rural e urbana das mais elevadas do Brasil; uma classe política local facilmente independente e crítica em relação ao poder central; uma distribuição de terras particularmente injusta e muitas vezes fraudulenta, o que explica tensões agrárias permanentes.

A influência francesa

A abertura em Recife de um escritório comercial e de uma representação regional do Canadá dedicados à colaboração técnica com o Nordeste; de um escritório alemão para a cooperação universitária

(DAAD), da sede para o Brasil, da Confederação Alemã de Cooperativas (DGRV); a cooperação desenvolvida pelo Japão; o aumento da colaboração descentralizada italiana e a inauguração recente em Recife da Câmara de Comércio ítalo-brasileira para o Nordeste; a abertura do Consulado da República Popular da China; a ofensiva das firmas espanholas e o crescimento dos investimentos portugueses contrastam com a diminuição dos recursos destinados pela França à cooperação com Pernambuco e os outros estados do Nordeste.

Fora a presença universitária, que procede de uma herança de frágil duração, a influência francesa está em declínio. Pequena no plano econômico, ela não tem mais recursos para suas ambições nos planos científico, técnico e cultural na região.

A instalação do consulado-geral em Recife data de 1816. A influência francesa foi sensível na formação cultural das elites locais, principalmente no despertar político da aristocracia fundiária, que não era mais partidária da monarquia e se inspirava nas ideias liberais vindas da Europa, propagadas pelo arcebispo de Olinda, monsenhor Azeredo Coutinho. No campo do urbanismo, arquitetos e engenheiros franceses trouxeram uma contribuição importante (Alfred Agache, Louis Vauthier, Lenthier e outros). Lenthier organizou obras públicas na capital segundo o modelo da École Nationale des Ponts et Chaussées e construiu a sede do município de Olinda e o Mercado São José. Louis Vauthier, em Recife de 1840 a 1846, construiu o teatro Santa Isabel e o atual palácio do governador. Gilberto Freyre, que dedicou um livro a esse arquiteto, considerava que a missão Vauthier havia sido mais importante que a missão artística francesa de 1816. Recife era, no século XVIII, a terceira cidade do Brasil, com 50 mil habitantes.

A comunidade francesa

A comunidade francesa no estado é da ordem de 1.200 pessoas, das quais 800 cadastradas, ou seja, um quarto da comunidade inscrita nos registros consulares franceses. A principal ocupação profissional desses franceses está no setor de serviços, principalmente de restauração e de hotelaria. É uma comunidade que aumenta a cada ano desde 2002: aproximadamente 15%. O fechamento da escola francesa em 1992, sem dúvida, contribuiu para o afastamento da comunidade, cujos filhos, com raras exceções (cursos por correspondência), estão matriculados em escolas locais. Vinte e cinco famílias se associaram ao projeto FLAM, apoio pedagógico complementar de francês destinado a filhos de cidadãos franceses e disponibilizado pelo governo da França desde 2004. Os Estados Unidos têm uma escola bilíngue de qualidade, o único estabelecimento estrangeiro escolar local, fora uma pequena escola canadense, também bilíngue (inglês/português), inaugurada em 2005.

Os investimentos franceses

Os investimentos franceses são escassos em Pernambuco, com exceção do grupo Lafarge, na região da Chapada do Araripe (xisto, gesso), região que produz 95% do gesso brasileiro; de uma fábrica de medidores de consumo de água da Sappel, que antes dependia da empresa francesa EDF, e que é hoje controlada por uma *holding* alemã; da Rhodia; do grupo Valeo; e principalmente da Pernod Ricard, cujo rum Montilla é uma referência no Nordeste (um investimento, próximo ao porto de Suape, no valor de 240 milhões de dólares, consequência da compra de Seagram's pela empresa francesa). O grupo Frances Vivalin-Depestel comprou em 2004 a fábrica da falida Braspérola, em Camaragipe, na região metropolitana de Recife, e pretende produzir, na filial brasileira (Vivabrás), 500 mil metros de linho por mês em 2012.

O grupo Accor dispõe de dois hotéis Parthenon em Recife e deve administrar em breve um hotel Fórmula Um, com 240 quartos (o 5º no Brasil), e um Ibis, com 140 quartos. Carrefour e Casino (sob a marca Pão de Açúcar) estão presentes no setor da grande distribuição.

A CAHPP, a maior central de compras da Europa em estabelecimentos de saúde, adquiriu, em setembro de 2003, 20% do capital da empresa brasileira Síntese Central de Compras e Negócios Hospitalares, estabelecida em Recife.

Um investimento simbólico de um negociante de Bordeaux, Jean Denis Ducos, permite, na região vinícola do Vale do São Francisco, sobre 18 hectares, o engarrafamento de 60 mil litros de vinho por ano, pomposamente chamado de Château Ducos.

A cooperação bilateral

O ensino do francês

É muito pouco difundido no estado. Menos de 500 alunos estudam o idioma no sistema escolar. A recente abertura de concurso para professores e os projetos de ampliação dos centros de idiomas no estado, expressos pelo secretário da Educação em 2006, pressagiam uma ligeira melhora nessa situação morosa. O ensino existe de forma esporádica no nível universitário, principalmente no departamento de Letras da Universidade Federal de Pernambuco (cerca de 900 alunos), mas é preciso ressaltar que o centro de línguas da universidade, criado em 2003, está aberto a toda a população.

A Aliança Francesa de Recife, que também mantém uma filial no bairro residencial de Boa Viagem, contabiliza 650 alunos, número bem inferior ao de 1990 (1.100 alunos), mas a situação atual constitui um inegável progresso em relação às condições observadas em 1998 (menos de 150 alunos). A Aliança Francesa de Recife comemorou seus 60 anos em 2006 e seus equipamentos foram inteiramente renovados.

A cooperação universitária

O principal parceiro da cooperação francesa no estado — como no conjunto do Nordeste — é a universidade federal. A de Pernambuco (UFPE) contabiliza 29 mil alunos, dos quais 2 mil no mestrado e mil no doutorado. É considerada a sétima universidade do Brasil em qualidade de estudos científicos. Uma colaboração é desenvolvida em diversas áreas (biomédica, química, informática, medicina, ótica quântica, arqueologia, antropologia): 156 dos 1.604 professores da universidade estudaram na França (10% do corpo docente). A cooperação existe também com a Universidade Federal Rural de Pernambuco (6 mil alunos) no âmbito de acordos assinados com a Université de Grenoble. Em 2005, foi criado o departamento de Arqueologia da Universidade Federal do Vale do São Francisco, resultado da ajuda prestada desde 1974 em arqueologia entre equipes francesas e brasileiras, principalmente no sítio pré-histórico da Serra da Capivara.

A cooperação médica

Desde 1962 existe uma cooperação importante no setor do sangue e dos hemoderivados, quando o cirurgião pernambucano Luiz Tavares Carvalho da Silva esteve na França para uma missão nos centros de transfusão sanguínea de Strasbourg, Paris e Toulouse. Quatro bolsas do Ministério de Relações Exteriores daquele país permitiram estágios de aperfeiçoamento nesses três centros e renderam muitos frutos. Entre os bolsistas, Maria Brasília Leme Lopes, nomeada presidente da Comissão Nacional de Hemoterapia (CNH); Luis Gonzaga dos Santos, fundador do Centro de Transfusão Sanguínea de Pernambuco (Hemope) e criador do Programa Nacional de Sangue e Hemoderivados (Pró-Sangue), que se tornou uma divisão do Ministério da Saúde; e Vanda Carvalho, chefe do Serviço de Hemoterapia no hospital da Universidade Federal de Pernambuco.

A França equipou, em 1967, o Serviço de Hematologia e Hemoterapia do hospital-escola da Faculdade de Medicina de Pernambuco (Faculdade de Ciências Médicas), que se tornaria o futuro centro de transfusão sanguínea do estado. Em 1977, foi inaugurado o Centro de Hematologia e Hemoterapia de Pernambuco (Hemope), fruto da cooperação francesa, que doou equipamentos destinados à liofilização do plasma. O Hemope teve um papel fundamental no desenvolvimento da hemoterapia no Nordeste. A criação do Pró-Sangue, em nível federal, tornou-se Dinashe, a partir de 1987, e marcou o início de outra fase frutífera da cooperação bilateral no campo da transfusão sanguínea, em que as relações estabelecidas com Pernambuco tiveram uma participação importante.

Existe uma cooperação entre pesquisadores pernambucanos e franceses no campo da Aids, embora à margem da ação institucional de pesquisa de vacinas criada pela Agence Nationale de Recherche sur le Sida (ANRS) e o Ministério brasileiro da Saúde. Ela é fomentada por Jean-Claude Chermann, diretor do Institut National de la Santé et de la Recherche Médicale, estabelecido em Marseille; por Jean-Marie Andrieu, chefe do serviço de cancerologia do Hospital Georges Pompidou e pelo Laboratório Asani (LIKA), da Universidade Federal de Pernambuco, com o professor Luis Cláudio Arraes.

Os intercâmbios culturais

Grandes artistas pernambucanos estiveram na França para sua formação e alguns aí produziram parte de suas obras, como Vicente do Rego Monteiro, pintor e poeta, que escreveu o essencial de sua poesia em francês, e o pintor Milton Dacosta.

A revalorização na França do ofício de artesão e dos ritmos folclóricos levou a um gosto crescente com relação a artistas populares e regionais de Pernambuco. A cidade de Nancy associou o estado à sua Feira Internacional em 2005, quando 14 artesãos locais venderam aproximadamente 8 mil peças de artesanato.

Vários músicos pernambucanos são representados por selos independentes dirigidos por franceses (Outro Brasil, de Marc Seigner, Naïve, Version Originale, de Olivier e Frédéric Gujman) e se apresentam regularmente na França, principalmente durante os festivais de verão.

Além das músicas populares fusionadas aos ritmos contemporâneos no âmbito do *mangue beat*, particularmente bem acolhido na França, encontra-se em Pernambuco um Conservatório de Música de qualidade e um público conhecedor e criterioso de conjuntos de música clássica e erudita.

A presença religiosa

Uma importante influência sobre as escolas católicas era exercida no passado por religiosas francesas (nos anos 1950). Hoje, essa influência praticamente desapareceu, mas várias religiosas francesas exercem ainda atividades em associações de solidariedade. A presença carismática de dom Helder Câmara no episcopado de Recife e de Olinda (1964-1984), homem marcado pela concepção francesa de ação católica de campo, incitou um grande número de padres *fidei donum* a vir em missão pastoral nos meios populares. Doze padres franceses residiram em Pernambuco nos anos 1980 (Guy Gelly, Antoine Guérin, Philippe Mallet, Bruno Bibollet, Alerin de Montgermont, René Guerre etc.).

Quando dom Helder Câmara se afastou, o Vaticano tentou normalizar a situação em Pernambuco nomeando prelados conservadores. José Cardoso, nomeado bispo de Recife, rapidamente desfez tudo o que seu antecessor havia tecido durante anos. Ele transformou o seminário e o modo de formação dos padres. Fechou o Instituto de Teologia ("a abertura aos leigos não é minha prioridade"), deslocou, ou mandou de volta aos seus países de origem, padres que manifestavam uma solidariedade muito clara a dom Helder.

Trinta padres da diocese tiveram que deixar sua paróquia ou seu "movimento" — Ação Católica Operária, ACO; Juventude Operária Cristã, JOC; Juventude Estudantil Cristã, JEC; Juventude Agrícola Cristã, JAC etc. Alguns expressaram as suas divergências, sobretudo os religiosos sobre os quais o bispo não tem autoridade direta. O jesuíta Maurice Parant está entre estes: é capelão da Ação Católica Operária (cujo coordenador em Recife era João Paulo Lima e Silva, prefeito da cidade pelo Partido dos Trabalhadores de 2000 até 2008, eleito deputado federal em 2010).

O novo arcebispo de Recife alugou a casa onde se reuniam vários movimentos da Ação Católica, o que obrigou cada um deles a encontrar outro alojamento. A ação junto aos pobres, eixo maior da orientação pastoral de dom Helder, não é uma prioridade. Especialista em direito canônico, o novo bispo passou vinte anos em Roma sem ter tido sequer a responsabilidade de uma paróquia e não tem muita afinidade com as questões pastorais. O padre canadense Jacques Trudel, depois de trinta anos em Mustardinha, foi afastado em junho de 2006 por José Cardoso.

A ditadura tinha suscitado um sobressalto no Evangelho, a democratização seria sinônimo de normalização. E aquela Igreja, *porta-voz dos sem voz*, segundo expressão de dom Helder Câmara, que o Concílio Vaticano II, as conferências de Medellín e de Puebla haviam encorajado, ficaria marginalizada. Oponentes mais tenazes ao atual arcebispo encontram-se num pequeno grupo de católicos de esquerda que se nomeia Igreja Nova e organiza todos os anos uma semana de reflexão a partir dos temas de dom Helder. A Igreja Nova esteve na origem de um fórum internacional que aconteceu em Recife em agosto de 2004, do qual participaram o religioso francês, abade Pierre, o historiador francês, René Remond, o teólogo peruano Gustavo Gutierrez, e outros.

A "normalização" não impediu que a Igreja continuasse a ser ainda particularmente ativa em Pernambuco em dois campos:

- **A ação social,** com a Pastoral da Criança — 4 mil voluntários em nove dioceses de Pernambuco. Atualmente, mais de cinquenta organizações religiosas participam das ações do Conselho da Comunidade Solidária ligado ao governo estadual. Entretanto, as igrejas evangélicas (Conselho Nacional da Ação Social da Assembleia de Deus, criado em 1997) participam cada vez mais dessas ações sociais. Principalmente a Igreja Universal do Reino de Deus, de Edir Macedo, cujo porta-voz no Congresso era, em 2006, o deputado federal de Pernambuco Marcos de Jesus, oriundo do Partido Liberal (PL). O pastor Eurico, pastor da Assembleia de Deus em Palmares, foi um dos mais votados para a Câmara Federal em 2010.

- **A ação agrária:** a Igreja está particularmente presente nos conflitos, principalmente nas ligas agrárias, com a criação em 1957 da Comissão Pastoral da Terra, hoje um dos mais ativos movimentos em Pernambuco. No passado, várias personalidades do PT foram muito ativas nas Comunidades Eclesiásticas de Base, tais como, Marina Silva, José Graziano, Miguel Rosseto, José Fritsch, todos ministros do primeiro governo Lula.

Os partidos políticos

A vida política em Pernambuco procede da iniquidade, em larga medida ainda, na distribuição fundiária herdada da época portuguesa e desde então agravada. Proprietários ricos controlam a maioria das terras cultiváveis e, tradicionalmente, subjugam, para a grande monocultura de exportação (cana-de-açúcar, algodão), a população rural, mantida durante muito tempo na ignorância e no analfabetismo, sem proteção social e sem direito à aposentadoria. O ponto de partida da transformação política do estado foi, em 1962, a eleição de Miguel Arraes (1916-2005) para o governo estadual contra João Cleofas, candidato dos grandes plantadores. Seu mandato foi interrompido pela ditadura militar em 1964 e ele exilou-se na Argélia durante 14 anos. Miguel Arraes foi reeleito governador em 1986 (pelo PMDB) e em 1994 (pelo PSB).

O governo local, desde as eleições de 1998, repousava sobre uma aliança tripartite PSB, PMDB, PFL/DEM, que permitiu a Jarbas Vasconcelos vencer seu adversário político Miguel Arraes, originalmente oriundo, como ele, do PMDB, e fazer-se reeleger em 2002. Nas eleições de outubro de 2006, é o candidato do Partido Socialista Brasileiro, sobrinho de Miguel Arraes, Eduardo Campos, ex-ministro do governo Lula, que chega ao poder sendo reeleito no primeiro turno em 2010, com 82% dos votos. O candidato do PT ao governo estadual, Humberto Costa, ex-ministro da Saúde no primeiro governo Lula, tornou-se senador em 2010, aproveitando, depois de muitas derrotas eleitorais, a onda da aliança com o PSB. Armando Monteiro Neto, deputado federal pelo PTB, presidente da Confederação Nacional da Indústria, é eleito senador em 2010, na vaga de Marco Maciel (DEM), o vice de Fernando Henrique Cardoso, que não conseguiu um segundo mandato no Senado.

O Partido dos Trabalhadores, de origem essencialmente urbana, não consegue penetrar no interior do estado. Nas eleições de outubro de 2008, o PT elegeu o mesmo número de prefeitos (8) que nas eleições anteriores (2004), sendo o oitavo partido no estado em número de prefeituras. O candidato do partido, João da Costa, apoiado pelo PSB, que teve sua candidatura cassada pela Justiça de primeira instância, foi eleito no primeiro turno para a prefeitura de Recife nas eleições de outubro de 2008. O PSB passou de 29 (2004) para 48 prefeitos (2008), aproveitando-se do carisma do governador, líder nacional do PSB.

A classe política oriunda de Pernambuco exerce uma influência sensível na cena nacional: Marco Maciel (PFL/DEM) foi, durante oito anos, vice-presidente da República (à sombra de Fernando Henrique Cardoso); quatro presidências de partidos são exercidas por líderes locais: do PSB — Eduardo Campos, do PPS — Roberto Freire, e do PP — Pedro Corrêa (até a sua cassação em 2006), do PSDB — Sergio Guerra.

Dos cinco grandes puxadores de votos no pleito de 2010 para a Câmara Federal, dois candidatos eram de Pernambuco: Ana Arraes (PSB), mãe do governador Eduardo Campos e filha do ex-governador Miguel Arraes, e Eduardo da Fonte (PP), líder estadual do PP, mencionado na Carta Aberta dos Camponeses Pobres do latifúndio de Peri-Peri, Lagoa dos Gatos, publicada em 31 de março de 2010, denunciando o assassinato de José Ronaldo, o Nanal, que apoiava a luta das famílias camponesas de Peri-Peri.

A representação política no estado se apresenta da seguinte maneira:

Governador	— Eduardo Campos (PSB) (2007/2011/2014) 2º mandato
Senadores	— Humberto Costa (PT) (2011/2018)
	— Jarbas Vasconcelos (PMDB) (2007/2015)
	— Armando Monteiro Neto (PTB) (2011/2018)
Deputados federais	Total: 23 — DEM: 2; PSB: 5; PTB: 3; PT: 4; PSDB: 2; PDT: 2; PMDB: 1; PC do B: 1; PSC: 1; PP: 2.
Prefeito de Recife	— João da Costa (PT) (2008-2012)

Os movimentos agrários

As tensões nas zonas rurais do estado são permanentes e procedem de uma longa tradição de lutas agrárias. Elas são incentivadas, temperadas e enquadradas, conforme a situação, pela ação conjugada das entidades representativas dos trabalhadores rurais, particularmente numerosas no estado (Federação dos Trabalhadores Rurais — Fetape; Federação Nacional dos Trabalhadores Rurais — Contag; Organização da Luta no Campo — OLC; Comissão Pastoral da Terra; Movimento dos Trabalhadores Sem-Terra — MST), que reúnem mais de cinquenta sindicatos agrários. O governo local observa, com relação a essas tensões, uma atitude extremamente comedida. A ouvidora federal para a questão agrária, Maria de Oliveira, reconhece que, sem a contribuição moderadora das autoridades locais e dessas entidades, a situação seria muito mais difícil em razão do ritmo demasiadamente lento da reforma agrária e do passivo excessivamente conflitante das desigualdades rurais no estado.

Os responsáveis políticos locais deploram o caráter ambíguo do governo federal com relação ao MST e a ausência de uma política voluntarista no setor agrário, posição que deixa aos estados a responsabilidade de uma resposta institucional local a atos que procedem de uma problemática nacional. Muitos líderes agrários — e alguns dos mais radicais, como Bruno Maranhão do MLST — estão na origem da fundação do PT.

No estado de Pernambuco, menos de um quinto das 8.800 famílias, cuja instalação estava prevista para 2005, foram assentadas. A reforma agrária confronta-se com cinco séculos de ocupação desigual das terras. A maioria das grandes propriedades em Pernambuco tem títulos fraudulentos. Elas estão instaladas em terras que, na realidade, pertencem à União. O cadastro rural, quando existe, é o resultado de infinitas fraudes: prestadores de nomes (*laranjas*), que agem para dirigentes políticos locais, comercializam as terras destinadas à reforma agrária. Um dos recentemente acusados: Claudiano Martins, ex-deputado na Câmara Legislativa de Pernambuco pelo PMDB, duas vezes prefeito de Itaíba. Um parente dele seria, segundo a imprensa local, e segundo o seu cunhado Ernandi Martins, líder do PT em Itaíba, o mandante do assassinato, em 27 de outubro de 2005, nessa localidade, de um dirigente do Movimento de Libertação dos Trabalhadores Sem-Terra (MLTST), Anilton Matos da Silva. Claudiano Martins e seus irmãos, Otaviano Martins (PMDB), prefeito de Manari, e Numeriano Martins (PSDB), prefeito de Águas Belas, foram presos pela Polícia Federal por licitações fraudadas em 2006.

Dos cinquenta prefeitos convidados em 2005 por Maria de Oliveira, representante em Pernambuco do Instituto Nacional de Colonização e Reforma Agrária (Incra), apenas cinco responderam favoravelmente. As intervenções políticas sobre a direção do Incra multiplicam-se. As ameaças tornam-se mais pesadas. Maria de Oliveira foi obrigada a separar-se de seus quatro filhos, que estudam atualmente no Paraná. Ela é hoje escoltada pela polícia federal.

A situação social

Segundo um estudo da Fundação Getulio Vargas (dezembro de 2003), 54% da população de Pernambuco vivem em situação de miséria (renda familiar inferior a R$ 70,00/mês, consumo diário inferior a 2.200 calorias). Esses números não dão a medida da miséria extrema de alguns municípios do interior: em Manari, a 400 km de Recife, o percentual é de 90%; em Carnaubeira da Penha, a 500 km, 87%; em Iati, a 280 km, 82%. Segundo o Departamento Intersindical de Estatística e Estudos Socioeconômicos (Dieese), a região metropolitana de Recife tinha, em março de 2009, 333 mil desempregados. A taxa de desemprego de 16,5% é a mais alta das capitais regionais do país, junto com Salvador (19,4%).

A taxa de mortalidade infantil foi sensivelmente reduzida ao longo dos dez últimos anos, mas permanece alta. Em certas localidades, como Manari, a taxa é de 111 para mil. Em Pernambuco,

19% das mortes ocorrem antes dos 6 anos de idade. No estado, a taxa de mortalidade média é de 29,5 por mil (média nacional, 19,3) em 2007.

A maioria das crianças entre 10 e 14 anos que trabalha no Brasil está no estado de Pernambuco. Na cidade de Calçado, região do agreste, 47% dos jovens nessa faixa etária trabalham.

Segundo um estudo da Unicef, Pernambuco é o estado, depois de Alagoas e do Maranhão, onde se registra a maior taxa de deserção escolar: 8% das crianças entre 7 e 14 anos não estão na escola. Mas a escolarização apresentou melhorias, em parte por causa do programa Bolsa Família. Assim, a maior concentração de analfabetos é registrada entre as pessoas pertencentes aos grupos de idade mais elevada.

A taxa de homicídios na faixa etária de 15 a 24 anos teve um nítido crescimento a partir de 2001. Para uma cidade como Recife, essa taxa era de 22,4 por 100 mil habitantes em 1980 (a título de comparação, no Rio de Janeiro, nessa mesma data, era de 58,7); em 2001, de 142,2 (Rio de Janeiro 113,6); em 2007, de 224,1 para 100 mil (Rio de Janeiro 99,6), segundo o Mapa da Violência publicado pelo Instituto Sangari em 2010.

Pernambuco é, em 2007, o segundo estado (depois de Alagoas) mais violento do Brasil, com uma taxa de homicídios de 55,6 para 100 mil, segundo pesquisa do mesmo instituto. Recife detém, depois de Maceió, o posto de segunda capital mais violenta, com uma taxa de homicídios de 87,5 para 100 mil. Nas eleições municipais de outubro de 2008, quatro candidatos foram assassinados, oriundos de partidos diferentes (PSB, PTB, PT, PR).

A atividade econômica

A economia do estado de Pernambuco permanece estagnada há cinquenta anos: em 1939, o estado era responsável por 4,4% do PIB brasileiro; em 2005, por 4%; e em 2010, por 3,8% (8º estado do Brasil em valor, 18º se for considerado o PIB per capita). O declínio acentuou-se, sobretudo ao longo dos anos 1970, uma vez que o desenvolvimento industrial foi insuficiente para compensar a crise na quase monocultura da cana-de-açúcar, responsável ainda por 52% do PIB agrícola do estado.

Pernambuco exporta pouco (0,5% das exportações do país em valor). A cana-de-açúcar é o principal produto exportado (40%) para o mercado norte-americano, o que é facilitado pelo sistema de cotas preferenciais que privilegia o Nordeste. Em 2010, a produção era da ordem de 17 milhões de toneladas. Em 1980, o estado exportava 20% da produção nordestina; 6,7% em 2003. Do ponto de vista agrícola, pouco participa da produção do país (sua contribuição de 2,7% é inferior à metade da participação da Bahia, que exporta seis vezes mais, 2,1 bilhões de dólares em 2005).

Entre os investimentos mais recentes estão:

- Complexo portuário e industrial de Suape: o novo porto de Recife, cujo custo alto será beneficiado pela realização da ferrovia Transnordestina, que ligará o Ceará ao Piauí. A obra foi lançada em 7 de junho de 2006 pelo presidente Lula. O polo concentra hoje um quarto do PIB estadual e os municípios vizinhos sofrem pelos impactos sociais e ambientais. Atualmente, o porto de Suape atrai os seguintes investimentos estrangeiros:

    — Coreanos: instalação da fábrica Kabul Synthetics Ltda., parte de um conglomerado da Coreia do Sul, que investiu 45 milhões de dólares em 2006 numa fábrica de tecelagem, primeira etapa de um investimento total estimado em 200 milhões de dólares, com o objetivo de estabelecer uma plataforma de exportação de produtos têxteis sintéticos para o mercado norte-americano. A fábrica em Suape é a primeira do grupo fora da Ásia. A Samsung participe do estaleiro (Atlântico Sul) do grupo Camargo Corrêa e a Sungdong do estaleiro dos grupos Alusa e Galvão Engenharia.

— Italianos: instalação de um polo de resina poliéster para embalagens da empresa Mossi e Ghisalfi, em parceria com a Petrobras (investimento de 800 milhões de dólares); instalação de uma fábrica da Fiat com capacidade de produção de 200 mil veículos a partir de 2014, um investimento de R$ 3 bilhões.

— Espanhóis: instalação de uma fábrica de cerâmica pela empresa Pamesa, um investimento de US$ 52 milhões. Quarenta por cento de sua produção são exportados para o Mercosul.

— Venezuelanos: refinaria em parceria com a Petrobras e a Empresa Pública dos Petróleos Venezuelanos (PDVSA), um investimento estimado em US$ 15 bilhões. Faz parte da "aliança estratégica" entre Brasil e Venezuela, assinada em Caracas pelos presidentes dos dois países. A estatal venezuelana acordou em ficar responsável por 40% do valor da obra e pediu um empréstimo ao BNDES, sem obtê-lo. A Petrobras esta construindo a refinaria sozinha até hoje; já investiu R$ 4 bilhões.

— Brasileiros: Petrobras (polo petroquímico e têxtil), estaleiro do grupo Camargo Correa (um investimento de 170 milhões de dólares), acompanhado por um programa de formação em tecnologia naval fomentado pelas universidades federais de Pernambuco, Rio de Janeiro e Rio Grande do Sul, ao qual poderá associar-se o estaleiro holandês Shipyard Peters.

— Russos: implantação em estudo de uma unidade siderúrgica, investimento da ordem de 2 bilhões de dólares das empresas TMK e Commetpron. Uma delegação esteve em Recife, em maio de 2005, quando um protocolo de intenções foi assinado.

— Portugueses: O grupo português Charters Monteiro escolheu o município de Sirinhaém, no polo de Suape, para instalar a sua primeira fábrica de pré-moldados no Brasil, um investimento da ordem de US$ 15 milhões.

- A zona vinícola do rio São Francisco, programa criado em 2000 nos arredores da cidade de Lagoa Grande. É a segunda região vinícola do país depois do Rio Grande do Sul (a região é responsável por 15% da produção de vinho). O local se tornou também um celeiro de frutas tropicais que são exportadas (uva, manga), principalmente para o Japão.

- O polo farmacoquímico, com uma unidade da Hemobrás (para a fábricação de hemoderivados), da empresa suíça Novartis, em Goiana, a 60 quilômetros de Recife, tem um investimento orçado entre US$ 300 e US$ 500 milhões. A entrada em operação está prevista para 2014.

Até os anos 1970, o estado era o primeiro polo têxtil do Nordeste (ainda o é para certas matérias-primas, como o jeans), mas a concorrência asiática o levou a integrar um polo regional com a Bahia, cuja realização, até 2011, prevê um investimento de 5 bilhões de dólares e a instalação de 710 empresas, de preferência no complexo portuário de Suape.

Um cluster tecnológico foi criado no âmbito da gestão pública, no bairro histórico, em 2000: o Porto Digital reúne setenta empresas que se beneficiam de um imposto municipal reduzido, porém, enfrentam um ambiente urbano pouco adequado (prédios antigos, de restauração muito cara, e cujas instalações são pouco compatíveis com os fins ambicionados). Duas empresas estrangeiras se instalaram *offshore*: a canadense Waterloo Hydrogeolic, em parceria com o Centro de Estudos e Sistemas Avançados do Recife (CESAR), e a norte-americana Electronic Data System (EDS), com sede em Melbourne. O presidente do Porto Digital é o economista Francisco Saboya Neto.

Pernambuco é considerado o segundo polo médico privado do país (300 hospitais), depois de São Paulo.

O estado recebeu 17% dos turistas estrangeiros que visitaram o Brasil em 2005. Nos últimos anos, o turismo se diversificou: antes era composto principalmente de pessoas vindas de Portugal (25% do fluxo em 2003; 19%, em 2005) e da Itália (18% em 2003; 16%, em 2005). O número de turistas proveniente da França aumentou, passando de 2,8% do fluxo em 2003 a 7% em 2005; o da Alemanha também (7% em 2003; 12% em 2005). Assiste-se, atualmente, ao desenvolvimento do turismo escandinavo com o crescimento, de novembro a março, de voos charters. Os principais investimentos vêm de Portugal. A empresa Odebrecht (Bahia) anunciou, em outubro 2006, um projeto de investimento da ordem de RS$ 200 milhões de reais para um vasto *resort* destinado a 30 mil visitantes sobre 8 km de litoral, próximo a Recife, na praia do Paiva.

O grupo espanhol Qualta Resorts anunciou em 2009 dois mega *resorts* na praia de Barreiro, a 100 quilômetros de Recife.

A Air France renunciou a sua escala semanal em Recife em 1999. A empresa portuguesa TAP tem um voo diário Recife-Lisboa-Recife. A TAM acaba de inaugurar um voo semanal para Paris vindo de São Paulo.

Além da cidade colonial de Olinda, os turistas estrangeiros são atraídos principalmente pelas estações balneárias do litoral, como Porto de Galinhas e a ilha de Fernando de Noronha, parque marítimo protegido, provavelmente um dos destinos mais procurados hoje no Brasil (45% dos turistas são estrangeiros, contabilizados em janeiro de 2006).

A *vida cultural*

Como na maioria dos estados do Nordeste, a cultura em Pernambuco é, sobretudo, de expressão popular: ritmos regionais (maracatu, frevo, coco, cavalo-marinho) e artesanato rural, o que situa o estado, junto com a Bahia, em primeiro lugar no Brasil pela riqueza de seu folclore e a originalidade de seus artistas. A música popular é facilmente exportada depois da turnê europeia em 1994 do conjunto Nação Zumbi. Os artistas locais (DJ Dolores, Lenine, Silvério Pessoa, Seu Jorge, Alceu Valença etc.) estão frequentemente em turnê no exterior.

O governo do estado reconheceu a importância desse patrimônio, que ele associa a suas campanhas para promoção do turismo, e adotou o princípio de uma alocação mensal (R$ 750,00) em favor de artesãos mais famosos

Entretanto, o caráter regional da cultura local e as poucas empresas sediadas em Pernambuco explicam por que os artistas locais se beneficiam tão pouco da lei Rouanet de isenções fiscais em favor da cultura: 7 milhões de reais em 2004, isto é, menos de 2% do total dos financiamentos recolhidos (465 milhões de reais em 2004). A legislação estadual, administrada pela Funcultura, prevê um orçamento anual de 3 milhões de reais em favor de projetos culturais.

Eis por que os grandes artistas locais se apresentam frequentemente no exterior e onde, às vezes, produzem parte de sua obra. Marlos Nobre, o maior compositor brasileiro da atualidade, viveu na França e Alemanha; Vicente do Rego Monteiro, cuja obra poética, editada em francês, acaba de ser traduzida no Brasil; Milton Dacosta, Francisco Brennand etc. Este último, pintor e escultor, após ter frequentado em Paris os ateliês de André Lothe e de François Léger, reuniu em Recife, num espaço místico e singular, 3 mil esculturas e uma retrospectiva de sua obra plástica.

O estado tem uma tradição no cinema: em 2006, dez longas-metragens foram produzidos por cineastas pernambucanos. O campeão brasileiro de bilheteria, em 2005, é uma produção local, *2 filhos de Francisco,* de Breno Silveira. Dois filmes locais foram selecionados em Cannes em 2005: *Vinil verde,* de Kleber Mendonça, e *Cinema, aspirinas e urubus,* de Marcelo Gomes. Um festival de cinema é organizado em Recife no mês de novembro (13ª edição em 2010).

Os encontros culturais mais importantes são:

- Bienal do Livro, 8ª edição em 2011, que reúne 350 mil pessoas, público escolar na maioria (responsável: Rogério Robalino);

- Festival de Teatro, em novembro (9ª edição em 2006). Esse evento, patrocinado pela prefeitura, por um banco público (Caixa) e duas empresas públicas (Eletrobras e Chesf), conta com diretores estrangeiros. Ele reúne de 7 mil a 10 mil pessoas. O responsável é o crítico Aimar Labaki. O preço da entrada é simbólico: R$ 1,00;

- Encontros das Indústrias Musicais (Porto Musical), em fevereiro, que teve sua 5ª edição em 2011. Organizados pelo World Music Expo (Womex), os encontros contribuem para a reflexão sobre o futuro do disco e o crescimento das novas difusões desmaterializadas. Eles ressaltam uma demanda crescente no exterior por ritmos folclóricos e experiências musicais locais contemporâneas. Os encontros, que precisam ser consolidados, para constituir uma rede de intercâmbios e de interesses solidários entre músicos locais, produtores e distribuidores estrangeiros ligados ao Brasil, permitem uma presença num campo em que a França tem poucas vantagens, considerando a riqueza do patrimônio musical brasileiro e a predominância dos grandes estúdios de influência americana. Essa convenção internacional de música e tecnologia reúne especialistas dos Estados Unidos, Alemanha, Jamaica, Argentina, França, Colômbia e Inglaterra, com músicos de Pernambuco (www.portomusical.com). Um dos fundadores do Porto Musical é o presidente da Womex, Christoph Borkowsky;

- Festival de Dança, em outubro, que teve sua 15ª edição em 2010. O festival conta com artistas estrangeiros cuja vinda é facilitada pela concomitância, nessa data, de grandes eventos no país (Festival Internacional da Dança de Belo Horizonte, Panorama Rio Arte de Dança no Rio de Janeiro, Bienal da Dança de Fortaleza). A manifestação é patrocinada pela Petrobras e pela prefeitura de Recife. As entradas são simbólicas (R$ 1,00 a R$ 5,00);

- Festival do Circo, em novembro, que teve sua 5ª edição em 2009. É a revalorização pelas autoridades federais e municipais das artes do circo, cujo papel social é significativo no Nordeste. O evento, copatrocinado pela Fundarpe e pela Petrobras, conta com numerosos artistas estrangeiros, principalmente franceses.

A cidade é dotada de boas infraestruturas culturais, na qual se distingue um belíssimo teatro do século XIX, obra de um arquiteto francês, inteiramente restaurado, com setecentos lugares, o Teatro Santa Isabel, administrado pelo município.

Há também um Instituto Cultural, criado por um industrial do açúcar, cimento e vidro, Ricardo Brennand, com coleções raras da Europa medieval e do Brasil colonial holandês. Mais de 3 mil peças estão expostas num castelo insólito, cópia de uma fortaleza inglesa do século XIII. O museu foi inaugurado em setembro de 2002 com uma exposição do pintor Albert Eckhout e coleções do **Museu Nacional de Copenhague.**

A cidade de Olinda, joia da arquitetura colonial, abriga desde 2003, uma mostra musical que mistura os ritmos populares nordestinos com música erudita e jazz, atraindo 100 mil pessoas, nas igrejas e nas praças públicas.

A Université de Poitiers esteve estreitamente associada ao folclore local no âmbito de seu Instituto de Estudos Latino-Americanos, que convidou, em 2005, três cidades da França (Marseille, Toulouse, Paris) para homenagear o escritor pernambucano José Borges, a partir das coleções conservadas no Instituto Raymond Cantel. J. Borges é um profundo conhecedor e colecionador do cordel, literatura de mascates em versos, que antigamente ensinava aos analfabetos, e agora, aos letrados. Foi Ariano Suassuna, o primeiro a reconhecer nele o maior xilogravador do Nordeste.

A imprensa

O estado dispõe de três jornais.

- *O Diário de Pernambuco* (tiragem de 40 mil exemplares em 2008+20 mil assinaturas, segundo o Instituto Ipsos Marplan), o mais antigo jornal da América Latina, fundado em 1825. Pertence ao grupo Diários Associados (6º grupo da mídia brasileira e também proprietário do *Correio Braziliense* e do *Estado de Minas*), que possui um canal de televisão (TV Guararapes) e duas rádios. Seu diretor é Joezil Barros (*www.pernambuco.com.br*).

- O *Jornal do Commercio* (tiragem de 49 mil exemplares+43 mil assinaturas) pertence a um grupo privado (*Sistema Jornal do Commercio de Comunicação*), cujo proprietário desde 1987, João Carlos Paes Mendonça, é um ex-comerciante do setor da grande distribuição. O grupo possui também um canal de televisão (TV Jornal) e duas rádios (AM, FM) (*www.jc.com.br*).

- A *Folha de Pernambuco* (27 mil exemplares em 2005+6.785 assinaturas), jornal de menor qualidade, mas com um bom caderno cultural, foi fundado em 1998. Diretor: Eduardo de Queiroz Monteiro, empresário do segmento sucroalcooleiro. O irmão é o senador eleito, em 2010, Armando Monteiro Lobato (PTB), ex-deputado federal, presidente da Confederação Nacional da Indústria. Quiroz Monteiro controla também a Agência de Notícias do Nordeste, a Rádio Folha, e tem concessão para uma rede de TV.

Por suas tiragens, esses jornais se situam na 28ª/29ª posição no ranking dos jornais de maior tiragem no Brasil.

A mídia é relativamente independente dos principais partidos políticos, com exceção da TV Asa Branca, de Caruaru, segunda cidade do estado, que pertence ao deputado Inocêncio Oliveira (PR).

ESTADO DO PIAUÍ

População	3,1 milhões
Superfície	251 000 km²
IDH (2005)	0,703
% do PIB nacional	0,47%
PIB per capita (2008)	R$ 5373,00
Mortalidade infantil (2007)	26.2 por mil
Capital: Teresina	0,8 milhão.

Das comunidades indígenas dizimadas durante a guerra conhecida como dos Bárbaros, no século XIX, resta apenas o nome do estado, que vem de uma palavra tupi referente a um peixe comum nos rios da região.

O décimo estado do Brasil em superfície e o terceiro do Nordeste, depois da Bahia e do Maranhão, o Piauí é um dos mais pobres e sua capital é a única da região que não se situa no litoral, não se beneficiando assim do turismo, como outras capitais nordestinas.

A cooperação com a França, além de ações sociais de ONGs francesas, organizou-se principalmente em torno do sítio arqueológico Serra da Capivara, cuja prospecção e preservação são de responsabilidade de duas pesquisadoras, brasileira e francesa, no âmbito da Fundação do Homem Americano (FUNDHAM).

A cooperação francesa

As autoridades locais demonstram uma disposição favorável em relação ao ensino do francês, cuja importância é evidentemente relativa na região, onde não há empresas francesas e quase metade da população é analfabeta.

O ensino de francês é atualmente dispensado a mil estudantes do Cefet, da Universidade Federal do Piauí e da rede escolar. A universidade tem um acordo de cooperação com o Certel, Centro de Estudos e de Pesquisas sobre os Textos Eletrônicos Literários, associado ao Centre Français de la Recherche Scientifique (CNRS).

Existem ações fomentadas em favor da infância e adolescência pobres, sobretudo no campo das artes do circo, desde 2001, entre a ONG francesa Ô cirque e escolas de circo locais. Por conta dessa iniciativa, dez jovens piauienses estiveram na França e são hoje artistas profissionais. Ações também foram iniciadas no campo da dança (capoeira), com a também francesa Yakajouer, no âmbito do programa da ONG Caminho das Crianças, dirigida por Hervé Parent. Sobre essa iniciativa, foi organizada, por ocasião do Ano do Brasil em 2005, uma exposição fotográfica itinerante na França.

Uma organização não governamental local no campo da música (Associação Piauiense e Juventude Periférica), que desenvolve ações em favor de jovens e adolescentes em situação de risco, foi convidada em 2004 para se apresentar no festival de música e dança de Perpignan (Black Party); a ONG francesa Yakajouer esteve em Teresina em 2005.

No passado, a cooperação francesa constituiu-se de missões de peritos no setor da irrigação rural (cisternas, pequenas barragens). Hoje, as únicas ações de importância são o que resta da missão arqueológica francesa no parque da Serra da Capivara. As primeiras pinturas rupestres foram descobertas em 1963. Em 1970, Nièdge Guidon, arqueóloga do Museu Paulista, se instalou em São Raimundo Nonato, dedicando-se, desde então, por um acordo de cooperação entre a França e o Brasil, à prospecção e à preservação do sítio, iniciativa à qual se juntaram botânicos, antropólogos, geólogos. A Unesco inscreveu o sítio, em 1991, no Patrimônio Mundial. Em 1978, por iniciativa de Nièdge Guidon, foi criado na Universidade Federal do Piauí um centro de antropologia sobre a pré-história. A Fundação do Homem Americano (FUNDHAM) nasceu em 1986, com a organização de ateliês de formação e preservação de sítios rupestres, e teve o apoio da Unesco e a contribuição da Université de Bordeaux.

O Centre Français de la Recherche Scientifique financiou missões de estudos. Depois de 1978, as missões são pluridisciplinares e contam com o auxílio do Ministério francês das Relações Exteriores, da École Pratique des Hautes Études en Sciences Sociales, do CNRS e do CNPq. Um departamento de estudos arqueológicos foi inaugurado na Universidade Federal do Vale do São Francisco no campus de São Raimundo Nonato. Um museu da pré-história deverá ser criado em Teresina com a contribuição da FUNDHAM e com o patrocínio do Banco do Brasil. A diretora é uma cidadã francesa, Anne-Marie Pessis, professora na Universidade Federal de Pernambuco.

A FUNDHAM fomenta um programa social em favor de 120 crianças pobres, o Pró-Arte, com o apoio do Instituto Ayrton Senna.

A *vida política*

Como na maioria dos estados do Nordeste, e muito mais ainda no Piauí, em razão da pobreza e da ausência de mobilidade social, o patriarcado domina e as forças conservadoras regem a política local. O Partido dos Trabalhadores, apesar da eleição ao governo estadual de José Wellington Dias em 2002 e de sua reeleição em outubro de 2006 no primeiro turno, não exerce muita influência, embora o Piauí tenha sido o estado onde Lula alcançou um de seus melhores resultados na eleição presidencial de outubro de 2006 (77% dos votos). O PT elegeu em 2010 apenas dois dos dez deputados federais (dois também em 2006) e cinco dos trinta deputados estaduais (cinco também em 2006). Sete prefeituras eram controladas pelo PT (das 223) em 2004, enquanto que o PFL/DEM controlava 64 e o PMDB, 44. Mesmo os pequenos partidos, como o PP ou o PPS, elegeram duas vezes mais prefeitos que o PT em 2004.

A extensão do programa social do governo federal Bolsa Família, que atende hoje uma em cada três famílias rurais, e os importantes auxílios financeiros federais (o Piauí é o primeiro destinatário da ajuda federal) tiveram uma tradução no plano eleitoral por ocasião das eleições municipais de 2008. O PT passou de sete para 22 prefeituras, enquanto o DEM saiu de 59 prefeituras (2004) para oito, em outubro de 2008.

O PTB e o PSB apareceram nas eleições municipais de 2008 como os maiores partidos no estado do Piauí. O PTB elegeu 73 prefeitos (vinte em 2004) e o PSB, 39 (dois em 2004). Na realidade, interfere aqui a volatilidade da política nacional, em que grande parte dos políticos se alia quase automaticamente aos principais núcleos de poder, independentemente de ideologia. O crescimento dos dois partidos no estado se deve à quantidade de prefeitos que mudaram de legenda antes da eleição, a maioria deixando o DEM, o PSDB e o PMDB. A maioria dos prefeitos que mudou para o PSB e o PTB foi reeleito. As lideranças locais que se dispuseram a mudar de partido não optaram pelo PMDB, por não saberem se ele era governo ou oposição. Assim, quem queria ser governo foi para o PTB ou o PSB. O enfraquecimento do DEM no Piauí, por essa razão, não pode ser interpretado como enfraquecimento de lideranças conservadoras locais. O tabuleiro político no estado é mais complexo.

Os dois senadores, conservadores, tradicionalmente os mais influentes — e os mais contestados — da vida política local, não conseguiram se reeleger no pleito de 2010: Francisco de Assis Moraes de Souza (o Mão Santa), PSC, duas vezes governador do estado (1994 e 1998), novamente eleito em outubro de 2001, sendo a eleição anulada por fraude pelo Tribunal Superior Eleitoral; e Heráclito Fortes, hoje no DEM, depois de ser afiliado ao PMDB e ao PDT, ex-prefeito de Teresina (1989-1992), três vezes deputado federal. O ex-governador José Wellington Barroso de Araújo Dias (2002-2011), afliado ao PT, é, hoje, o homen forte do Piauí, eleito senador no primeiro turno em 2010.

O patriarcado é generalizado nas formações políticas mais conservadoras. Adalgisa de Moraes, candidata à prefeitura de Teresina em 2004 e eleita deputada estadual em outubro de 2010, é esposa de Mão Santa e sua suplente no Senado. Os irmãos de Mão Santa participaram do seu último governo (como secretário da Fazenda e secretário de Indústria e Comércio), e um sobrinho, prefeito de Parnaíba, é hoje deputado federal. A esposa do senador eleito em 2010 Wellington Dias (PT), Rejane Dias, que era secretária estadual para a inclusão de pessoas com deficiências no seu governo, foi eleita também em 2010 deputada federal pelo PT. O deputado federal Paes Landim (PTB), no seu sexto mandato (cinco pelo PFL/DEM), é filho de um deputado estadual e seus irmãos estão todos na política estadual: Luis Gonzaga, três mandatos de deputado estadual (PFL e hoje PL); Paulo Henrique, quatro vezes deputado estadual; Murilo, duas vezes prefeito de São José de Piauí, pelo PPS. O irmão do deputado federal Marlos Sampaio (PMDB), Themístocles Filho, é deputado estadual (no seu quarto mandato). Licídio Portela foi governador do estado (1973-1983) e senador (1991- 1999). A sua esposa, Myriam Portela, foi candidata duas vezes à prefeitura de Teresina (1985, 1988), eleita deputada federal em 1986. O sobrinho, Marcelo Coelho, foi eleito deputado estadual quatro vezes (1982-2002). Seu então genro Guilherme Melo foi vice-governador do estado em 1991. O atual, Ciro Nogueira, estava no quarto mandato de deputado federal antes de ser eleito senador em 2010. O avô paterno foi prefeito de Pedro II, nomeado logo após a Revolução de 1930, e seu pai, como deputado federal em 1994, deixou o PFL/DEM em 2002 e ingressou no PP, a convite do seu sogro Lucídio Portela. Iracema Portela (PP), eleita para a Câmara Federal em outubro de 2010 é a esposa do senador Ciro Nogueira (PP). Dos vinte representantes do Piauí na Câmara Federal eleitos em 2010, 16 foram eleitos em 2006.

Na Assembleia Legislativa do estado, as famílias se reencontram. A deputada estadual eleita em 2010 Liziê Coelho(PTB) é a esposa do prefeito de Paulistana, Luis Coelho (três mandatos, 1996, 2005, 2009); Juliana Morais Sousa (PMDB) é esposa do sobrinho de Mão Santa, Antônio José de Morais Sousa Filho (PMDB), deputado estadual em 2002, reeleito em 2006.

Wilson Martins, três vezes deputado estadual pelo PSDB (1994,1998, 2002), ingressou no PSB e assumiu, como vice-governador, o mandato do governador eleito, Wellington Dias, que renunciou em abril de 2010, para se candidatar ao Senado. Martins foi eleito para o governo do estado em outubro de 2010, no segundo turno, contra Sílvio Mendes (PSDB), prefeito da capital, no segundo mandato. A sua esposa, Lilian Martins, deputada estadual (PSB), foi a mais votada no estado em 2006 e, de novo, em 2010.

Nas eleições presidenciais de outubro de 2010, poucos são os municípios onde o candidato derrotado José Serra (PSDB) teve a maioria dos votos (Uruçuí, Tamboril do Piauí). Dilma Rousseff (PT) conseguiu mais de 90% dos votos válidos em vários municípios (Guariba, Dom Inocêncio, Paulistana, Betânia do Piauí, Francisco Macedo, Queimada Nova etc.).

A representação política no estado é a seguinte:

Governador	Wilson Martins (PSB) 2011-2015
Senadores	— José Wellington Dias (PT) (2011/2018) — José Vicente Claudino (PTB) (2007/2014) — Ciro Nogueira (PP) (2011/2018)
Deputados federais	Total: 10 PMDB: 2; DEM: 2; PT: 2; PP: 1; PTB: 1; PC do B: 1; PSB: 1
Prefeito de Teresina	Sílvio Mendes de Oliveira Filho (PSDB), 2º mandato (2005/2008/2010), sucedido por Elmano Ferrer (PTB), vice-prefeito

A atividade econômica

Tradicionalmente fundamentada na pecuária e na indústria do couro, a economia do estado tem hoje sua receita proveniente da soja (cultivada em 360 mil hectares, uma produção da ordem de 1 milhão de toneladas para a safra 2009-2010), do têxtil, da agroindústria, principalmente em torno do complexo argentino Bunge, em Uruçuí, que tem uma parte da produção exportada para a Europa (óleo de soja).

O PIB é um dos menores do Brasil, 26º lugar, antes dos estados de Tocantins, Amapá, Acre e Roraima. O estado está muito endividado. O serviço da dívida representa, a cada ano, quase um quarto da receita (5% em 1970). O Piauí foi um dos poucos estados que refinanciou a dívida pública em apenas 15 anos, pagando mais de R$ 350 milhões por ano.

Grupos brasileiros e japoneses investem atualmente na indústria açucareira na região de Parnaíba.

A empresa Rigesa Cellulose, filial do conglomerado norte-americano MeadWestvaco Corporation, também presente no Ceará, estuda a oportunidade de um investimento, acompanhando o programa de desenvolvimento florestal do governo estadual para a implementação de um modelo sustentado de desenvolvimento.

A Vale explora uma jazida de níquel no município de Capitão Gervásio de Oliveira. Em 2009, foi anunciada a descoberta de uma grande jazida de ferro no município de Paulistana.

Entre os principais produtos de exportação estão a soja, o camarão, o têxtil, a castanha-de-caju e o mel. O Piauí é o primeiro produtor de mel do país.

Dentro do programa federal de biodiesel, o Banco do Brasil financia a cultura da mamona em 42 municípios rurais da região de São Raimundo Nonato, a cerca de 500 km de Teresina. A metade da superfície reservada ao Nordeste pela agência federal Ecodiesel está no Piauí: aproximadamente 4 mil famílias rurais estão hoje associadas a essa cultura, em alternância com a do feijão.

Os principais parceiros da cooperação internacional são o Japão e a Itália:

- *A Agência de Cooperação Internacional do Japão (JICA)* financia, no âmbito da cooperação internacional da Embrapa, um programa de transferência de tecnologia em favor dos pequenos produtores rurais. O Piauí é um antigo parceiro do Japão: programa de navegação no rio Parnaíba (1992-95), programa de saúde pública (2000-2001). Aproximadamente 130 técnicos do Piauí fizeram estágios de especialização por conta desses programas. A JICA anunciou a vinda por dois anos de um professor de japonês para o Centro Piauiense da Cultura Japonesa de Teresina. De 1989 a 2009, o Piauí enviou 127 bolsistas para o Japão (graduação, pós-graduação e curta duração).

- *A cooperação descentralizada italiana* auxilia financeiramente pequenas e médias empresas. A Itália (Banco Etica) disponibilizou 3 milhões de euros em janeiro de 2004 para o setor a quatro estados da federação, o Piauí sendo um deles. Um grupo de técnicos italianos esteve em Teresina em 2004 e uma cooperação descentralizada está sendo criada com quatro regiões italianas: Umbria, Toscana, Emilia-Romagna e Marche, na região da Serra das Confusões. Na origem dessa ajuda está o antigo conselheiro do presidente Lula, frei Betto, de origem italiana, que obteve do banco Etica e do consórcio italiano Etimos (rede de cooperação de microcrédito em favor das populações rurais) contribuições financeiras em favor de 20 mil famílias rurais pobres incluídas no programa Fome Zero. A Toscana comprometeu-se, ainda, a financiar mil cisternas para a conservação de água das chuvas. A região do Vêneto assinou também um acordo de cooperação com o Piauí em 2009, na área de educação profissionalizante. Investimentos italianos também são realizados no setor da hotelaria e do turismo, principalmente na Serra da Capivara e na região do delta do Parnaíba. O governador do Piauí foi à Itália em fevereiro de 2008 para buscar a ampliação dos acordos, especialmente na área social do turismo sustentável.

O turismo não se desenvolveu muito apesar dos atrativos do estado, principalmente na Serra da Capivara e no delta do Parnaíba:

- O Parque Nacional da Serra da Capivara, onde se encontram, reunidos em 130 mil hectares, mais de setecentos sítios arqueológicos, oferece um conjunto único de pinturas rupestres. A inauguração de um aeroporto na cidade vizinha de São Raimundo Nonato deverá desenvolver o fluxo turístico, que não ultrapassava 20 mil pessoas por ano. Em

junho de 2010, foi realizado no Parque o 12º Congresso Internacional de Arte Rupestre, reunindo 1.200 pesquisadores, arqueólogos e historiadores do mundo inteiro. Além deste, provavelmente o mais rico, vários outros sítios arqueológicos existem no Piauí, geralmente expostos e ameaçados. Um padre alemão, Henrique Hegemann, da paróquia de Luiz Correa, no litoral, abriu um pequeno museu para abrigar objetos descobertos pela população local, com destaque para uma gaita de pedra. Um similar foi estranhamente encontrado num cemitério indígena no Havaí.
- O delta do Parnaíba, um ecossistema composto por setenta ilhas sobre 2.700 km², onde a infraestrutura hoteleira está começando a se desenvolver.

A situação social

O Piauí é o mais pobre estado do Brasil depois do Maranhão. Dois terços da população vivem abaixo do limite mínimo de pobreza (menos de meio salário-mínimo), segundo a Fundação Centro de Pesquisas Econômicas e Sociais do Piauí (Cepro). Nas 178 favelas de Teresina, o IBGE recenseou 70% da população vivendo de expedientes e sem emprego formal e 80% das moradias desprovidas de água corrente e de esgoto. Em 2002, a taxa de mortalidade infantil era de 31,1 crianças para mil (0-5 anos); em 2008 essa taxa ficou em 27,2 para mil, ainda alta, mas com uma redução de 27%.

O emprego formal está em declínio: 19,3% dos trabalhadores em 1980; 12,7%, em 2004. É o estado da federação com o menor PIB per capita em 2008, segundo o IBGE. De acordo com uma pesquisa do instituto, publicada em outubro de 2004, a participação da população ativa no setor agrícola não variou nos últimos dez anos (50% em 1993; 51% em 2003), ilustração da vã esperança de mobilidade social. O índice de emprego industrial aumentou apenas de 6% a 7% nesse período. Ainda de acordo com o IBGE, praticamente a metade da população do estado é analfabeta (1.140 mil pessoas). O programa cubano, que permite a alfabetização em um prazo de 35 dias, começou a ser aplicado em novembro de 2005 e capacitou trinta professores, com a supervisão de um especialista cubano em Pedagogia.

O conjunto desses problemas sociais explica uma elevada taxa de migração para a capital (50 mil habitantes em 1950; 800 mil em 2002), cidade onde os índices de natalidade e de mortalidade são dos mais elevados do país.

O governo federal assinou com Cuba um acordo de cooperação, em novembro de 2004, com o objetivo de alfabetizar as populações de três municípios do Piauí a título experimental, além de um financiamento ao programa de alfabetização Escola Ideal para dez municípios.

A reforma agrária é objeto de tensões regulares e de manifestações, Segundo o Instituto Nacional de Colonização e Reforma Agrária (Incra), de 1981 a 2004 a política da reforma agrária no Piauí teve um desempenho modesto: 33 mil famílias assentadas. A meta do governo do estado para o período 2003-2010 era de assentar 56 mil famílias. Segundo o então representante do Incra no estado, o padre Ladislau João da Silva, nesse período, 20 mil famílias foram assentadas. O Piauí é o segundo estado brasileiro em número de trabalhadores aliciados para o trabalho quase escravo.

O Piauí conta com ajudas federais importantes. É o primeiro receptor dessa ajuda em 2004 (19,5% dos aportes da Federação). A filiação partidária do governador provavelmente influiu, mas a situação socioeconômica das populações pobres é tão crítica que nenhum adversário político contestou essa prioridade.

A Unicef, no seu programa de ajuda à infância do semiárido brasileiro, assinou, em fevereiro de 2004, um acordo com o governo estadual para atender a 151 municípios rurais (aproximadamente 550 mil pessoas) e que associa ONGs locais.

Ao contrário da situação observada nos principais estados do Nordeste (exceto Sergipe) e apesar de um sensível aumento nos cinco últimos anos, a taxa de homicídios permanece contida no Piauí (12,4 para 100 mil). É o segundo estado, depois de Santa Catarina, com o menor índice de homicídios do país em 2007, segundo uma pesquisa do IBGE de setembro de 2009. Mas na capital, Teresina, a taxa de homicídios por 100 mil habitantes, entre jovens de 15 a 29 anos, alcança 53,4 para 100 mil em 2007 (22º no ranking nacional das capitais estaduais), de acordo com o Instituto Sangari (Mapa da Violência 2010).

A *vida cultural*

A vida cultural sofre com a partida dos principais artistas para as metrópoles do Sul, onde há evidentemente mais oportunidades de apresentações, exposições e edições.

Um Salão do Livro é organizado todos os anos em junho, pela Fundação Quixote (responsáveis: Luiz Romero, Jasmine Malta). A 8ª edição, em 2010, convidou o escritor angolano Ondjaki (Ndala de Almeida) e a escritora Isabel Ferreira para fazer uma conferência sobre a literatura angolana.

O Balé da Cidade, criado em 1993, é de qualidade, e há uma cooperação no campo coreográfico com a escola do Balé Bolshoi, estabelecida em Joinville (Santa Catarina), que procedeu a uma seleção em 2005 para a escolha de dez bolsistas (bolsa de oito anos) de 9 a 11 anos. Aproximadamente 10 mil crianças se inscreveram para a seleção.

O Balé da Cidade é mantido pela prefeitura de Teresina por meio da Fundação Monsenhor Chaves, que cuida também do Teatro Municipal João Paulo II, inaugurado em 2005, com capacidade para 313 pessoas. A direção do balé é de Nazilene Barbosa; a do teatro, de Marcelo Evelyn. Um espaço cultural, o Palácio da Música, foi inaugurado em 2009, com um auditório de 140 lugares e um centro de formação de músicos.

O Festival Internacional Interartes da Serra da Capivara enfrenta crescentes dificuldades financeiras, o que impediu suas futuras realizações.

Em novembro de 2010, foi realizado o primeiro Festival de Cultura Acordais, pelo FUNDHAM, com a direção da pesquisadora Niède Guidon, em parceria com empresas privadas. O evento pretendia incentivar os movimentos culturais na região de São Raimundo Nonato.

Um folclore musical muito rico, como na maioria dos estados do Nordeste, permite a organização anual de um festival de ritmos populares, o Encontro Nacional de Folguedos, organizado pela Fundação Estadual da Cultura, desde 1976, com o apoio do Ministério da Cultura. Em junho de 2010, 180 grupos de 12 estados participaram, para um público de 500 mil pessoas.

A imprensa

Desde a década de 1970, três jornais impressos tiveram expressividade no cenário piauiense: O Dia, fundado em 1950, o *Meio Norte*, de maior circulação, e o Diário do Povo. Em 2010, foi lançado a *Tribuna do Piauí*, jornal semanal dirigido por Olivan Rodrigues.

ESTADO DO RIO GRANDE DO NORTE

População	3,1 milhões
Superfície	53 307 km²
IDH (2005)	0,738
% do PIB nacional	0,82%
PIB per capita (2008)	R$ 8.202
Mortalidade infantil (2007)	29,9 por mil
Capital: Natal	0,8 milhão

Com 53 mil km², ou seja, 0,6% do território brasileiro, uma população de 3 milhões de habitantes (1,6% da população do país) e um PIB reduzido (0,8% do PIB brasileiro), o Rio Grande do Norte é um estado pequeno, de recursos limitados, com exceção do petróleo, do qual é, no Brasil, o primeiro produtor *onshore*. É mais aberto ao turismo internacional por causa de sua boa infraestrutura hoteleira. Suas relações com a França permanecem simbólicas, mas há uma cooperação com a Universidade Federal que procede de uma herança cultural e intelectual.

As relações com a França

Historicamente, como na maioria dos estados do Nordeste, as relações com a França datam do século XVI, fundamentadas sobre o comércio, principalmente do pau-brasil, pacíficas com os nativos, o oposto dos portugueses, que eram mais ambiciosos e menos bem-vistos e cujo objetivo era o estabelecimento de colônias (capitanias). Hoje ainda há um local que guarda o nome do corsário francês Jacques Riffault, no bairro do Alecrim, em

Natal, onde se ergueu a Base Naval (Refoles). O forte dos Reis Magos, que se encontra no estuário de Natal, foi construído pelos portugueses e data da derrota francesa em 1598.

Da costa brasileira, Natal é o ponto mais próximo da África: de lá, a escala do correio aéreo "l'Aéropostale", cuja lembrança permanece ainda viva. Foi a primeira etapa da linha São Luís do Senegal/Rio de Janeiro/Montevidéu/Buenos Aires/Santiago, inaugurada em 1927, com aviões Breguet e Latécoère, sobre uma pista feita em Parnamirim, localidade situada a 17 km de Natal, hoje centro de estudos espaciais brasileiros e base de lançamento de foguetes. Foi também em 1927 que o conde de La Vaulx, presidente da Federação Aeronáutica Internacional, escreveu: "O correio aéreo sonha em construir seus próprios aviões no Brasil... As possibilidades da aviação comercial no Brasil são absolutamente incalculáveis" (in *Os franceses no Rio Grande do Norte*. Natal: Ed. Sebo Vermelho). Uma base para hidroavião foi construída em 1930.

No fim do século XIX, a influência intelectual francesa predominava. Jornais brasileiros eram publicados em francês (*Pincenez, Bric a Brac, Le Monde Marche*). Muitos colégios ensinavam o francês, como a excelente escola jesuíta de Cajazeiras, próximo da fronteira com a Paraíba, dirigida pelo padre Rolin. A Academia de Letras foi fundada em 1939, inspirada no modelo francês (a Academia Brasileira de Letras foi fundada no Rio de Janeiro em 1896). As famílias ricas mandavam seus filhos estudarem na França. E o pensamento francês influenciou a maior parte dos intelectuais do Rio Grande do Norte.

O general De Gaulle passou brevemente por Natal, por ocasião de uma escala técnica à caminho da Guiana, em agosto de 1956, e um bloco de cimento guarda sua assinatura no museu local de Sobradinho.

- A comunidade francesa contabiliza 104 pessoas cadastradas. São profissionais empregados na restauração ou na hotelaria, e já se observa a chegada de uma nova geração, composta por perfis aventureiros e interessantes. O Rio Grande do Norte recebe 17 voos charters semanais vindos da Europa (cerca de 300 mil turistas estrangeiros em 2004), mas nenhum da França, o que explica o reduzido fluxo de turistas franceses até hoje.

- A cooperação cultural é escassa, apesar da abertura em 1957 da Aliança Francesa, cujas instalações são boas, mas os equipamentos são vetustos e a influência é pouca. Ela contabilizava 469 alunos em 2004, número que permanece inalterado há vinte anos (500 alunos em 1990). Um belo espaço, o Teatro Alberto Maranhão, à imagem dos teatros das principais cidades do Nordeste, financiados no século XIX por uma oligarquia rica, restaurados e tombados como monumentos históricos, pertence ao governo estadual. Sua diretoria exprime com frequência a frustração de não apresentar conjuntos artísticos franceses, cujas despesas com o transporte aéreo desde as cidades do Sudeste do país ficariam caras para os patrocinadores locais.
A biblioteca da Universidade Federal, com a contribuição de instituições do Ceará e de Pernambuco e o apoio do Ministério francês da Cultura e da Comunicação e da Associação Francesa de Ação Artística, realizou uma exposição de gravuras populares brasileiras, apresentada depois em diversas cidades da França, em 2005.

- O ensino do francês nos colégios do estado é praticamente inexistente, fora três instituições escolares no âmbito de um convênio assinado entre a Aliança Francesa e a Secretaria Estadual de Educação (100 alunos). No meio dessa morosidade, o Cefet se destaca. Elevado ao nível de estabelecimento de ensino superior em fevereiro de 2005, de competência federal (cerca de 400 alunos de francês), ele é conduzido por uma equipe dinâmica. Com 8.200 alunos, é considerado o segundo centro de excelência em formação técnica no Brasil, depois do Cefet do Paraná.

Uma escola bilíngue, criada em 1998, homologada pela Agência para o Ensino do Francês no Exterior (AEFE) e reconhecida pelo Ministério francês da Educação Nacional, oferece escolaridade do maternal ao segundo grau para 44 alunos em tempo integral (sessenta crianças frequentam o estabelecimento), sob a responsabilidade de duas professoras, sendo uma delas consulesa honorária da França. As suas instalações foram adquiridas com a subvenção do senado francês por cerca de 100 mil euros. Ela recebe também uma ajuda anual do Ministério francês de Relações Exteriores (6.500 euros em 2006 e 23 bolsas). Seu equilíbrio orçamentário se deve, principalmente, ao pagamento das bolsas que são oferecidas ao estabelecimento, e não às famílias, indexadas sobre tarifas escolares mais altas que as praticadas realmente. A escola abriu uma filial em Pipa, cidade balneária a duas horas de Natal, para oito crianças, e se acha, hoje, numa encruzilhada. Para aumentar seu raio de ação e seus efetivos, principalmente brasileiros, ela tem que dispor de mais espaço, o que a exiguidade do local atual não permite. Existem negociações com a prefeitura de Natal para a doação de um terreno; em contrapartida, a escola abriria seu centro de documentação e sua biblioteca para a comunidade local e ofereceria bolsas aos melhores alunos, que seriam selecionados nas escolas municipais. Entretanto, está claro que a AEFE, que enfrenta reduções orçamentárias, freia o desenvolvimento da escola, apesar de essencial à comunidade francesa local, que procura manter elos com a França.

- A Universidade Federal do Rio Grande do Norte (UFRN) é a principal parceira da cooperação francesa no estado, integra a rede das principais instituições federais que ensinam

o francês. Seu departamento de Letras é dirigido por dois coordenadores das universidades de Paris III e Federal de Minas Gerais, que organizam encontros anuais no âmbito da Federação Brasileira dos Professores de Francês.
Dois postos de professores suplementares foram criados em 2006, sendo quatro destes para setenta alunos. Porém, o número de estudantes é pequeno em relação à qualidade da cooperação desenvolvida com a universidade pública e salienta, aqui como em qualquer estado do Brasil e em vários países do continente, os limites de uma ação linguística onerosa, sem relação aos atores da cooperação científica e técnica — estudantes, pesquisadores e professores bolsistas — que aprenderam o francês na França. Há mais de cinquenta professores na UFRN formados naquele país, principalmente em geologia, engenharia química, pedagogia e ciências da educação.

- A cooperação científica se refere principalmente à Universidade Federal, considerando a precariedade da Estadual. Boa parte dos intercâmbios não resultam de acordos e programas estruturados, mas dependem de relações pessoais entre pesquisadores e professores dos dois países. Um acordo para doutorado e pós-doutorado, que compreende um intercâmbio de professores e de alunos, foi assinado em julho de 2002 entre a Université de Bretagne Sud (Lorient) e o Departamento de Engenharia Química da UFRN para um período de cinco anos. Esse mesmo departamento assinou um acordo com o laboratório de Engenharia Elétrica da Provence (Université de Toulon et du Var), em maio de 2002, renovado para o período 2004/2005, e se inscreve no âmbito do acordo CNRS-CNPq.
É preciso observar que o Departamento de Engenharia Química da Universidade Federal do Rio Grande do Norte desenvolve com a França, há muitos anos, programas de

cooperação (programa RHAE-CNPq de recursos humanos em carreiras estratégicas; CNRS-CNPq de valorização de minerais etc.).

O Departamento de Geologia da universidade fomentou dois programas no âmbito do acordo CNRS-CNPq e, enfrentando novas exigências da Capes, desenvolve hoje seus projetos com a França por meio de visitas técnicas e intercâmbios, o que explica o grande número de professores desse departamento formados na França.

A construção de um centro de pesquisas em neurociências no campus da UFRN está em estudo. O centro comportaria 15 laboratórios, dos quais um quarto seria oferecido, em concorrência pública, a pesquisadores estrangeiros (inspirado no modelo do Centro Internacional de Trieste). O financiamento é assegurado pela Finep aos ministérios da Saúde, da Educação e da Ciência e Tecnologia. A obtenção de recursos complementares seria da responsabilidade de uma fundação, da qual participarão o presidente da Fapesp (São Paulo), as universidades de Duke (Carolina do Norte/EUA) e de Coimbra (Portugal). O projeto está estimado em 6,5 milhões de euros.

O Conselho de Administração do centro é presidido por Henrique Meirelles, ex-presidente do Banco Central, e conta entre seus membros com dez pesquisadores estrangeiros de renome, entre os quais o professor Henri Korn, do Institut Pasteur, membro da Académie des Sciences.

- As relações econômicas e comerciais carecem de substância. Praticamente não há investimentos franceses no estado, salvo algumas operações pontuais e limitadas na hotelaria balneária e as gestões do grupo Accor. A França é o sexto mercado exportador do Rio Grande do Norte, bem depois dos Estados Unidos, que recebem 75% das exportações (União Europeia 21%).

A Universidade Federal do Rio Grande do Norte e o Centre National d'Études Spatiales (CNEA) instalaram uma estação de detecção fora do sistema solar no campus da universidade, no âmbito do Instituto Brasileiro de Pesquisa Espacial (INPE), que integra o Projeto Corot (outra estação terrestre está instalada em Villafranca, na Espanha). O equipamento vem da França, que lidera o projeto e ao qual estão associados Alemanha, Áustria, Bélgica e Espanha, e está estimado em 100 milhões de euros. O Brasil tem uma base de lançamento de foguete no estado, na localidade de Parnamirim; a de Alcântara, no Maranhão, foi preterida.

A situação política

A história política do estado foi marcada pela insurreição, em 1935, de um batalhão militar pró-comunista, sob a direção de Luís Carlos Prestes, a Intentona Comunista, conspiração militar contra as oligarquias. Houve, também, a reviravolta no golpe de 1964 do governador Aluízio Alves, líder do Partido Social Democrata, administrando em nome de uma aliança com o PCB. Ele tinha se aliado aos militares, ao contrário do prefeito de Natal, Djalma Maranhão, leal ao presidente João Goulart, que foi encarcerado com Miguel Arraes até sua libertação, negociada pelo bispo de Natal, Eugênio Salles, morrendo no exílio.

O governo do estado era controlado pelo PSB (2007-2010), partido de esquerda, membro da coligação governamental que permanece relativamente importante no Nordeste e ligada, outrora, a Miguel Arraes, ex-governador de Pernambuco, falecido em agosto de 2005.

Três famílias dominam o governo e a representação parlamentar do estado do Rio Grande do Norte há mais de meio século, dividindo o poder, rivalizando para o poder, alternando-se no poder. As famílias Alves, Maia e Rosado. Desses três núcleos familiares já saíram seis governadores, seis senadores e dezenas de deputados federais e estaduais.

Alves – O projeto político da família começou com Aluizio Alves (1921-2006), ex-governador (1961-1966), ex-ministro de Estado (da Administração no governo Sarney, 1985-1989; da Integração Nacional no governo Itamar Franco, 1985-1989), e com seu irmão, Agnelo Alves, ex-prefeito de Natal e de Parnamirim, ex-senador, hoje deputado estadual pelo PDT. A próxima geração conta com Henrique Eduardo Alves, deputado federal reeleito em outubro de 2010, e seu primo reeleito Garibaldi Alves Filho, senador, ambos líderes do PMDB no estado. Depois surgiram Carlos Eduardo Alves, ex-prefeito de Natal (2002-2008), filho de Agnelo Alves, candidato (PDT) derrotado ao governo do estado em 2010, e Ana Cristina Alves. A nova geração é representada pelo filho de Garibaldi, Walter Alves, eleito deputado estadual em 2010.

Maia — O patriarca foi Tarcísio Maia, filho do político paraibano João Agripino Maia. Seu primo Lavoisier Maia foi governador nos anos 1980. José Agripino foi prefeito de Natal, governador duas vezes e senador. O filho de José Agripino, Felipe Maia, eleito deputado federal em 2010, representa a nova geração. Wilma de Faria, que já foi Maia quando casada com Lavoisier, iniciou sua carreira política com esse nome, mas deixou de usá-lo, ao contrário dos seus filhos, Mareia Maia, eleita na Assembleia Legislativa do estado em 2010 e Lauro Maia, advogado e assessor parlementar.

Rosado — Pai de 21 filhos, Jerônimo Rosado deu origem a um clã que comanda o município de Mossoró há mais de meio século. Surgiram prefeitos, governadores, senadores. Os netos seguiram a carreira política dos mais antigos (Dix-Huit Rosado, Vingt Rosado, Dix-Sept Rosado). Como Sandra Rosado, Carlos Augusto Rosado, a esposa deste, Rosalba Ciarlini Rosado, eleita governadora em 2010, Fafá Rosado, prefeita de Mossoró, Betinho Rosado (DEM), quatro vezes eleito deputado federal (1995- 1014), filho de Jerônimo Dix-Sept Rosado, e a nova geração, com Larissa Rosado, eleita deputada estadual em 2010, filha de Sandra Rosado, deputada federal reeleita em 2010 e Lahyre Rosado Neto (PSB), vereador de Mossoró, e o jovem Vingt – Un Rosado Neto como suplente.

Rosalba Ciarlini (DEM) foi eleita governadora em outubro de 2010 no primeiro turno. Era senadora do estado, pertence a uma família política tradicional de Mossoró, segunda maior cidade do Rio Grande do Norte, enriquecida pelos royalties do petróleo, e que domina o município há décadas. Ela é nora de Dix-Sept Rosado, ex-prefeito da cidade e governador do estado nos anos 1950. Jerômino Dix-Sept Rosado Maia (1911-1951) é membro de uma família de políticos com vinte irmãos, que receberam seus nomes em algarismos na língua francesa! Uma das razões do empenho de Garibaldi Alves Filho, reeleito senador do estado em outubro de 2010, era o primeiro suplente dela, seu pai, Garibaldi Alves (PMDB), que assumiu o mandato no Senado (até 2014), quando Rosalba foi empossada governadora. Garibaldi Alves Filho, ex-governador (1994-1997), é pai do deputado estadual Walter Pereira Alves. Rosalba Ciarlini foi prefeita de Natal três vezes (1988,1996 e 2000). Sua irmã, Ruth Ciarlini, foi deputada estadual e é a atual vice-prefeita de Mossoró. A prefeita é sua prima Fátima Rosado.

Wilma de Faria era a esposa de Lavoisier Maia, ex-governador do estado pelo PFL/DEM (1979-1983) e deputado estadual pelo PSB em 2006. Seu sobrinho é José Agripino Maia, senador reeleito em 2010 (três vezes senador). Em 1983, ela assumiu a Secretaria de Trabalho e Bem-Estar Social durante o governo de José Agripino Maia. Wilma de Faria era do PDS, afiliou-se ao PDT em 1988, depois ao PSB. Para a Câmara Federal foram reeleitos, em 2010, Felipe Maia (DEM), filho de José Agripino Maia; Betinho Rosado (DEM) (quinto mandato na Câmara Federal, 1995-2014), filho de Jerônimo Dix-Sept Rosado e cunhado de Rosalba; Sandra Rosado (PSB), mãe da deputada estadual Larissa Rosado, ex-secretaria de Agricultura, Pecuária e Pesca, reeleita para a Assembleia Legislativa do estado com Leonardo Nogueira, casado com a prefeita de

Mossoró, Fafá Rosado, e Márcia Faria Maia, filha da ex-governadora Wilma de Faria, perpetuando o poder político das famílias tradicionais no estado. Mas a prefeita de Natal, Micarla de Souza (PV), filha do ex-senador Carlos Alberto de Sousa, não conseguiu eleger a irmã Roxy de Souza (PV). Quanto ao esposo da prefeita, Miguel Weber (PV), só ficou na 4ª suplência para a Câmara Estadual. O deputado federal mais votado no estado em 2010 foi Fátima Bezerra (PT), para o seu terceiro mandato (2002-2014), com 222 mil votos, 13% dos votos válidos, derrotada nas eleições de 2008, quando disputou a prefeitura de Natal contra Micarla de Souza (PV).

O perfil político atual do estado se apresenta da seguinte maneira:

Governador	Rosalba Ciarlini Rosado (DEM); (2011/2014)
Senadores	Total: 3 — Garibaldi Filho (PMDB) — 2º mandato (2003-2011/2011-2018) — José Agripino Maia (DEM) — 3º mandato (2011/2018) — Garibaldi Alves (PMDB), suplente de Rosalba (2010/2014)
Deputados federais	Total: 8 — DEM:2; PSB: 1; PMDB:1; PR:1; PT: 1; PV: 1; PMN: 1.
Prefeito de Natal	Micarla de Souza (PV) (2009/2012)

No pleito presidencial de outubro de 2010, o Nordeste votou massivamente em Dilma Rousseff, a candidata do PT. Mas o estado do Rio Grande do Norte apresentou resultados relativamente mais equilibrados. Dilma venceu com 59,54% dos votos válidos. José Serra, seu adversário (PSDB), venceu na capital, Natal (51,72%), e em vários municípios recebeu a maioria dos votos

(Espírito Santo, Passa e Fica, Galinhos, Monte Alegre, Serra de São Bento etc.).

A Polícia Federal prendeu em novembro de 2010 o superintendente para o Rio Grande do Norte do Departamento Nacional de Infraestrutura de Transportes (Dnit), Fernando Rocha, e o diretor do órgão, Gledson Maia, sobrinho do deputado federal João Maia (PR) e do ex-diretor geral do Senado, Agaciel Maia, exonerado em março de 2009 por causa dos atos secretos da Casa. Gledson e o superintendente do Dnit foram indicações políticas de João Maia (PR), que se reelegeu em 2010 como o segundo parlamentar mais votado do estado para a Câmara Federal.

A atividade econômica

O algodão era, com o açúcar de cana, a cultura tradicional de exportação do Nordeste, e o Rio Grande do Norte seguiu esse caminho. A cana-de-açúcar era cultivada nas grandes propriedades; o algodão, nas pequenas. No início do século XX, os equipamentos importados para modernizar a economia têxtil vinham da França. O algodão dominou a economia do estado até meados do século XIX.

Atualmente, as principais produções do estado são o petróleo (9% da produção nacional), o gás natural (17,5%), o sal marinho e o açúcar. Recentemente, desenvolveu-se a cultura do camarão, privilegiada pelos sítios litorâneos, e, hoje, o estado é o primeiro criador e exportador de camarões do Brasil (as exportações vão para a União Europeia, 76%, e para os Estados Unidos, 24%). O Centro Técnico Nacional de Pesquisas sobre o Camarão foi criado em junho de 2004 em Natal, *joint-venture* entre a Universidade Federal do Rio Grande do Norte o CNPq e o Ministério da Ciência e Tecnologia. Entretanto, a economia do estado permanece periférica, com menos de 1% do PIB nacional. O Rio Grande do Norte é o 16º exportador (três quartos das vendas vão para os Estados Unidos e um quinto, para a Europa).

A dualidade entre as culturas de consumo interno e as de exportação, presente em todo o Nordeste, é encontrada também no Rio Grande do Norte: 80% da população rural estão ocupadas em propriedades com menos de 10 hectares, que fornecem 73% dos alimentos de base do estado. As grandes propriedades (1,3% dos produtores detêm 42,5% das terras cultiváveis) se dedicam às culturas de exportação, entre elas, o polo de frutas e legumes (melão, abacaxi, manga) ganha uma importância crescente.

O governo desenvolveu, com a ajuda do Serviço de Apoio às Micro e Pequenas Empresas (Sebrae), um programa de isenções fiscais para atrair os investimentos, o Proadi (Programa de Apoio ao Desenvolvimento Industrial), com taxa de juros de 3% ao ano e teto de 60% a 75% do ICMS devido em dez anos. A Petrobras se beneficiou desse programa para a instalação de sua usina de hidrocarboneto. Entretanto, os investimentos no estado são pequenos e sequer aparecem nas estatísticas do BNDES, que considera Bahia (7%), Pernambuco (3,1%) e Ceará (1,3%) como os principais receptores de investimentos industriais no Nordeste do Brasil.

No que se refere ao turismo, o estado assinou vários acordos com agências escandinavas, para fretar voos charters vindos da Europa, e melhorou sua infraestrutura hoteleira. Natal recebe 4% do fluxo turístico no Brasil, o que a situa em 6º lugar, depois de São Paulo, Rio de Janeiro e quatro cidades do Nordeste (Salvador, Recife, Fortaleza e Porto Seguro). Os investimentos estrangeiros são portugueses, espanhóis e italianos. A estação balneária de Pipa, a 100 km de Natal, é o local privilegiado para os turistas estrangeiros.

A situação social

O Rio Grande do Norte se inscreve, por seus indicadores sociais, na problemática clássica do Nordeste brasileiro, com exceção das taxas de violência relativamente baixas, se comparadas às dos estados de Pernambuco, Bahia ou Alagoas. A taxa de homicídios apresenta índice relativamente baixo para o Nordeste (19,3 em 100 mil). O estado ocupava a 21º posição no ranking nacional em 2007, segundo pesquisa, publicada em 2010, do Instituto Sangari (Mapa da Violência).

De acordo com o IBGE, 21% da população são analfabetos e 37% não sabem escrever. O número de analfabetos, considerando a progressão demográfica, não variou desde 1992 (500 mil pessoas).

As estatísticas do Ministério do Trabalho publicadas em fevereiro de 2004 demonstram que 67% dos jovens entre 15 e 24 anos não têm emprego. Quase a metade da população vive com uma renda mensal inferior a R$ 80,00. O salário-mínimo dos empregos formais é um dos mais baixos do Brasil; mais de um terço deles (39%) é na administração pública.

A estrutura agrária particularmente desigual contribuiu para o êxodo rural (80% da população é urbana, contra 30% em 1970), o que acentuou, na periferia das cidades, os problemas de desemprego e habitação.

A vida cultural

O Rio Grande do Norte está fora do circuito das grandes exposições e das grandes manifestações em razão de sua distância, o que encarece o transporte, e da escassez de recursos tanto da administração pública (estado e municípios) e das raras empresas privadas quanto de sua população, apesar da vontade da prefeitura de Natal em associar o fluxo crescente de turistas estrangeiros à vida cultural local.

A presença de um corpo de baile, o Balé da Cidade de Natal (12 bailarinos profissionais dirigidos por Roseane Mello dos Santos), ligado ao município, que dispõe de escolas de dança (reunindo setecentos alunos com formação coreográfica de qualidade), e o Balé do Teatro Alberto Maranhão (25 bailarinos dirigidos por Wanie

Rose e Solange Gameiro) deveriam motivar uma cooperação no campo da dança, aproveitando a presença regular de grupos de dançarinos franceses na Bienal de Fortaleza. Em 2003, dois profissionais do Centre Chorégraphique de Montpellier vieram a Natal para ministrar um atelier e produzir um documentário com imagens dos bailarinos potiguares.

Construído em 1898, o Teatro Alberto Maranhão é um belo espaço com 660 lugares, restaurado em 1989 e tombado pelo Patrimônio Histórico e Artístico do estado. O edifício, inspirado na arquitetura francesa, é administrado por uma fundação que depende do município de Natal. No teatro, há uma belíssima estátua do escultor francês Mathurin Moreau (1822-1912), intitulada "A Arte", e ornamentos em ferro forjado provenientes da Fundição Val d'Osne. Como os arquivos dessa fundição foram destruídos, não há meios de se avaliar a estátua, por não se conhecer o número de exemplares fabricados.

Um festival de cinema anima todos os anos a cena cultural bastante morosa, na qual a Aliança Francesa, com seus recursos limitados, tenta encontrar um papel. A arte popular e o folclore do Rio Grande do Norte foram difundidos e estudados por um escritor originário do estado, Luís da Câmara Cascudo, falecido em 1986. Ele escreveu mais de cem obras sobre as expressões artísticas brasileiras.

A imprensa

Os principais jornais são:

- A *Tribuna do Norte*, que pertencia a Aluízio Alves, ex-governador do estado (1960-1964), é populista e nacionalista. Seu diretor é Carlos Antonio Peixoto (*www.tribunadonorte.com.br*). Sua circulação era de 9 mil exemplares em 2008. A Rede Inter TV, que retransmite a rede Globo, pertence ao grupo Alves.

- A *Folha da Tarde*, do ex-prefeito de Natal Djalma Maranhão, preso durante o golpe militar, morto no exílio, no Uruguai, em 1971.

A TV Mossoró possui concessão de geradora de televisão educativa, operada pela Fundação Vingt Rosado, afiliada à rede Genesis, de cunho religioso; *O Mossoroense*, jornal de propriedade da família Rosado, é presidido por Laire Rosado, ex-deputado federal (PSB), casado com Sandra Rosado, deputada federal.

Micarla de Souza é proprietária da TV Ponta Negra, afiliada do SBT no estado.

ESTADO DE SERGIPE

População	2 milhões
Superfície	22.000km²
IDH (2005)	0,742
% do PIB nacional	0,68%
PIB-per capita (2008)	R$ 9778
Mortalidade infantil (2007)	30 por mil
Capital: Aracaju	0,54 milhão

O nome do estado vem da palavra indígena tupi *si'ri*, crustáceo, e *jibe*, riacho, o rio dos caranguejos. Essa comunidade foi massacrada pelos portugueses no século XVI.

É um dos menores estados do Brasil (22 mil km²) e corresponde a 0,26% do território brasileiro. Sergipe tira hoje o principal de seus recursos do petróleo, explorado em sua fachada marítima, cujos royalties explicam uma renda per capita muito superior à média nordestina e uma taxa de impostos estaduais que permanece estável, contrariamente a todos os estados da região.

A *cooperação francesa*

A França não pode se vangloriar, como em alguns estados do Nordeste (Maranhão, Rio Grande do Norte, Bahia), de antigas relações com Sergipe. Entretanto, na prefeitura de Aracaju e no governo estadual o país pode contar com personalidades francófilas, que por vezes falam a língua e demonstram um real apreço pela cultura francesa. Um apreço testemunhado, há cinquenta anos, pela fundação da Aliança Francesa. As instalações atuais foram financiadas pelo governo local num terreno público, cedido por um arrendamento enfitêutico, próximo à Academia de Letras. A Aliança comemorou seu cinquentenário em 2005. O posto do diretor francês foi cancelado em 1997 e a instituição iniciou, a partir daí, um longo declínio, apesar dos esforços da diretora brasileira atual, devotada e benévola. As autoridades do estado demonstram um claro orgulho pela presença em Aracaju dessa Aliança, única participação francesa tangível, e têm alguma dificuldade em compreender as razões do desinteresse francês. O secretário estadual da Cultura durante o governo Alves (2002-2006), José Carlos Mesquita Teixeira, que fala francês, é um dos fundadores da escola.

O ensino do francês em Sergipe conhece a mesma situação dos outros estados do Nordeste: o desaparecimento progressivo, acentuado, provavelmente pela pouca atenção dedicada ao estado pela cooperação francesa.

A Universidade Federal de Sergipe (20 mil estudantes) tem um departamento de Letras onde alguns alunos (10) estudam francês.

O secretário estadual de Combate à Pobreza criou, em parceria com a Fundação Yázigi, cursos de espanhol e inglês para adolescentes em situação de risco no município.

Durante o Fórum Social Mundial de Porto Alegre, em janeiro de 2002, Marcelo Déda, então prefeito de Aracaju, hoje governador de Sergipe, encontrou o prefeito adjunto de Saint-Denis, Stéphane Peu (que fomenta uma cooperação descentralizada com Porto Alegre), e se informou sobre as possibilidades de incluir sua cidade nessa cooperação (Saint-Denis é a sede da Fédération Mondiale des Cités Unies — Federação Mundial das Cidades Unidas).

A prefeitura de Aracaju assinou com a França, em 2005, um acordo para a renovação dos bairros urbanos, que se inscreve no contexto do programa Cidade Brasil, realizado desde 2001 pela Caixa Econômica Federal em várias cidades do Nordeste.

Dois artistas sergipanos tiveram fortes laços com a França. Horácio Hora (1853-1890), pintor que morreu jovem (38 anos), cuja carreira desenvolveu-se quase toda na França, e Cândido Faria (1849-1911), que montou em Paris, em 1882, o Ateliê Faria, ilustrador dos cartazes de cinema da empresa Pathé.

A vida política

A política foi, por muito tempo, dominada — como na maior parte dos estados do Nordeste — por algumas famílias poderosas (Franco, Rollemberg Leite, Cruz e outras). A família Franco, que governou o estado de pai para filho, é proprietária de usina de açúcar, de fábricas têxteis e das principais mídias (Jornal da Cidade, TV Sergipe). A situação política se caracteriza hoje por um dualismo entre a capital, onde o voto é mais progressista, e o interior, domínio de forças conservadoras. De um lado, o ex-prefeito de Aracaju, Marcelo Déda, oriundo do PT, reeleito em 2004 com 71% dos votos, eleito governador em outubro de 2006 e, de novo, em outubro de 2010, no primeiro turno. Deputado federal em 1994 e em 1998, ele copresidiu, na época, o Grupo de Amizade Parlamentar França-Brasil. Déda conseguiu eleger para a prefeitura de Aracaju o seu vice entre 2004 e 2006, Edvado Nogueira (PC do B), nas eleições de outubro de 2008, numa coligação que juntava PT e PSDB, caso raro entre capitais estaduais, contra o genro de João Alves, o deputado federal Mendonça Prado (DEM).

Do outro lado, o ex-governador João Alves Filho (DEM), que estava em seu terceiro mandato (1983, 1991, 2003), ex-ministro do Interior do governo Sarney, ex-prefeito de Aracaju, várias vezes deputado federal. Sua esposa, Maria do Carmo Alves, é senadora, reeleita em outubro de 2006. Ela foi secretária estadual para Combate a Pobreza no governo Alves. Por ocasião das eleições municipais de 2008, o DEM, que controlava um terço das prefeituras (26 em 2004), elegeu apenas seis prefeitos, enquanto o PT dobrou o número dos seus vereadores no estado (34 em 2004; 67 em 2008) e passou de cinco para sete prefeituras (são 75 prefeituras).

Mas o PT não melhorou a sua representação na Câmara Federal nas eleições de outubro de 2010 (somente 1 deputado eleito). O mais votado em 2010 foi Valadares Filho (PSB), eleito deputado federal em 2006, filho de Antonio Valadares, vice-governador de João Alves em 1986, governador pelo PFL/DEM (1987-1990), senador pelo PP em 1994 e reeleito senador em 2002 e em 2010 pelo PSB. O senador Albano Franco, considerado um dos empresários mais bem-sucedidos do Nordeste, duas vezes governador do estado (1995, 2000), ex-senador e ex-deputado federal, não conseguiu ser eleito para o Senado em 2010.

No pleito presidencial de 2010, apesar de governar o estado e ter um aliado como prefeito de Aracaju, a candidata do PT a presidência da República, perdeu para José Serra no município de Aracaju (46% contra 53,8% dos votos validos) e em vários municípios do estado (Areia Branca, Aquidabã, Capela, Malhador, Nossa Senhora das Dores etc.).

A representação política no estado se apresenta da seguinte maneira:

Governador	Marcelo Déda (PT) — (2007-2011/2011-2014) 2º mandato
Senadores	— Maria do Carmo Alves (DEM) — (2007/2014) — Eduardo Amorim (PSC) — (2011-2018) — Antônio Carlos Valadares (PSB) — (2003-2011/2011-2018) 2º mandato
Deputados federais	Total: 8 — DEM: 1; PSB: 1; PT: 1; PR: 1; PMDB: 2; PRB: 1; PSC: 1
Prefeito de Aracaju	— Edvaldo Nogueira (PC do B) eleito em outubro de 2008 (substituiu Marcelo Déda, PT, 2006)

A *atividade econômica*

Tradicionalmente, a economia foi dominada pela monocultura da cana, e a pecuária, posteriormente, pela cultura do algodão (século XIX). Atualmente, apoia-se na exploração *offshore* de petróleo e de gás, que se iniciou em 1963. A indústria responde hoje por 30% do PIB sergipano.

A oeste de Aracaju, um polo tecnológico ligado à Universidade Federal de Sergipe estabeleceu-se e agrupa indústrias de biotecnologias, software e de saúde. Siemens, Votorantim e Vale são as empresas mais importantes do polo.

O governo, com o auxílio do Banco Internacional para o Desenvolvimento, dedica-se a desenvolver, desde 1987, uma zona de arboricultura frutífera (projeto Nova Califórnia) na região do semiárido, favorecendo 108 mil agricultores. Um projeto quadrienal, o Sergipe Cidade, orçado em 700 milhões de reais, financiado em parte pelo Banco Mundial e o BID, visa a ajudar produtores locais a melhorar a educação profissionalizante.

O turismo começa a se desenvolver no estado, mas enfrenta a concorrência de dois vizinhos, com potencialidades turísticas bem superiores: Alagoas e, sobretudo, Bahia. O governo modernizou o litoral de Aracaju: a beira-mar ganhou em conforto e em cimento, mas perdeu muito do seu charme.

São Cristóvão, a capital histórica do estado (até 1855), a quartas cidade mais antiga do país, a 20 km de Aracaju, oferece uma arquitetura colonial com muitas igrejas, cujos nomes são o testemunho das discriminações praticadas no passado (Nossa Senhora do Rosário dos Homens Pretos, Nossa Senhora do Amparo dos Homens Pardos). Um museu de ex-votos exprime a força da fé nordestina. Numa igreja de frades franciscanos encontra-se um dos mais belos museus de arte sacra do Nordeste.

O Comitê do Patrimônio Mundial da Unesco anunciou em Brasília em agosto de 2010 que a praça São Francisco, em São Cristóvão, foi classificada como parte do patrimônio cultural da humanidade.

A situação social

A desigualdade da propriedade fundiária suscitou várias revoltas de camponeses, sendo a mais conhecida a do cangaço, cujo líder era Virgulino Ferreira, o Lampião. Os guias mostram, hoje, no município de Poço Redondo, a gruta onde ele foi morto, em 1938, com sua companheira Maria Bonita e nove de seus tenentes.

O índice GINI não se alterou muito nos últimos 15 anos. Os conflitos agrários são numerosos e violentos. Mais de dois terços das ocupações se devem ao MST.

A Organização das Nações Unidas escolheu Sergipe como piloto na América Latina para a realização dos objetivos do milênio. O estado teve o melhor Índice de Desenvolvimento Humano do Nordeste (0,687) e a maior renda per capita da região (R$ 9.778 em 2008, segundo o IBGE), porém 54% da população vivem abaixo da linha da pobreza (R$ 160,00 por mês). Quase 30 mil crianças entre 5 e 15 anos são obrigadas a trabalhar, de acordo com um estudo patrocinado pelo governo do estado em fevereiro de 2009. Menos de 30% dos jovens entre 15 e 17 anos frequentam o ensino médio.

A vida cultural

O Concurso Internacional de Música Clássica, organizado pela Universidade Federal, com ateliês destinados a músicos do Nordeste, é o único evento cultural anual que conta com a participação de artistas estrangeiros, no caso, norte-americanos (provenientes das universidades da Louisiana e do Texas). A orquestra Sinfônica de Sergipe (direção artística do maestro Guilherme Mannis) tem um projeto (Orquestra na Estrada), desde 2007, que visa a popularizar o acesso à música erudita, buscando públicos que tenham tido pouco ou nenhum contato com a música clássica.

O principal evento é um festival popular chamado Pré-Caju, em que participam artistas populares brasileiros, principalmente baianos, e reúne quase 500 mil pessoas um pouco antes do carnaval.

O Centro de Convenções possui um teatro moderno com 1.350 lugares (Teatro Tobias Barreto), parecido com o teatro Castro Alves de Salvador, sem o charme dos teatros de Natal, Fortaleza ou Recife.

A imprensa

A imprensa, sem jornal de importância no plano nacional, é de interesse local. Os jornais *Correio de Sergipe*, *Gazeta de Sergipe*, *Jornal da Cidade* são os mais lidos. A *Gazeta* nasceu em 1958, procedente da antiga revista do Partido Socialista Brasileiro, a *Gazeta Socialista*.

As mídias locais pertencem às famílias políticas tradicionais, como o *Correio de Sergipe* e a TV Sergipe (afiliada da rede Globo), da família do senador Albano Franco (PSDB), e a TV Atalaia, de Walter Prado Franco, irmão de Albano, ex-deputado estadual, todos filhos do patriarca Augusto Franco (1912-2003), senador (1971-1979) e governador (1979-1982).

Bibliografia Sugerida

OBRAS DE REFERÊNCIA

Cardoso, Fernando Henrique. *A arte política — A História que vivi*. 3ª ed. Rio de Janeiro: Editora Civilização Brasileira, 2006.
_____. *Accidental President of Brazil*. Estados Unidos: Ed. Public Affairs, 2006.
_____. *Xadrez internacional e social-democracia*. São Paulo: Editora Paz e Terra, 2010.
Castro, Josué de. *Sete palmos de terra e um caixão*. São Paulo: Editora Brasiliense, 1965.
Freyre, Gilberto. *Casa-grande e senzala*. 47ª ed. São Paulo: Global Editora, 2003.
_____. *Nordeste*. 7ª ed. São Paulo: Global Editora, 2004.
Holanda, Sérgio Buarque. *Raízes do Brasil*. 26ª ed. São Paulo: Companhia das Letras, 2003.
Levine, Robert M. e Crocitti John J. Editors. *The Brazil Reader — History Culture Politics*. Londres: Latin America Bureau, 1999.
Robb, Peter. *A Death in Brazil — A Book of Omissions*. Londres: Ed. Bloomsbery Publishing, 2004.
Rouquié, Alain. *Le Brésil au XXème Siècle*. Paris: Librairie Arthème Fayard, 2006.

A VIDA POLÍTICA

Almeida, Agassiz. *A república das elites: ensaio sobre a ideologia das elites e do intelectualismo*. Rio de Janeiro: Editora Bertrand Brasil, 2004.
Andrade, Manuel Correia de. *A terra e o homem do Nordeste*. São Paulo: Editora Brasiliense, 1963.
Câmara Cascudo, Luís da. *Superstição no Brasil*. São Paulo: Editora Global, 2001.
Canuto, Antonio; Luz, Cássia Regina da Silva (coord.). *Conflitos no campo*. Comissão Pastoral da Terra. Goiânia: Editora Gráfica Terra, 2004.
Chassin, Joelle; Rolland, Denis (coord.). *Pour Comprendre le Brésil de Lula*. Paris: Editions L'Harmattan, 2004.
Corten, André; Dozon, Jean Pierre, Oro, Ari Pedro. *Les Nouveaux Conquérants de la Foi. L'Eglise Universelle du Royaume de Dieu (Brésil)*. Paris: Edition Karthala, 2000.
Demier, Felipe (coord.). *As transformações do PT e os rumos da esquerda no Brasil*. Rio de Janeiro: Editora Bom Texto, 2003.
Gauditano, Rosa; Tirapeli, Percival. *Festas da fé*. São Paulo: Editora Metalivros, 2003.
Kluwer Academic Publishers. *Collective Action and Political Authority: Rural Workers, Church and State in Brazil*. 2001.
Machado, Maria das Dores Campos. *Política e religião — A participação dos evangélicos nas eleições*. Rio de Janeiro: Editora FGV, 2006.
Menezes, Alfredo da Mota. *Momento brasileiro*. Rio de Janeiro: Gryphus Editora, 2006.
Parés, Luis Nicolau. *A formação do candomblé – História e ritual*. Campinas: Editora Unicamp, 2006.
Pereira, Jair et al. (org.) *Miguel Arraes. Pensamento e ação política*. Rio de Janeiro: Ed. Topbooks, 2000.

Picard, Jacky. *Le Brésil de Lula*. Paris: Editions Karthola, 2003.

Prado Júnior, Caio. *A questão agrária*. 5ª ed. São Paulo: Editora Brasiliense, 2000.

Rêgo, André Heráclito. *Famille et Pouvoir Régional au Brésil — Le Coronelismo dans le Nordeste 1850/2000*. Paris: Editions L'Harmattan, 2005.

Rodrigues, Fernando. *Políticos do Brasil*. São Paulo: Publifolha, 2006.

Servat, Joseph. *En Mission au Nordeste du Brésil, 1964-2002*. Paris: Editions L´Harmattan, 2005.

AS QUESTÕES SOCIAIS

Alberti, V.; Pereira, Amílcar Araújo (orgs.) *História do movimento negro no Brasil*. Rio de Janeiro: Pallas Editora, 2007.

Bartell, Ernest J.; O'Donnell, Alejandro (edit.). *The Childs in Latin America: Health, Development and Rights*. University of Notre Dame Press, 2001.

Cavalcanti, Klester. *Viúvas da terra. Morte e impunidade nos rincões do Brasil*. São Paulo: Editora Planeta, 2004.

Comparato, Bruno Konder. *L'Action Politique des Sans Terre au Brésil*. Paris: Ed. L'Harmattan, 2004.

Davis-Jinkins, Mike. *Planeta of Slums*. Ed. Londres, 2006. Traduzido para o português sob o título "Planeta Favela". São Paulo: Editora Boitempo, 2006.

Del Priore, Mary (org.). *A história da criança no Brasil*. São Paulo: Editora Contexto, 1999.

Direitos humanos no Brasil 2003. Relatório da Rede Social de Justiça e Direitos Humanos, com o apoio da Global Exchange. São Paulo, 2004.

Fernandes, Florestan. *A integração do negro na sociedade de classes*. São Paulo: Editora Globo, 2008.

Figueira, Ricardo Rezende. *Pisando fora da própria sombra*. Rio de Janeiro: Editora Civilização Brasileira, 2004.

Fry, Peter. *A persistência da raça*. Rio de Janeiro: Editora Civilização Brasileira, 2005.

Guimarães, Antonio Sérgio Alfredo. *Preconceito e discriminação*. (Com o apoio da Fundação Ford). São Paulo: Editora 34, 2004.

Hecht, Tobias (edit.). *Minor Omissions: Children in Latin America History and Society*. University of Wisconsin Press, 2002.

Mello, Frederico Pernambucano de. *Guerreiros do sol: violência e banditismo no Nordeste do Brasil*. São Paulo: Editora A Girafa, 2004.

Os ricos do Brasil. Atlas da exclusão social. Vol. 3. São Paulo: Editora Cortez, 2004.

Paiva, Angela Rodolpho (org.). *Entre dados e fatos: ação afirmativa na universidades públicas brasileiras*. Rio de Janeiro: Editora PUC, 2010.

Quintas, Fátima (org.). *O negro: identidade e cidadania*. Recife: Editora Massangana. Fundação Joaquim Nabuco, 1995.

Sansone, Lívio. *Negritude sem etnicidade*. Salvador: Editora Universidade Federal da Bahia, 2004.

Unesco. *O mapa da violência no Brasil — 2004*. Brasília, 2005.

A ATIVIDADE ECONÔMICA

Araújo, Tarcísio Patrício de; Souza, Aldemir do Vale; Lima, Roberto Alves. *Nordeste: Economia e mercado de trabalho.* Instituto de Estudos Avançados — USP. Estudos Avançados, vol. 11, nº. 29, 1997.

Claval, Paul. *La Fabrication du Brésil, une Grande Puissance en Devenir.* Belin, 2004.

Drouot, Hubert. *Le Made in Brésil — L'Industrie Brésilienne face à la Mondialisation.* Presses Universitaires de Grenoble, 2005.

Furtado, Celso. *A Sudene e o futuro do Nordeste.* Seminário Internacional. Marcos Formiga, Ignacy Jachs (coord.). Recife: Editora Liceu, 2000.

Ismael, Ricardo. *Nordeste: A força da diferença — Os impasses e desafios da cooperação regional.* Recife: Editora Massangana. Fundação Joaquim Nabuco, 2005.

Souza, Aldemir do Vale. *Emprego no Nordeste: o papel da integração regional.* Recife: Fundação Joaquim Nabuco, 2000.

O PANORAMA CULTURAL

Boulay, Marinilda (org. e ed.). *Les Cahiers de l'Export Brésil — Le Guide du Marché de la Musique* (edição bilíngue francês-português). São Paulo, 2006.

Cacciatore, Olga. *Música erudita brasileira*. Rio de Janeiro: Editora Forense Universitária, 2005.

Cantel, Raymond. *La Gravure sur Bois dans la Littérature du Cordel au Brésil*. Paris: Editions La Porte à Côté, 1989.

Dantas, Cristina; Werneck, Antonio Carlos. *Artesãos do Brasil* (Edição bilíngue inglês-português). São Paulo: Editora Abril, 2002.

Faro, Antonio José. *A dança no Brasil e seus construtores*. Rio de Janeiro: Fundacen, 1988.

Littérature du Brésil — Europe nr. 919/920. novembro/dezembro, 2005.

McGowan, Chris; Pessanha, Ricardo. *Le Son du Brésil: Samba, Bossa Nova et Musiques Populaires*. Paris: Editions Lusophone, 1998.

Michalski, Yan. *Reflexões sobre o teatro brasileiro no século XX*. Rio de Janeiro: Ed. Funarte, 2004.

MPB — Musique Populaire Brésilienne. Sous la direction de Dominique Dreyfus. Cité de la Musique. Réunion des Musées Nationaux. Paris, 2005.

Niscas, Isabella Souza. *O cinema brasileiro no século XX*. Rio de Janeiro: Fundação Biblioteca Nacional, 2004.

Rennó, Carlos (org.). *Gilberto Gil — todas as letras*. São Paulo: Companhia das Letras, 2003.

Vicenzia, Ida. *Dança no Brasil*. Rio de Janeiro: Ed. Funarte, 1977.

Weinschelbaum, Violeta. *Estação Brasil: conversas com músicos brasileiros*. São Paulo: Editora 34, 2006.

A COOPERAÇÃO INTERNACIONAL

Armani, Domingos. *Mobilizar para transformar. A mobilização de recursos na sociedade civil*. São Paulo: Editora Oxfam. 2008.

Bandeira, Júlio. *Le Brésil sur la Route de la Navigation Française*. Edição bilíngue. Rio de Janeiro: Editora Editrice, 2006.

Bioto Jr., Oswaldo. *A parceria estratégica sino-brasileira*. Rio de Janeiro: Editora Fumag, 2010.

Franco de Sá, Ronice; Agripino, Djalma; Chuma Junko (orgs.). *Avaliação do capital social nas áreas de atuação do projeto Municípios Saudáveis no Nordeste do Brasil*. Recife: Universidade Federal de Pernambuco, 2007.

Guide des ONGs Françaises en Amérique Latine. 2004. Sous la direction de Sonia Boissard et Nicolas Graier. Institut des Hautes Études d'Amérique Latine. La Documentation Française, 2004.

Landim, Leilah; Trevisan, Maria Carolina (orgs.). *Apoio internacional ao desenvolvimento local. Experiências sociais com juventudes no Nordeste*. São Paulo: Editora Fundação Peirópolis Ltda., 2009.

Mariz, Vasco et al. *La Ravardière e a França Equinocial: os franceses no Maranhão (1612-1615)*. Rio de Janeiro: Topbooks Editora, 2007.

Martins, Carlos Benedito (orientação). *Dialogues entre le Brésil et la France — Formation et Coopération Académique*. Edição bilíngue português-francês. Recife: Fundação Joaquim Nabuco. Editora Massangana, 2005.

Rolland, Denis; Bastos, Elide Rudgi; Ridenti, Marcelo. *Intellectuels et Politique: Brésil-Europe*. Paris: Editions L'Harmattan. Paris, 2003.

Solidarité Internationale. Répertoire des Acteurs 2004. Coordination Makhloufi. Association Ritmo. Paris, 2005.

The Ford Foundation's 40 years in Brazil: a Partnership for Social Change. São Paulo: Editora Universidade de São Paulo, 2002.

JORNAIS CONSULTADOS

O Estado de S. Paulo (São Paulo) — www.estado.com.br
   Editor: Humberto S. Alencar
O Globo (Rio de Janeiro) — www.oglobo.com.br
   Diretor: Ascânio Seleme
Gazeta Mercantil (Edição Nacional) — www.gazetamercantil.com.br
   Diretor-geral: Flávio Pestana
Correio Braziliense (Brasília) — www.correioweb.com.br
   Diretor: José Mar
Tribuna de Alagoas (Alagoas) — www.tribunadealagoas.com.br
   Editor: Manuel Miranda
A Tarde (Bahia) — www.atarde.com.br
   Diretor: Edivaldo Boaventura
Diário do Nordeste (Ceará) — www.diariodonordeste.com.br
   Diretor: Ildefonso Rodrigues
O Estado do Maranhão (Maranhão)
   Diretor: Ribamar Correia
Meio Norte (Piauí) — www.meionorte.com.br
   Diretor: Edilson Carvalho
Diário de Pernambuco (Pernambuco) — www.pernambuco.com.br
   Diretor: Joezil Barros
Jornal do Commercio (Pernambuco) — www.jc.com.br
   Diretor: Ivanildo Sampaio
Tribuna do Norte (Rio Grande do Norte) — www.tribunadonorte.com.br
   Diretor: Carlos Antonio Peixoto Souto

PUBLICAÇÃO CONSULTADA

Latin American Research Review (LARR) — Jornal da Latin American Studies Association (LASA) — University of Texas Press. Editor: Peter M. Ward.

MEUS AGRADECIMENTOS

Ao presidente Fernando Henrique Cardoso, ao senador Aécio Neves, à minha filha Cynthia e ao embaixador Philippe Zeller, sem os quais a minha nomeação para o Nordeste não teria sido possível.

Aos meus interlocutores nordestinos durante todos esses anos, especialmente à população da região, pela acolhida calorosa que me foi reservada, sem os quais este livro não teria sido escrito.